中國學術思想 研究輯刊

十七編

林慶彰 主編

第 13 冊

荀子禮樂思想研究
——從禮宜樂和看荀子哲學的道德之維

宋寧寧 著

花木蘭文化出版社

國家圖書館出版品預行編目資料

荀子禮樂思想研究——從禮宜樂和看荀子哲學的道德之維／
宋寧寧 著 -- 初版 -- 新北市：花木蘭文化出版社，2013〔民
102〕
目 2+180 面；19×26 公分
（中國學術思想研究輯刊 十七編；第 13 冊）
ISBN：978-986-322-403-7（精裝）
1.（周）荀況　2.學術思想　3.先秦哲學
030.8　　　　　　　　　　　　　　　　　　102014732

ISBN-978-986-322-403-7

中國學術思想研究輯刊

十七編　第十三冊　　　　　ISBN：978-986-322-403-7

荀子禮樂思想研究——從禮宜樂和看荀子哲學的道德之維

作　　者　宋寧寧
主　　編　林慶彰
總 編 輯　杜潔祥
出　　版　花木蘭文化出版社
發 行 所　花木蘭文化出版社
發 行 人　高小娟
聯絡地址　235 新北市中和區中安街七二號十三樓
　　　　　電話：02-2923-1455／傳眞：02-2923-1452
網　　址　http://www.huamulan.tw 信箱 sut81518@gmail.com
印　　刷　普羅文化出版廣告事業
封面設計　劉開工作室
初　　版　2013 年 9 月
定　　價　十七編 34 冊（精裝）新台幣 60,000 元

荀子禮樂思想研究
——從禮宜樂和看荀子哲學的道德之維

宋寧寧　著

作者簡介

宋寧寧，1981 年 2 月生，女，山東威海人。本科就讀於山東大學哲學系，隨後入中國人民大學哲學院，繼續攻讀碩士、博士研究生學位。2009 年畢業，哲學博士。師從姜日天教授，主要研究方向是先秦儒家哲學，曾在國內核心期刊發表數篇有關先秦儒家哲學思想的論文，對先秦儒家哲學思想有著深厚的情感和信仰。現供職於石油化工管理幹部學院，從事科研宣傳工作及企業文化方面的研究。

提　要

　　中國自古就有「禮儀之邦」的稱謂，禮樂文化的傳統可謂源遠流長。從孔子禮崩樂壞的感歎中我們知道，至少西周時期被認為是一個禮樂文化盛行的時代。而在進入到春秋戰國時期後，以禮樂為特徵的文化也開始逐漸脫離了原始形態，朝著理性思潮的方向演進。在經過了近 500 年的禮崩樂壞之後，戰國後期逐漸出現了天下一統的新趨勢。為了擺脫社會群體及個人精神茫然失落的狀態，哲人們開始以理性的目光重新審視人、社會以及自然，深層次地思索其存在及終極關懷等問題，試圖重建人與社會、人與自然的和諧統一世界。而這一目標的實現必須建立在新的關涉人、社會及自然的價值體系和規範體系之上。當然，這一新的價值和規範體系必須是建立在合理的解釋說明基礎之上的。這其中，荀子對禮樂文化的理論探討即是一次深入的，有創新的歸納整合。即在承認禮儀規範及和諧美感等作用的基礎上，將禮樂納入道德修養及社會規範之中。文章首先對荀子其人其書及其禮樂思想進行了一個基本交代，並且綜述了目前關於荀子思想的研究現狀，隨即探究了禮樂思想的源泉，試圖釐清西周後期至荀子前禮樂思想的發展脈絡。在荀子對儒家禮樂思想所遭遇批判的回應基礎上，明確了禮樂之「美善相樂」的終極和諧意義之所在。

目

次

導　論

　　禮樂文化在先秦文獻中佔有重要的地位，並且常常是被作爲整體文化之總稱而出現的。在歷史上，周公的制禮作樂使得中華民族的文明正式覺醒，從此禮樂教化的傳統就一直延續著。而春秋戰國時期社會秩序的失範，又使得孔子等人力圖重新光大周禮來恢復先王的偉業。到戰國末期的荀子在各種禮樂思想大激蕩的社會背景和歷史背景中，縱向承繼周公孔子的禮樂思想，橫向吸取墨、法、道各家的禮樂觀之精華，最終集先秦禮學之大成，形成了禮樂同構的大視野，秦漢及以後的哲學，政治也都深受荀子之影響。然而，除外在制度規範的作用外，荀子禮樂思想的道德之維成爲一個值得探究的新領域。

0.1　荀子及其禮樂思想的道德之維

　　作爲一名哲學家和思想家，荀子可謂是中國歷史上頗受爭議的人物之一。不可否認，荀學在儒學發展歷史上，乃至中國思想發展史上都有很大的影響，但其學說所受到的垢病與排斥也不乏於史。如譚嗣同的《仁學》所言：「二千年來之政，秦政也，皆大盜也。二千年來之學，荀學也，皆鄉愿也。惟大盜利用鄉愿，惟鄉愿工媚大盜」。〔註1〕在唐宋以前，荀子與孟子的地位相當，並稱於世，如《史記》中司馬遷就將孟荀合列爲《孟子荀卿列傳》。後來韓愈視孟學爲眞傳，認爲荀學「擇焉而不精，語焉而不詳」，升列《孟子》入「經」，從此高於處「子部」的《荀子》。宋代延循韓愈的道統學說，視孟

〔註1〕譚嗣同：《仁學》，華夏出版社，2002年版，第96頁。

學爲儒學之眞傳，尊孟貶荀愈演愈烈，如宋代理學思想的代表人物朱熹就說：「荀卿全是申、韓」，「只一句『性惡』，大本已失」。〔註2〕自此，荀學在儒家中的歷史地位及命運便步履維艱。然而，荀子思想固有的永恒魅力決定其舊有的歷史評價不會被時空所限定。在當前全新開放的文化環境下，對荀子及其思想的重新定位及評判就顯得十分必要。以「禮樂」爲研究對象，對荀子的「禮樂」思想從道德之維進行審視和研究，便是本文的寫作目的之所在。

　　荀子著述萬言，尤善爲《詩》、《禮》、《易》、《春秋》。其著作流傳於漢代的有三百多篇，後經劉向的整理刪定，終爲三十二篇。著錄於《漢書·藝文志》中，名爲《孫卿子》。其中《大略》以下六篇，可能是後人僞託所著。〔註3〕由於荀子在歷代所受的抨擊與爭議，清之前對其作注者不多。現在可以考證的最早的《荀子》注爲唐代楊倞所作，他將舊本的 32 篇分爲 20 篇。此後有關《荀子》一書的整理工作，主要也都是以楊倞的《荀子注》爲基礎而展開的。可以說，自唐至明，《荀子》的各種校注、評點版本，總共也不過數種。而此後直至清中葉，由於考據學的興盛，有關《荀子》的注釋校訂才有所增加。並且更重要的是，這期間的著述在內容質量上也較之前有很大的提高。實際上，自劉向校書後，《荀子》一書在較長的一段時間內並沒有得到系統的整理與彙編，故脫、訛、竄衍等現象十分嚴重，難免有難以解讀之嫌。而經過清代一些學者的努力，有關《荀子》在版本考辨、文字校勘、詞義訓詁等方面都取得了可觀的成果。在這一時期，清人王先謙集前人之大成，刊刻《荀子集解》，採眾家之長，然後附注己論，終於使得《荀子》一書的思想義理逐漸顯明地呈現出來。中華書局在此版本的基礎上於 1988 年出版了通行本《荀子集解》，成爲當今研究荀子思想必不可少的版本。此外還有近人梁啓雄的《荀子簡釋》〔註4〕流傳也較爲普遍。這些都爲 20 世紀荀學的研究提供了可供利用的優良文本。

　　綜觀《荀子》全書可見，其對哲學、倫理、政治、教育及文學、藝術等方面均有所涉獵且思想深刻。《荀子》各篇論題鮮明，結構嚴謹，邏輯性強，

〔註2〕〔宋〕黎靖德：《朱子語類》，卷一三七，中華書局，1983 年版。
〔註3〕《荀子》各篇的作者在學界一直都有爭論，尤其近代疑古之風盛行時，荀子各篇屢屢被定爲僞作。現在基本的定論是《荀子》一書大多數出自荀子本人，也有部分是其弟子所記載的荀子言論，而這些言論也並不與荀子的思想相左，可以說是其思想的反映。
〔註4〕梁啓雄：《荀子簡釋》，商務印書館，1936 年出版。

語言豐富，說理透徹。其「禮者，人道之極」的禮論觀，「明於天人相分」的天人觀，「樂言是其和也」，「美善相樂」的樂論觀，可謂兼容先秦儒、道、法、墨等諸子百家思想精華於一體，於揚棄批判中發展繼承，集先秦思想之大成，對後世也產生了深厚而久遠的影響。

　　在經過了近 500 年的禮崩樂壞之後，戰國後期逐漸出現了天下一統的新趨勢，各家紛紛對這一新的一統形式進行了相關的文化制度設計，其中荀子的理論對禮樂文化進行了深入的，有創新的整合歸納。即在承認社交禮儀及和諧美感等方面作用的基礎上，將禮樂納入社會規範、管理的政治制度之中。當然，荀子只是將禮樂納入到政治制度的體系當中，禮樂的原有屬性並沒有改變。並且荀子認為，正是靠著這些屬性，禮樂為政治制度注入了新的生機，使其在內在倫理道德方面擁有了堅固的基石。禮樂的內在本質關涉到倫理道德，而其外在表現則有助於政治上權威的樹立：「夫為人主上者，不美不飾之不足以一民也，不富不厚之不足以管下野，不威不強之不足以禁暴勝悍也」。〔註5〕在這裏，禮樂文化可以說是得到了一種政治學上的重建，它不再僅僅是建立在以宗教為核心的各種溫情脈脈的揖讓進退、儀式舞樂之中，更是隨著時代的發展變遷逐漸融入到包含理性、功利效率的整體社會秩序之中。也正是在這樣的意義上，馮友蘭先生才稱荀子為「硬心的哲學家」。〔註6〕

　　但是，禮樂和社會人生密切相關，其原因正在於禮樂能夠起到調節、涵養人之情感，進而使人倫社會達到和諧有序的積極作用。先秦儒家在中國禮樂文明的延續發展中起著關鍵作用。但今天我們對禮的研究，已經很少從形上的角度切入，而多側重於實證性的研究。實際上，從孔子開始，禮作為儒家思想的重要概念一直在不斷地豐富和發展，到荀子時已經是作為一種比較成熟的理論形態而存在了。荀子將社會規範的禮同人的本質聯繫在一起。楊向奎先生有言：「荀子的『禮』實在是取代了周公的德和孔子的仁。……禮是人道的最高準則」。〔註7〕荀子將個體存在的真實狀態寓於禮所規定的社會秩序之中，遵從禮、維護禮是社會對個體生命的要求，而個體生命的價值和意義也就體現在對禮的接納和踐履中，只有在踐禮的過程中，人的道德情感和生命價值才能得到完全的發揮。而在《荀子》一書中，「樂」與「禮」一

〔註 5〕　王先謙：《荀子集解》，中華書局，1988 年版，第 186～187 頁。
〔註 6〕　馮友蘭：《中國哲學小史》，中國人民大學出版社，2005 年版，第 38 頁。
〔註 7〕　楊向奎：《宗周社會與禮樂文明》，人民出版社，1992 年版，第 408 頁。

樣，也是一個重要的範疇。《樂論》一章就集中闡釋了荀子的「樂論」思想。所謂的「樂論」，也即「論樂」——關於「樂」的哲學論述。當然，除《樂論》篇外，其他如《禮論》、《性惡》、《儒效》等各篇也都不同程度地體現了荀子的「樂論」思想。尤其是《成相》、《賦》〔註8〕等篇則更是以樂詞的形式具體實踐著荀子的「樂論」思想。在中國思想史上，有關樂論的思想或體現於專著中的隻言片語，或見於整一章節的論述，但對「樂」的哲學闡釋和義理發揮從未停止過。作為先秦學者所集中討論的話題之一，荀子在「樂」的問題上更是對各家思想批判地借鑒，創造地吸收，最終集各家之所長。在荀子的「樂論」思想中，樂與禮、樂與情等關係問題得到了很好的闡發。在此基礎上，荀子還提出了「中和之樂」的審美價值標準和理想，並指出「美善相樂」的境界是樂教所力求達到的終極目標。從這個角度看，荀子的「樂論」思想不僅僅是關於樂的理論，其「以樂成德」的內在要求更使得他的樂論思想在很大程度上影響著人生理想、社會理想，乃至整個宇宙理想的道德追求。

所以說，對於荀子諸如「大本已失」這樣的批評，實際上是預先將孟子為代表的性善說作為儒家人性論的正統學說，這顯然是一種價值判斷而非事實判斷。而這樣的預設是否合理也有待探討。事實上，「儒家的各種人性學說是對儒學宗旨的不同的論證」，「從儒家的人性論史來看，從先秦到宋明，並不存在一個一以貫之的人性論傳統」。〔註9〕這樣說來，我們並不能簡單的以性善說作為儒學思想的人性論宗旨。「從先秦到明清，儒學所以為儒學的標準、宗旨和核心，簡單說來，就是『宗本五經孔子，倡導王道政治，挺立德性人格，強調家庭倫理，注重社會道德，崇尚禮樂教化』」。〔註10〕無論是何種人性觀，只要旨在德性人格的挺立及倫理道德的教化，就都是貫穿儒學精神始終的。因為雖然歷經二千多年的漫長發展，儒學之所以為儒學，正是由於其一以貫之的精神主旨。而這種精神，正是通過禮樂教化的方式實現德性人格的挺立（個體）及社會氛圍的和諧（群體）。

〔註 8〕 《成相》、《賦》是荀子在吸收當時社會民歌形式的基礎上創作而成的一種詞賦作品，「相」即是指一種鼓樂的形式，敲打時發出有節奏的類似於春米的聲音，說唱是以「相」來伴奏的。

〔註 9〕 陳來：《郭店楚簡與儒學的人性論》，載《儒林》，山東大學出版社，2004 年版，第 34 頁。

〔註10〕 同上。

0.2　研究荀子禮樂思想之意義

　　「禮樂」是中國傳統文化的核心之一。在中國文化史上，「禮樂」是內涵極爲廣泛且複雜的範疇。對於「禮」在中國文化體系中的重要性，文化思想史學家劉夢溪先生曾撰文指出，「晚清以來百年中國的文化處於艱難的解構與重建的過程之中。這其中的問題多到不知凡幾，但最爲人所忽略也是最重要的，是代表一個民族文化秩序和文明程度的禮儀問題」〔註11〕縱觀歷史，古往今來的每一名社會成員都是處理社會關係的實踐者。而這種實踐活動，在舉手投足間，談笑間，人事交往中，都可歸爲「禮」之意識的外在反映。因此，從某種意義上說，社會中的一切人之活動都是圍繞著「禮」而展開的。

　　荀子思想以「禮」爲主線，涵蓋了「天人」、「性僞」、「禮法」、「禮樂」等多層面多角度的內容。其廣博深厚且關注現實的思想產生於特定的歷史背景下。荀子身處戰國中後期，也即馮友蘭先生所說的中國學術史上的「子學時代」後期。其實百家爭鳴的學術氛圍使得每一學派的缺陷與不足，都在諸子之間的論辯中得到了充分的暴露。當然，在這一過程中，學派之間也順勢進行著「取長補短」、「糾偏補蔽」等完善工作。當這種情形發展到戰國末期，諸子之學便進入了一個「融合」時期，如《莊子・天下》、《韓非子・顯學》以及後期墨學的著作中所展現的情形。而作爲儒家學說的繼承人，荀子在這一時期無疑起到了極爲重要的作用。他對墨法道等其他學派思想進行了整體性的批判和反思，在對其他學說融會貫通的基礎上，荀子做出了獨特的回應與全面的發展。總而言之，早期儒學與先秦整個諸子學說共同構成了荀子學說產生、發展的理論背景和思想源泉。當然應該看到，雖然荀子學說吸收了許多其他學說的長處，但並不能因此而將荀子等同於諸如《呂氏春秋》、《淮南子》等「雜家」者言。事實上，荀子強烈的批判精神使其思想立足儒家、利於現實的精神特點一以貫之。在這一點上，荀子不但立足儒家的立場批判其他諸子學說「蔽於一曲，而暗於大理」，即便儒家內部學者在荀子看來偏離了孔子的正統思想，他也同樣對其進行檢視和批判，這在《解蔽》、《非十二子》等篇章中有明顯的體現。

　　就主觀意識而論，正如其書中反覆申言的，荀子是以孔子爲代表的儒家，

〔註11〕劉夢溪：《禮儀與文化傳統的重建》，見 2004 年 4 月 28 日《光明日報》。

而非其他任何學派或個人爲自己的理論歸宿。荀子並不滿足於停留在「道之一曲」，而志在「仁知且不蔽」。在荀子這裏，其所能掌握的種種理論精華和思想資源，都經過了他的消化、批判和吸收，進而轉化成爲其建構新理論思想的重要源泉。事實上，荀子很重視這種「以類行雜」、「知通統類」的綜合態度。在言及理想人格「聖人」時，也每每以「知通統類」相稱許。質言之，荀子對先秦諸子學說的「融合」，仍是以儒家思想爲本位的，以現實功用爲目的的「融合」，最終以重建孔子之後的儒學正統爲思想旨歸。從這個意義上說，荀子思想之於儒學，正如「其學無所不窺，然其要本歸於老子之言」〔註12〕的莊子思想之於道家學說。

　　與其他諸子學派所具有的安邦救世情懷一樣，儒學也並非鑿空之論，它對於現實社會及政治也有著強烈的實踐訴求。荀子禮樂思想的最高價值目標便是達到「美善相樂」的和諧社會。「就先秦儒學所擔負的時代使命言，孔、孟、荀實可說有一共同的理想，此理想即欲以周文爲型範而重建一新秩序」。〔註13〕這裏所謂的「周文」理想，即可以理解爲普遍意義上的儒家追求社會秩序、政治秩序及道德秩序的一致性。並且事實上，在傳統儒家的視域中，社會秩序與政治秩序之間並不存在一種明確的界分。甚至社會秩序首先是被理解成一種政治秩序，而這種政治秩序也是建立在德位的基礎上的。正如蕭公權所說：「儒家政治，以君子爲主體。君子者以德位兼備之身，收修齊治平之效。此儒家所持之理想也。」〔註14〕儒家向來追求社會秩序與倫理道德秩序的貫通融合。儒家話語下的「倫理道德」原本就是以家族倫理、親親原則爲主要內容的。所以傅斯年先生說：「儒家的道德觀念，純是一個宗法社會的理性發展。中國始終沒有脫離了宗法社會。」〔註15〕而這種宗法社會也成爲了儒家道德學說生成的土壤。但這種道德學說並不是自始不變的。正因爲社會、政治結構方面的劇烈變革，使得荀子面臨著道德話語形態上的新的理論回應。從孔子的「仁」經由孟子的「仁政」而轉向「禮義」，完成了早期儒學的自我調適。實際上，雖然儒家一直注重德化，但也從未主張廢除刑法，因爲政法的功用在於維護社會的秩序規範，這與禮的目的是一致的。所以荀子

〔註12〕〔漢〕司馬遷：《史記》，中華書局，2006年版，第394頁。
〔註13〕韋政通：《荀子與古代哲學》，臺灣商務印書館，1997年第二版，第1頁。
〔註14〕蕭公權：《中國政治思想史》，聯經出版事業公司，1982年版，第23頁。
〔註15〕傅斯年：《論孔子學說所以適應於秦漢以來社會的緣故》，見《中國古代思想與學說十論》，廣西師範大學出版社，2006年版，第158頁。

說：「禮者，法之大分，類之綱紀也。」〔註16〕《樂記》也說：「禮以道其志，樂以和其聲，政以一其行，刑以防其奸。禮樂刑政，其極一也，所以同民心而出治道也。」〔註17〕可見，儒家所極力反對的，「不是政刑而是專任政刑。……禮雖是『法之大分』而卻不僅是法，有『法的精神』不必有『禮的精神』，有『禮的精神』卻必有『法的精神』，因爲禮全而法偏」。〔註18〕同樣立足於儒家的尚賢、德治精神，相對於孔孟，荀子更多地是從社會道德而不是家族倫理的層面關注、強調個人的德性修養。所以，同樣主張修身、齊家、治國、平天下，同樣試圖立足於道德秩序的重建以拯救社會秩序和政治秩序，荀子相對於之前的儒學思想家表現出了自己不同的關注點。這種由「仁義」到「禮義」的關注視角也體現了荀子作爲儒家學者鮮明的理論特性。當然，這種視角的轉變並不意味著一種儒家思想或儒學精神的斷裂，而應該看作是其連續發展鏈條中的一種調適。

　　總之，撥開荀子注重君道王霸的外衣，其「禮樂」思想所展現的道德之維的價值目標顯然是非常美好和崇高的，它充分體現了儒學的濟世宏圖。儘管這種努力在當時看來仍不切合實際，但其思想的出發點無疑具有明顯的進步意義。在文明程度較當時相比已經高度發達的今天，禮樂思想的價值更應該被充分地發掘。因爲傳統文化是民族傳承的基因，它鑄就了世界民族的個體，是今天各民族精神的靈魂所在。隨著中華文化與世界文化的接軌，我們已處在不得不對自己民族的傳統文化重新審視的歷史時期，當我們面對世界自稱「禮儀之邦」的時候，我們不得不認眞思考禮儀的外在形式內部究竟包含著怎樣的本質和意義，傳統之「禮樂」對現代社會又具有何種價值。社會進步的歷史表明，社會越進步，人們對「禮」的要求就越強烈。自從「禮樂」的概念問世以來，「禮樂」的內涵與價值一直在不斷地豐富創新。每個時期，每個地域，每個家庭，甚至於每個社會的成員都存在著對於「禮樂」的獨特理解。在這樣的社會背景下，研究傳統之「禮樂」思想對於構建和諧社會更具有現實意義。而這其中，先秦「禮樂」思想的集大成者荀子，無疑是尤爲應該受到關注的。

〔註16〕王先謙：《荀子集解》，中華書局，1988年版，第12頁。
〔註17〕楊天宇：《禮記譯注》，上海古籍出版社，2004年7月版，第468頁。
〔註18〕朱光潛：《樂的精神與禮的精神——儒家思想系統的基礎》，見《儒家思想新論》，民國叢書第4編第2冊，上海書店據正中書局，1948年版影印，第60頁。

0.3 學術界關於荀子思想研究的現狀及缺憾

　　二十世紀前期的學者，把探討荀子與其他諸子的關係作爲研究荀學義理的出發點。章太炎（《訄書》）、胡適（《先秦名學史》、《中國哲學史大綱》）等都是從這一起點出發來研究荀子思想的。這一時期的荀學義理研究已經不再是經學的附庸，而上升爲先秦思想學術研究的重要組成部分。新中國建立以來，對於荀子的研究雖然有了較大的發展，也取得了一定的成果，但與孔孟等諸子的研究相比，仍有不小的距離。這一時期出版的著作主要有李德永的《荀子》（上海人民出版社，1959 年），夏甄陶的《論荀子的哲學思想》（上海人民出版社，1979 年），胡玉衡、李育安的《荀況思想研究》（中州書畫社，1983 年），向仍旦的《荀子通論》（福建人民出版社，1987 年），郭志坤的《荀學論稿》（上海三聯書店，1991 年），方爾加的《荀子新論》（中國和平出版社，1993 年），廖名春的《荀子新探》（臺灣文津出版社，1994 年），惠吉興的《荀子與中國文化》（貴州人民出版社，1996 年），孔繁的《荀子評傳》（南京大學出版社，1997 年），韓德民的《荀子與儒家的社會理想》（齊魯書社，2001 年）、周熾成的《荀子韓非子的社會歷史學》（中山大學出版社，2002 年），陸建華的《荀子禮學研究》（安徽大學出版社，2004 年），高春花的《荀子禮學思想及其現代價值》（人民出版社，2004 年）等。這些著作從不同的角度對荀子思想進行了研究與闡釋，並且產生了很多獨到的見解。在學術會議方面，1990年 10 月，在山東臨沂召開了首屆全國荀子學術研討會，推動了整個荀子研究的向前發展。〔註19〕1993 年，中、韓、日、越「1993 年孔孟荀學術思想國際研討會」在山東威海召開，這次會議可以說提高了荀學研究的國際互動性。

　　同時期港臺地區也出版了很多有關荀子研究的專著，主要有牟宗三的《荀子學說》（臺灣中央文物供應社，1953 年），秘哲的《荀子通論》（香港友聯出版社，1959 年），程兆熊的《荀子講義》（香港鵝湖書社，1963 年），韋政通的《荀子與古代哲學》（臺灣商務印書館，1966 年），龔樂群的《孟荀異同》（臺灣黃埔出版社，1968 年），周紹賢的《荀子要義》（臺灣中華書局，1977年），陳飛龍的《荀子禮學之研究》（臺灣文史哲出版社，1979 年），劉子靜的《荀子哲學綱要》（臺灣商務印書館，1980 年），鮑國順的《荀子學說淺論》（臺灣華正書局，1982 年），魏元珪的《荀子哲學思想研究》（臺灣東海大學

〔註19〕詳見張松智《首屆「荀子研討會」紀略》，《珪齊魯學刊》，1990 年第 6 期。

出版社，1983 年），蔡仁厚的《孔孟荀哲學》（臺灣學生書局，1984 年），周群振的《荀子思想研究》（臺灣文津出版社，1987 年），龍宇純的《荀子論集》（臺灣學生書局，1987 年），何淑靜的《孟荀道德實踐理論之研究》（臺灣文津出版社，1988 年），翁惠美的《荀子論人研究》（臺灣正中書局，1988 年），吳文璋的《荀子「樂論」之研究》（臺灣宏大出版社，1992 年）及《荀子的音樂哲學》（臺北文津出版社，1994 年），陳大齊的《孔孟荀學說》（臺灣商務印書館，1998 年版）等等。港臺學者的研究與大陸學者有共同之處，但其對有關荀子思想的比較研究及樂論、人倫等專門角度則有著較多的關注和探討。

　　外國學者中，美國的柯雄文（Antonio S. Cua）是一位研究中國哲學的重要人物。他的《倫理論辯──荀子道德認識論之研究》（賴顯邦譯，臺北黎明文化事業公司，1990 年版）就將荀子定位爲一位道德哲學家進而展開對其思想的研究。艾文賀（Philip J. Ivanhoe）則憑藉自己深厚的西方哲學素養，傾向於對儒學做客觀的分析研究。他非常重視荀子的禮學，並且認爲荀子的性惡論比孟子的性善論更合理。另一學者本傑明・史華茲（Benjaminl.Schwartz）的《古代中國的思想世界》在第七章《對儒家信念的辯護》中，專門論述了荀子對儒家信仰的捍衛。英國學者葛瑞漢（Angus Charles Graham）的《論道者──中國古代哲學論辯》在第三章《天人分途》對荀子的「天」、「人性」、「心」、「禮樂」等範疇進行了研究。在日本，荀子思想也是一個長盛不衰的研究熱點。如內山俊彥的專著《荀子》就從荀子的生平時代、荀子思想以及荀子在思想史上的地位三個大的方面對荀子學說做了全面的探討。

　　除以上公開出版的專著外，有關荀子研究的論文也日益增多。對荀學研究的廣度和深度也逐漸展開。其中荀子思想的禮法、天人關係以及人性論等問題，因爲與對荀子思想的整體認識及學派歸屬密切相關，成爲學界集中關注的熱點問題。韓德民在《荀子的禮法觀》（《社會科學戰線》，1998 年第 4 期）中認爲荀子之禮所蘊含的功用相當於法的規範功能。他在另一篇文章《荀子的禮樂觀》（《安徽師範大學學報》，1999 年第 1 期）中對之前的觀點進行了豐富和修正。認爲荀子之禮，一方面通向法，另一方面則係載著樂。試圖以外在制度促成內在德性的荀子十分強調能夠激發親愛之情的樂之作用。另外如胡澤君的《論荀子思想中的禮、法、刑》（《河北學刊》，1986 年第 4 期），李克海的《試論荀子的禮治模式》（《社會科學家》，1991 年第 3 期），惠吉星的《荀子禮論研究》（《河北學刊》，1995 年第 4 期），李亮子的《荀子的禮學思

想與社會歷史觀》(《史學史研究》，1999 年第 2 期)，張靜互的《從荀子禮論看「禮教」的三個層次～試論「執禮」、「知禮」和「行禮」的教育內涵》(《孔子研究》，2001 年第 1 期)，張奇偉的《荀子禮學思想簡論》(《中國哲學史》，2002 年第 2 期)，陸建華的《荀子之禮本質論》(《江淮論壇》，2002 年第 3 期)，周雪敏的《荀子的禮論及其師說》(《江西社會科學》，2002 年第 7 期) 等等，都對荀子的禮學思想進行了探討。

　　人性論也是荀學研究主要關注的角度之一。如劉文靜的《荀子的性惡論及其法治傾向》(《政法學刊》，1998 年第 4 期)，就認為性惡論是荀子政治哲學思想的出發點。因性惡而產生「禮」。荀子強調禮的法制特性，而淡化了其作為道德的功用。因此她認為荀子的「禮」帶有明顯的「法治」傾向。泓峻的《荀子人性論的理論內涵及其思想價值》(《中州大學學報》，1998 年第 4 期)，認為荀子的人性論中蘊含著十分豐富的文化心理內涵。他把禮的實現落實到個體欲望的滿足基礎上，這種人性論上的「悲觀主義態度」與現代西方心理學家弗洛依德的理論邏輯有相通之處。出於現實的嚴峻與人本的關懷，荀子在禮法與人性之間，無奈地選擇了一種折中立場。王杰的《荀子的人性論及其「成人之道」》(《社會科學輯刊》，2001 年第 4 期)，認為「性」、「偽」是荀子人性學中的兩個重要概念，並由此提出了「化性起偽」的觀點。性惡論正是禮義制度及君主制度存在之合理性和必要性的前提。為此，他從人的生理本能、心理意識及社會教化三個層面進行了論證。周熾成在《逆性和順性——荀子人性論的內在緊張》(《孔子研究》，2003 年第 1 期) 一文中，認為《性惡》篇主要體現了荀子的逆性思想。而在《性惡》以外的諸篇如《禮論》、《王霸》等篇中，荀子則帶有明顯的順性思想，這就意味著「性惡」並不是絕對的。周伯恒的《試論荀子的內在難題及其解決線索》(《哲學與文化》，第 16 卷 10 期，1989 年 10 月)，廖名春的《荀子人性論的再考察》(《吉林大學社會科學學報》，1992 年第 6 期)，趙士林的《荀子人性論新探》(《哲學研究》，1999 年第 10 期) 等，也都對荀子的人性論進行了頗富啟發性的探討。

　　在荀子思想的學派歸屬問題上，雖然許多學者鑒於禮的規範功能而把「禮」、「法」二者在價值層面上等同起來，但憑實而論，荀子思想中的禮與法在內涵上並不完全等同，或者說，是有很大差別的。因此，大多數學者仍傾向於認為荀子是儒家的重要代表人物。王明的《荀況不是法家》(《南開大學學報》，1977 年第 6 期)，就認為不能將荀子劃歸為法家人物。但也有一些

學者有不同看法，蔡德貴在《孔子、孟子、荀子早期儒家三大師思想之演變》（《暨南學報》，1999 年第 4 期）中，就論證荀子應屬於齊學化的儒學。趙吉惠先生於上世紀 80 年代就對荀子的學派歸屬問題提出了不同觀點，在其《荀況是戰國末期黃老之學的代表》（《哲學研究》，1993 年第 11 期）一文中，他從天人觀、歷史觀、王霸論、人性論、義利觀、禮法觀等多方面，分析了荀子思想與孔孟等正統儒學思想的不同，並進而得出結論認為荀子乃黃老學派的代表人物。不可否認，此文新穎的觀點對於荀子研究起到了一定的推動作用，但荀子屬於黃老道家的觀點最終並沒有得到學術界的普遍認可。劉周堂的《荀子是儒家學者，還是儒家代表人物》（《湛江師範學院學報》，1998 年第 3 期）就將荀子思想與黃老學派的基本特進行了一一對照，並對歷代學者對荀子的學派定位進行了系統考辨，從而認為荀子雖然吸收了其他諸子學派的一些觀點，但其思想所體現的本質精神並沒有偏離儒學的軌道，仍表現出鮮明的儒家特徵，因此荀子是儒家學派的代表人物這一點應該予以肯定。

　　相比於荀子禮學思想的研究，有關他的「樂論」思想研究則略顯單薄。令人欣喜的是，在梁啓雄先生的《荀子樂論篇淺析》（《音樂研究》，1958 年第 3 期）之後，學界對於荀子樂論思想的價值和意義開始予以應有的重視，臺灣學者吳文璋的《荀子「樂論」之研究》（臺灣宏大出版社，1992 年版）及《荀子的音樂哲學》，（臺北文津出版社，1994 年版）對於荀子的樂論思想做了專門的哲學思考和研究，金滿錫的《關於墨子與荀子「樂論」的一些思考》（《當代韓國》2003 年春夏合刊第 1 期）從荀子對墨子非樂思想的批判與回應角度對樂論思想做了一定的思考。在博士論文中也有人對荀子的樂論思想做了專門研究，如山東大學傅曉青的博士論文《荀子「樂論」美學思想研究》（2008 年 5 月）從中國古代樂文化歷史的宏觀視角對「樂論」進行了美學範疇下的關聯性研究。此外，荀子的美學思想在相關的美學史、思想史、哲學史著作中也有論及和研究，如蔣孔陽《先秦音樂美學思想論稿》（人民文學出版社 1986 年版），從禮樂的起源、作用，樂與現實的關係角度出發，分析了荀子的音樂美學思想。李澤厚、劉綱紀的《中國美學史》（安徽文藝出版社 1999 年），從「美」與「僞」的角度，對荀子的樂論美學思想進行了分析研究，肯定了其美感實質及社會功能。並將荀子與孔孟老莊進行比較，進而確立其「樂論」思想在儒家思想和中國古代美學思想史上的地位。葉朗的《中國美學史大綱》（上海人民出版社，2006 年版）中也對荀子音樂美學思想的歷史地位予以肯定。

　　另外在荀子思想的研究方面，進一步加強了比較研究。如喬木青的《荀韓政治法律思想的比較研究——兼論荀況所屬學派的性質問題》（《哲學研究》，1979 年第 5 期），傅建增的《荀況與墨辯的概念理論》（《天津社會科學》，1983 年第 4 期），游喚民的《孟荀異同論》（《湖南師範大學學報》，1986 年第 2 期），陳耀南的《荀子與魏源》（《求索》，1985 年第 5 期），簡淑惠的《荀子思想與老莊關係之研究》（《孔孟月刊》，第 25 卷 7 期，1987 年 5 月），馬國瑤的《荀子天論思想與儒墨道三家之異同》（《孔孟月刊》，第 25 卷 6 期，1987 年 2 月），林永光的《孟、荀人性論之比較研究》（《管子學刊》，1991 年第 1 期）、丁毅華的《荀子、賈誼禮治思想的傳承兼論中國傳統政治文化的思想基礎》（《天津師大學報》，1991 年第 6 期），於世君的《荀況與莊周思想比較研究》（《遼寧大學學報》，1994 年第 1 期），王啓發的《荀子與兵家、縱橫家初探》（《中國史研究》，1994 年第 1 期），張景芝的《孟子、荀子人性論教育思想之淺析》（《黑龍江教育學院學報》，1996 年第 4 期），梁濤的《荀子與中庸》（《中國社會科學院研究生院學報》，2002 年第 5 期），周薇的《孔子、荀子和呂氏春秋的樂論比較》（《寧波大學學報》，2003 年第 3 期）等，都從荀子思想的不同方面將其與不同的學派或人物進行了比較研究。另外，從比較研究的範圍來看，也有學者將荀子與柏拉圖、亞里士多德等前後時期的西方哲人進行比較，如唐秀玲的《荀子與柏拉圖道德思想的比較及現實意義》（《廣西師範大學學報》，2003 年第 1 期），將荀子與古希臘的柏拉圖的道德思想進行比較，認爲他們提出了大致相同的道德理想以及實現理想的途徑，但同時他們對道德的起源和道德理想的結局又有著不同的看法。李興華的《荀子亞里士多德法律思想比較》（《江西社會科學》2003 年第 7 期），以現代法治的視角，對荀子、亞里士多德二者法律思想的時代背景、人性論基礎、價值基礎、治國方略、方法論等方面進行了比較研究，並著重分析了荀子禮法思想並不能導致「法治」的理論根源。

　　總的來說，目前國內外對於荀子的研究大多側重於人性論、天人觀、禮法觀等方面。對荀子的禮樂思想很少做整合性的研究。或者專門研究荀子的禮學思想，或者將「樂」附麗於「禮」的範疇之下而順帶論及，或從美學的角度單獨對「樂」作研究。並且這些研究多強調荀子思想的現實性和規範性，而對於荀子思想內在的倫理道德層面鮮有專門研究。荀子以「禮樂」爲核心的思想體系是在什麼的背景下形成的，「禮樂」在荀子思想中的地位如何，「禮

樂」思想是如何從倫理道德之維發揮其應有的效用，這些問題都需要有進一步深化的研究。

0.4 擬採取的研究方法和基本思路

0.4.1 研究方法

　　在研究方法上，首先堅持歷史與邏輯相一致的原則。爭取做到將所研究的對象放入思想史、社會史及學術史的大背景下展開。思想是時代的產物，任何一種思想的產生都不可能脫離它的時代背景。而一種思想的價值與意義也是在社會實踐中才能得到檢驗和證明。侯外廬先生就曾說「把社會史和思想史有機地結合成一個系統進行研究，我認爲是一個合理的路徑。」〔註20〕此外，歷史上的思潮實質上都是一定社會時期政治、經濟、文化生活的表現。所以，從特定的社會背景來把握某種思想的固有特徵就很顯得極爲必要。對荀子禮樂思想的研究，同樣也要將其放置於戰國時期的學術背景以及先秦時期整個大的歷史背景下進行探討。

　　其次，在展開研究的過程中，要以荀子的禮樂思想研究爲主線，同時還要兼顧荀子與其他諸子之間的橫向比較及不同時期禮樂思想的縱向比較。論文致力於揭示荀子禮樂觀對於孔子、郭店楚簡及孟子禮樂觀的繼承和發展，闡述以仲尼、子弓之正統思想標榜的荀子與其他諸子學派思想的淵源和區別，著重分析了荀子禮樂思想與墨家、道家及後來的法家之禮樂思想的異同。

　　再次，在掌握先前已有學術研究成果的基礎上，注意新材料的運用。先秦時期的各種思想可以說是中國文化的源頭活水，因而長期以來也一直是學術界的聚焦之處。近年來由於郭店楚簡的出土和公佈，有關儒、道兩家的思想研究再次受到廣泛關注。而這些新材料無論從成熟年代或者思想內容上看，都與荀子思想有著緊密關聯。故而論文在寫作過程中也著重關注了這方面的文獻成果。

0.4.2 基本思路

　　中國自古就有「禮儀之邦」的稱謂，禮樂文化的傳統可謂源遠流長。從孔子禮崩樂壞的感歎中我們知道，至少西周時期被認爲是一個禮樂文化盛行

〔註20〕侯外廬：《韌的追求》，北京三聯書店，1985年，第118頁。

的時代。而在進入到春秋戰國時期後，以禮樂為特徵的文化也開始逐漸脫離了原始形態，朝著理性思潮的方向演進。在經過了近 500 年的禮崩樂壞之後，戰國後期逐漸出現了天下一統的新趨勢。為了擺脫社會群體及個人精神茫然失落的狀態，哲人們開始以理性的目光重新審視人、社會以及自然，深層次地思索其存在及終極關懷等問題，試圖重建人與社會、人與自然的和諧統一世界。而這一目標的實現必須建立在新的關涉人、社會及自然的價值體系和規範體系之上，並且要對這一新的價值和規範體系做出合理的解釋說明。其中荀子對禮樂文化的理論探究及是一種深入的，有創新的整合歸納。即在承認禮儀規範及和諧美感等作用的基礎上，將禮樂納入道德修養及社會規範之中。本文對荀子禮樂思想的研究思路如下：

導論部分，首先對荀子其人其書及其禮樂思想進行了一個基本交代，進而闡發研究荀子禮樂思想的理論意義及現實意義。並且綜述了目前關於荀子思想的研究現狀，試圖從中揭示出目前研究成果所存在的缺憾，也即論文期待解答的問題。同時交代了論文寫作所採用的研究方法。

文章的第一部分探究了禮樂思想的源泉。從與上古時期相關的文獻中分別論述了「禮」之思想產生的萌芽及「樂」之思想產生的萌芽。緊接著又從對孔子的禮樂思想、郭店楚簡的禮樂思想及孟子的禮樂思想的相關論述中釐清西周後期至荀子前禮樂思想的發展脈絡。文章的第二部分論證了荀子之禮乃是人道之極。在荀子看來，「禮」即道德境界的最高層面，相比於孔子的「以仁釋禮」，荀子自信地展開了「以禮釋禮」的進路。個體以「誠」的態度，通過「學」來得道守禮，從而達到聖人的道德境界，當然，注重「學」的荀子認為這將是一個由「士」到「君子」再到「聖人」的過程。文章的第三部分從天人關係的角度切入「禮」，「明於天人之分」、「不求知天」都是特定語境下的表述，不可理解為天與人的截然兩分。相反，荀子的經天緯地之禮最終所達到的高度正是天禮合一。當然，無論是人道之極的禮亦或經天緯地的禮，在現實的層面都要落實到對社會群體及個體的功用上。文章的第四部分就從倫理道德的角度論證了荀子的禮樂在修身及治人方面的作用。雖然在《荀子》一書中，只有《樂論》一章集中表述了有關樂的思想，但從荀子的論述中可以看出，「樂」對於人之道德修養的促成及社會和諧的創立都有很大影響，這種影響從某種程度上說並不亞於「禮」。文章的第五部分專門從「和」的角度闡發了荀子的樂論思想，同時揭示了「樂」在善民心、移風易俗方面的重要

作用。正是因爲樂的和諧、情感特質，才有了「以樂成德」的理論訴求。最後，在文章的第六部分，結合此前的禮與樂思想的考察探究，在荀子對儒家禮樂思想所遭遇批判的回應基礎上，明確了禮樂之「美善相樂」的終極和諧意義之所在。

在文章的結語部分，對於儒家的道德與政治之間的關係作了界定。認爲尤其是在荀子那裏，這二者不是截然兩分的。外在表現上輔助政治的禮樂，本質上是其對於最高道德境界的永恒追求。而後者正是禮樂思想能夠經受社會環境風雲變幻，進而始終成爲民族文化脊梁的最根本原因。

第 1 章　前荀子時期的禮樂思想

　　禮樂文化在先秦文獻中佔有重要的地位，並且常常是被作爲整體文化之總稱而出現的。作爲從五帝到夏商周的社會歷史特徵，「禮樂文化」不但爲此後完整、鞏固的中國傳統文化之形成建構起了一個整體的框架，而且也爲春秋以降社會歷史文化的嬗變提供了一個邏輯前提和大背景。從孔子禮崩樂壞的感歎中我們知道，至少西周時期被認爲是一個禮樂文化盛行的時代。而在進入到春秋戰國時期後，以禮樂爲特徵的文化也開始逐漸脫離了原始形態，朝著理性思潮的方向演進。從這個意義上說，理解五帝到夏商周時期的禮樂文化，是理解從孔子到孟子直至荀子禮樂文化之變遷演進的一個基礎。

1.1 禮樂思想探源

　　中國自古就有「禮儀之邦」的稱謂，禮樂文化的傳統可謂源遠流長。例如與禮樂的起源密切相關的祭祀活動，往往包含了禮、樂、文等多方面的元素。「禮」代表了儀式的強制性規範，「樂」代表了儀式的心理狀態，而「文」則代表了儀式的外觀形象。從這個意義上講，禮樂文化實爲一種整合性的文化。從起源伊始，禮樂就共同代表著中華文明的基本特徵。

1.1.1 上古「禮」之思想萌芽

　　自先秦始，就有許多思想家從人類社會歷史進程的角度探討禮的產生，如《管子・君臣下》說：「古者未有君臣上下之別，未有夫婦妃匹之合，獸處居群，以力相徵。於是智者詐愚，強者凌弱，老幼孤獨不得其所。故智者假

眾力以禁強虐,而暴人止,爲民興利除害,正民之德,而民師之。」〔註1〕認爲在初民社會,整個人類基本上處於無序的「自然狀態」,人與人之間的行爲缺乏有效的制約和調節,因而可能造成相互間的傷害,不利於群體社會的生存。於是聖人出,制禮以治亂。這一觀點同樣又出現在荀子那裏,「先王惡其亂也,故制禮義以分之,以養人之欲,給人之求,使欲必不窮乎物,物必不屈於欲,兩者相持而長,是禮之所起也。」〔註2〕

隨著歷史的發展,關於禮的起源這一問題也有了越來越豐富的見解。比較有影響力的如王國維的「釋禮」,認爲禮字最早指以器皿盛兩串玉獻祭神靈,後來也兼指以酒獻祭神靈,又後來則以禮指一切祭祀神靈之事。〔註3〕王說是從「禮」字字形上之特點來推斷禮之起源。這種說法不無道理,但是,「關於禮的起源,正如其他一切事物或觀念的起源一樣,不可能僅僅依靠漢字的資源學考釋來解決。如由甲骨文的禮字來看,禮字取義主要是祭祀禮儀,這只能說明該字形產生時代所主要依據的情形,這既不能排除在更古遠時代『禮俗』的情形,也不一定可以涵蓋文字產生時『禮』的所有方面。就後來周代發展了的古禮體系,以及人類學所瞭解的初民文化中的儀式、習俗來看,禮儀的原始發生應可上溯到更爲古遠。在那個時代,祭祀儀式可能尚未出現,或者祭祀儀式並不是整個儀式體系的主要內容,更沒有產生文字。」〔註4〕楊寬先生對古代冠禮、饗禮、鄉飲酒禮、射禮等詳加研究,從而認爲禮起源於氏族社會的傳統習慣。他指出:「禮的起源很早,遠在原始氏族公社中,人們已經慣於把重要行動加上特殊的禮儀。原始人常以具有象徵意義的物品,連同一系列的象徵性動作,構成種種儀式,用來表達自己的感情和願望。這些禮儀,不僅長期成爲社會生活的傳統習慣,而且常被用作維護社會秩序、鞏固社會組織和加強部落之間聯繫的手段。進入階級社會後,許多禮儀還被大家沿用著,其中部分禮儀往往被統治階級所利用和改變,作爲鞏固統治階級內部組織和統治人民的一種手段。我國西周以後貴族所推行的『周禮』,就是屬於這樣的性質」。〔註5〕這種觀點認爲,禮起源於人的行爲習慣。楊向奎先

〔註1〕 黎翔鳳:《管子校注》,中華書局,2004年版,第558頁。
〔註2〕 王先謙:《荀子集解》,中華書局,1988年版,第346頁。
〔註3〕 參見《觀堂集林》卷六《釋禮》,中華書局,1994年版。
〔註4〕 陳來:《古代宗教與倫理——儒家思想的根源》,生活·讀書·新知三聯書店,1996年3月版,第239頁。
〔註5〕 楊寬:《古史新探》,中華書局,1965年版,第234頁。

生則根據古代農業生產的物品交換現象來解釋「禮」的起源，認爲「封建社會都曾有過祭祀土、谷神的典禮。……許多人世間的禮儀交往都和原始社會的物品交易有關，在原始社會中之所謂禮品交換實際是商業交易行爲……這種交換的事實可以幫助我們理解中國古代禮儀的起源、演變和發展中的若干問題，禮品和商品在當時只是不同時間的不同稱謂罷了。」〔註6〕也就是說，在生產力不發達的初民社會，沒有商業交易，人們之間或友誼或強迫的贈借制度就是禮的最初起源，後來「這種古老的習俗，經過階級社會『聖人』的加工和改造，變爲成文的禮，後來又變作成文的法」。〔註7〕可見楊先生是力求探尋「禮」的最本初根源，其理論視野直接延伸到了初民社會。但陳來教授對此種論點提出疑義，他說，「從文化人類學所瞭解的資料來看，儀式並不是從生產活動直接發源的，而是一定的宗教——文化觀念的產物。最早在巫術文化中開始發展出許多儀式，然後在祭祀文化中儀式得到了相當完備的發展」。〔註8〕客觀地講，「禮」在幾千年歷史的沉浮激蕩中不斷變化發展，必有其源頭之所在。但「禮」這一範疇本身就至少有幾種意義，比如工藝技術意義的禮，祭祀禮儀意義的禮，行爲規範意義的禮，典章制度意義的禮等等。所以籠統地說禮的起源，難免是要遭遇到困難的。我們不妨縱看歷史發展的不同階段，從巫風盛行的夏，到祭祀天地鬼神的商，再到禮樂文化逐漸成形的周，中國文化經歷了漫長的從感性到理性的必然之路。所以說，在「禮」的起源這一問題上，各家各派或許各異其說，各執其論，但周人在滅殷之後，保存了殷商的優秀文明成果並加以承襲，再經過宗周三百多年的發展，打造了此後華夏幾千年禮樂文明的根基，卻是不爭的事實。

　　在周之前，殷人雖然也已經有了各種祭祀儀節，並且在國家事務中佔有重要的地位，但此時祭祀的目的主要仍在於「祈福」、「致福」，而不是儀節本身，其指向性明確而簡單，因而「禮」的觀念並不凸顯。到了周公時，人類理性的發展使儀節本身的意義逐漸受到重視，於是「禮」的觀念凸顯了出來。天神崇拜與祖先崇拜被人類的理性向前推進了一步，人不再甘心終日匍匐於神靈的腳下，靠順從神靈的意志而得到恩賜生活，而是逐漸思索自己存在的

〔註6〕楊向奎：《宗周社會與禮樂文明》，人民出版社，1992 年版，第 238 頁。

〔註7〕同上書，第 244 頁。

〔註8〕陳來：《古代宗教與倫理——儒家思想的根源》，生活・讀書・新知三聯書店，1996 年 3 月版，第 242 頁。

本源並希圖尋找到自己在天地間的位置，於是「禮」走上了世俗化的進程。由天神崇拜到祖先崇拜已經體現出這一時期人文主體意識的覺醒。周人強調「以德配天」，雖然不否認天命，但認為天命的眷顧是與人為的努力相一致的，因而力求將德性與天命相結合，這時「禮」作為中介和橋梁，就起到了溝通天人，使其達到和諧一致的作用。同時這也表明，人開始作為宇宙間一種特殊的群體而存在，而不是神的附屬品而存在。正是在以德性為表徵的「禮」的基礎上，人類開始了尋找其自身生活之根基的漫長歷程。人不願做天命之天、意誌之天的奴僕，而是要做自己，獲得自己生存的意義，進而自立於天地之間。古人將自己行為正當性的「禮」作為人的一個附著點，將自己揭示於天地之中，與天同一，從而達到「天人合一」的境界。學者們對這段時期的文明曾有諸多評價：

> 殷人雖有祭祀之儀節，但其所重者在由儀節所達到的「致福」的目的，而不在儀節之本身，故禮之觀念不顯。……到了周公，才特別重視到這種儀節本身的意義。於是禮的觀念始顯著了出來。〔註9〕

> 殷人已經「有典有冊」，文明高於周人，殷人的祭禮相當發達。……但殷人也還仍然處以文明的初期，並未產生對文明發展有重大意義的經典。周人克殷之後，站在殷代文明發展的基礎上，建立了以禮治國的機制，並把禮加以體系化、社會化，並與文字結合，使得禮形諸文字而成為中國文化的經典的一部分，得以長久傳承。〔註10〕

當然，由於歷史的連續性以及文化的依賴性，西周以禮樂為代表的文化仍然保留著一定的神聖性，而這種神聖性在當時的禮儀、樂舞中隨處可見。「禮的觀念的出現，乃說明在周初的宗教活動中，已特注重到其中所含的人文的因素。但此人文因素，是與祭祀不可分」。〔註11〕總的來說，西周文化在經過了巫覡時代、祭祀時代之後，逐漸形成了較穩定的精神氣質，「這種氣質體現為崇德貴民的政治文化、孝弟和親的倫理文化、文質彬彬的禮樂文化、天民合一的存在信仰、遠神近人的人本取向。」〔註12〕

〔註 9〕 徐復觀：《中國人性論史先秦篇》，上海三聯書店，2001 年版，第 37 頁。
〔註10〕 陳來：《古代宗教與倫理——儒家思想的根源》，生活·讀書·新知三聯書店，1996 年 3 月版，第 284～285 頁。
〔註11〕 徐復觀：《中國人性論史先秦篇》，上海三聯書店，2001 年 9 月版，第 37 頁。
〔註12〕 同上書，第 16 頁。

1.1.2 上古「樂」之思想萌芽

在華夏文明形成的早期，「禮樂同構」是上古文化傳統的基本特徵。實際上，從詞源學的角度考察，樂與禮的關係也非常密切。《說文》謂「樂」，「象鼓鞞」。羅振玉認爲甲骨文的「樂」字「從絲附木上，琴瑟之象也」。「樂」字從字形上即與樂器密切相關。郭沫若也曾指出，「禮」的繁體字「禮」字字形的右下半部應爲「鼓」字的初文，裘錫圭先生指出，「禮」字右側的「豐」字「本是一種鼓的名稱」。《禮記・禮運》追溯「禮」的起源時也涉及到了「鼓」，「夫禮之初，始諸飲食，其燔黍捭豚，污尊而抔飲，蕢桴而土鼓，猶若可以致其敬於鬼神」〔註 13〕。由此可見，上古的「樂」與「禮」本爲一體，都是「奉神人之事」，只不過作爲祭祀禮儀的「禮」最早是以「樂」的形態出現的，所謂「先王樂教」同時也是「禮教」。

實際上，上古「樂」的起源伊始，就不僅是娛樂和感情的表達，更是作爲一種支撐生命的精神力量而產生的。「樂」既反映了原始初民的生活習俗、勞動方式以及對自然力恐懼和崇拜的心理，同時也顯示出人類與自然環境相抗爭的進取精神和勇氣。《禮記・樂記》云：「凡音之起，由人心生也，人心之動，物使之然也。感於物而動，故形於聲；聲相應，故生變；變成方，謂之音；比音而樂之，及干戚羽旄，謂之樂。」〔註 14〕由此可見，先秦的「樂」是樂、歌、舞融會貫通的文化藝術形式，同時它與宗教祭祀、巫術儀式緊密關聯，是先秦宗教信仰的載體，也是溝通天地、神人的媒介。《詩經・大序》曰：「言之不足，故嗟歎之；嗟歎之不足，故詠歌之；詠歌之不足，不知手之舞之，足之蹈之也」。〔註 15〕《詩經》是古代的樂歌總集，其中《頌》既是史詩，也是廟堂祭祀的樂歌。《楚辭》更是一種集巫覡祭祀、原始意象和神話思維爲一體的綜合產物。恩格斯曾指出：「舞蹈尤其是一切宗教祭典的主要組成部分。」〔註 16〕可見，作爲原始神職的「巫」與「舞」之所以古音相同，與樂舞的宗教功能和意義是分不開的，都可說是禮的聲音形態之表達方式，禮的原生態是樂舞，是樂的形制。

〔註 13〕楊天宇：《禮記譯注》，上海古籍出版社，2004 年 7 月版，第 268 頁。
〔註 14〕同上書，第 467 頁。
〔註 15〕李學勤主編：《毛詩正義》，〔漢〕鄭玄箋，〔漢〕毛亨傳，〔唐〕孔穎達疏，北京大學出版社，1999 年版，第 6 頁。
〔註 16〕恩格斯：《家庭、私有制和國家的起源》，人民出版社，1972 年，第 90 頁。

「樂者國家之大典,古人以與禮並稱」。〔註17〕「先王樂教」多見於先秦兩漢的文獻典籍,如《周易》:「先王作樂以崇德,殷薦之上帝,以配祖考」〔註18〕。《史記·樂書》:「上古明王舉樂者,……上以事宗廟,下以變化黎庶也」〔註19〕。《禮記·樂記》謂舜帝時「夔始制樂,以賞諸侯。故天子之爲樂也,以賞諸侯之有德者也」〔註20〕。儘管這些追述已經是傳說與歷史的相互融合,但我們仍可以從中看出中國上古時期的確存在著一個歷史悠久的「樂教」傳統。「古人以禮爲教民之本,列於六藝之首。豈知上古教民,六藝之中,樂爲最崇,故以樂教爲教民之本哉?」〔註21〕一般來說,中國目前最早關於「樂」的文獻記載可以追溯到《尚書·舜典》:「帝曰夔,命汝典樂,教冑子。直而溫,寬而栗,剛而無虐,簡而無傲。詩言志,歌永言,聲依永,律和聲。八音克諧,無相奪倫,神人以和。」〔註22〕由此,我們知道在虞夏之時就已經形成這樣一種審美觀:直而溫,寬而栗,剛而無虐,簡而無傲,並且已經開始使用「和」、「諧」這樣的概念。

「樂」在甲骨文和金文中都已出現,而「禮」卻是後起字,直至周初彝銘中也不見這個字。〔註23〕先秦許多古典文獻記載「伏羲作琴,神農造瑟,女媧制簧」,「黃帝令伶倫作律」,「顓頊令飛龍效八風之音」,以及堯舜樂官「夔始制樂」〔註24〕云云。從這些文獻記載來看,樂似乎產生於原始社會的氏族部落時期。《呂氏春秋·古樂》篇在論述了朱襄氏、葛天氏、陶唐氏、黃帝、顓頊、帝嚳、堯、舜、禹、湯、文王等帝王創作的「樂」後指出:「樂之所由來者尚矣,非獨爲一世之所造也」。這意在說明兩點:一是樂的生發源遠流長;二即樂乃先王聖人所創。

正因爲上古時期存在著這樣一個歷史悠久的「樂」之傳統,有些學者對禮樂的起源先後提出了自己的看法,如王國維拋開傳說中的先王作樂說,認爲「歌舞之興,其始於古之巫乎?巫之興,蓋在上古之世,……古代之巫,

〔註17〕馬端臨《文獻通考》卷一百八十六·經籍考十三。
〔註18〕李學勤主編:《周易正義》,北京大學出版社,1999年版,第85頁。
〔註19〕〔漢〕司馬遷:《史記》,中華書局,2006年版,第134頁。
〔註20〕楊天宇:《禮記譯注》,上海古籍出版社,2004年7月版,第479~480頁。
〔註21〕《劉申叔先生遺書》卷十九,寧武南氏校印本,第27頁。
〔註22〕〔漢〕孔安國傳,〔唐〕孔穎達疏:《尚書正義》,北京大學出版社,1999年版,第78~79頁。
〔註23〕楊尚奎:《宗周社會與禮樂文明》,人民出版社,1992年版,第330頁。
〔註24〕楊天宇:《禮記譯注》,上海古籍出版社,2004年7月版,第479頁。

實以歌舞爲職，以樂神人者也」。〔註25〕把樂的起源鎖定在「古之巫」上，但從「以樂神人」的功效上看，也是與祭祀活動分不開的。徐復觀認爲甲骨文中沒有正式出現「禮」字，但不止一次出現了「樂」字，「這已充分說明樂比禮出現得更早……祭神當然有一種形式。但把這種儀式稱之爲『禮』，是周初才正式形成的」；「進入到春秋時代，作爲當時貴族的人文教養之資的，卻是禮而不是樂。在當時，禮樂也可以說在事實上常常不可分；但樂的觀念，卻遠不及禮的觀念顯著」。〔註26〕事實上，由於時代的久遠、相關材料的失傳與匱乏，禮樂在中國上古時代發展嬗變已經難以作出準確細緻的、令人信服的描述。但在已知、可知的文獻資料範圍內，我們瞭解到至夏商周時期，歷史已經呈現出禮樂一體的文化形態。正是由於禮樂的這種相輔相成和彼此融合，才使得禮樂文化成爲此後幾千年中華文化的核心支柱。對於我們來說，或許這才是研究禮樂的眞正價值所在。

在早期的「禮樂」教化中，「樂教」也確實比「禮教」有更高的地位，後來的孔子也曾把「樂」看作其教育體系中的最高境界，主張「興於詩，立於禮，成於樂」。〔註27〕將樂看作是詩、禮興立之後而達到的一種更高的境界，樂何以能承擔起這種最高的境界？根本原因就是樂之「和」的特性。《尚書‧舜典》謂：「八音克諧，無相奪倫，神人以和」；〔註28〕《中庸》曰：「和也者，天下之達道也」。〔註29〕其所謂「和」，正是中國古代所追求的一種理想的最高審美之精神境界。周末以前，「禮」和「樂」同屬國學中大學階段的重要教授內容，但在鄉、族一級的地方學校，卻僅有屬於禮教範圍的「政教禁令」等，而不對其學生進行樂教。《周禮‧地官司徒》記載：「鄉大夫之職，各掌其鄉之政教禁令。正月之吉，受教法於司徒，退而頒之於其鄉吏，使各以教其所治，以考其德行，察其道藝」。〔註30〕因爲「樂」是較高級的教育課程和享樂方式，所以在當時只有貴族子弟才能享有這種特權。直到春秋戰國，官

〔註25〕 王國維：《宋元戲曲史》，上海商務印書館，1933 年版。
〔註26〕 徐復觀：《中國藝術精神》，春風文藝出版社，1987 年版，第 1～3 頁。
〔註27〕 〔宋〕朱熹：《四書章句集注》，中華書局，1983 年版，第 54 頁。
〔註28〕 〔漢〕孔安國傳，〔唐〕孔穎達疏：《尚書正義》，北京大學出版社，1999 年版，第 79 頁。
〔註29〕 〔宋〕朱熹：《四書章句集注》，中華書局，1983 年版，第 16 頁。
〔註30〕 李學勤主編：《周禮注疏》，〔漢〕鄭玄注，〔唐〕賈公彥疏，北京大學出版社，1999 年版，第 295 頁。

學失守，學術下移，私人講學之風盛行，上層社會的樂、舞等才開始在民間流行。而這時，禮教的功能不斷被強化，「禮教」逐漸重於「樂教」，「樂」之作用亦著重於美化「禮」，「樂」逐漸衍變成「禮」的附庸，「樂教」之倫理化、政治化傾向日趨明顯。

　　總之，先秦之「樂」，從其起源意義，宗教文化層面及精神境界上看，似乎都要比規範作用的禮略高一籌。而關於「樂」的表述，則多與天、神有關：《禮記・樂記》曰：「樂由天作，禮以地制」，〔註31〕「樂者，天地之命」。〔註32〕《呂氏春秋・大樂》云：「音樂之所由來者遠矣，生於度量，本於太一；」〔註33〕「凡樂，天地之和，陰陽之調也」。〔註34〕《史記・樂書》謂：「樂者敦和，率神而從天；禮者辨宜，居鬼而從地。故聖人作樂以應天，作禮以配地」。〔註35〕班固《白虎通・德論・禮樂》道：「功成作樂，治定制禮。樂言作，禮言制何？樂者，陽也，動作始倡，故言作；禮者陰也，繫制於陽，故言制。樂象陽，禮法陰也」。〔註36〕從歷史上看，漢代已是禮教高於樂教的時代，班固仍認為以樂率神應天從陽，以禮居鬼配地從陰，可見樂的優越性。

　　上古之「樂」雖在春秋戰國以後由於生產的發展和社會的變遷，逐漸失去了往日統攝宗教、文化的輝煌與氣魄，但其理念與精神仍在歷代社會中閃爍，其樂歌舞姿仍在歷代皇郊廟祭祀的儀式上展現，可見其影響之深遠。歷代王朝都以儒家的禮樂教化為正統之學，用來培養忠君孝親的倫理道德，由思想上的統一進而達到穩定的大一統王朝，並由此奠定了兩千年封建王朝「神道設教」的基本格局。

1.2　前荀子時期儒家的禮樂思想

　　西周後期，禮樂的祭祀功能雖然依舊存在，但已不是主要方面，禮樂的人文性及道德性不斷得到強化，「『禮』的最重要的特徵不是宗教性，而是聖俗結合，『神聖性』與『人文性』結合的體系，是包容某種宗教性、帶有某種神聖性

〔註31〕楊天宇：《禮記譯注》，上海古籍出版社，2004 年 7 月版，第 476 頁。
〔註32〕同上書，第 505 頁。
〔註33〕陳奇猷：《呂氏春秋新校釋》，上海古籍出版社，2002 年版，第 258 頁。
〔註34〕同上書，第 259 頁。
〔註35〕〔漢〕司馬遷：《史記》，中華書局，2006 年版，第 127 頁。
〔註36〕〔清〕陳立：《白虎通疏證》，中華書局，1994 年版，第 98～99 頁。

的人文文化體系」。〔註37〕到春秋時代，社會開始醞釀新的變革，四方諸侯迭起，文化價值的觀念也隨之發生變化，禮樂文化經歷了從整合到分化的過程。

1.2.1 孔子的禮樂思想

　　從禮的起源來看，西周以前，禮主要是一種祭祀的儀式，其目的是事神以致福。然而，「僅僅有『禮』的約束，並不能產生積極的自由和理想，只有當文化的注意力轉向行爲的『動機』，並發展出『德性』的觀念，文化才獲得了進一步發展的積極動力。才能借助倫理的意義而不是神秘方術去接近上帝。」〔註38〕周公在滅殷之後，繼承了文明程度高於自己的殷文化。但他也看到了其中的不足，對於天、神的絕對依賴，使得人的自主作用完全無從談起，這不利於解釋滅殷建周的行爲。於是他以德代禮，爲其周政權的建立尋求理論依據，客觀上卻豐富了禮的內容，提高了禮的境界。周公之造「德」，在思想史、政治史上，都是劃時代的大事，由此，傳統的「天人之際」，逐漸失去顏色，至孔子造「仁」，遂以「人人之際」代「天人」。〔註39〕

　　其實，天的主宰意識的逐漸淡化，並不是也不可能是周公通過政治手段來傳達的。社會經濟的發展，等級的差別及分配的不公使人們逐漸產生了疑天、怨天的聲音。在這之前，以信仰爲中心的宗教生活成爲精神活動的主導，人們完全相信天、神，無論出現什麼結果，都認爲是神的指示，因此不會發生憂患意識。當人的自主意識覺醒後，才有憂患意識。「這種憂患意識，實際是蘊蓄著一種堅強的意志和奮發的精神。……在憂患意識躍動之下，人的信心的根據，漸由神而轉移向自己本身行爲的謹愼與努力。這種謹愼與努力，在周初是表現在『敬』、『敬德』、『明德』等觀念裏面。尤其是一個敬字，是貫穿於周初人的一切生活之中」。〔註40〕從周初的文獻可以看出，「德」字更傾向爲一個中性詞，有的是「吉德」，有的是「凶德」，只有那些在前面加上「敬」、「明」的，才表示褒義，是好的意思。這樣，德才由一開始的直心而行的外在行爲，發展成爲內在的「德性」。「以孔子爲代表的文化精英，一方面，竭力維護禮樂文化的整合性，堅持禮樂的政治性規定，反對文質分離；

〔註37〕陳來：《古代宗教與倫理——儒家思想的根源》，生活·讀書·新知三聯書店，1996 年 3 月版，第 267 頁。
〔註38〕同上書，第 148～149 頁。
〔註39〕楊尚奎：《宗周社會與禮樂文明》，人民出版社，1992 年版，第 334 頁。
〔註40〕徐復觀：《中國人性論史先秦篇》，上海三聯書店，2001 年 9 月版，第 20 頁。

另方面，又從新的時代精神對禮樂進行新的解釋。把巫師型的堯舜重塑為理性化的仁義之王，把宗教性的儀式加進理性化的內容，……把原始儀舞樂的迷狂重釋為理性型的讓人想到仁義之至的極樂狀態」。〔註41〕孔子深知恢復原有的社會制度希望渺茫，於是將注意力轉向對人的培養上來，希圖從對理想人格的培養最終達到理想社會的實現。因之，禮樂在孔子那裏就淡化了原本的社會性質，而其修養的內涵得到強化。如果說周公以德代禮是第一次對於禮的加工改造，那麼春秋時孔子以仁釋禮就是對禮的第二次改造。

我們常用「禮崩樂壞」來形容春秋時期的禮樂，隨著封建經濟的產生和發展，各諸侯國實力隨之不斷增強，周天子的權威日益卜降，象徵周天子至上權威的天帝之光環也日益黯淡無光，或許正因為如此，孔子儘管精通周禮，卻很少提及對「郊天」禮的解說。相比之下，他更注重喪禮及日常生活中的各種揖讓交接之禮，尤其對象徵國家等級秩序的禮儀十分重視。孔子通過對周禮的改造，力圖使其歸為生活秩序的標準。當然，處於「禮崩樂壞」時代中的孔子，不可能僅僅滿足於作為秩序標準的禮。春秋動蕩之世，依舊依靠具有習慣法性質的禮儀是不可能復興西周制度的輝煌，如何使人從內心去理解禮，主動接受禮並自覺地遵守禮，才是孔子所追求的「禮」之理想指向。於是他以「以仁釋禮」為路徑，形成了「仁」為核心的思想體系。「由孔子所開闢的內在的人格世界，是從血肉、欲望中沉浸下去，發現生命的根源，本是無限深、無限廣的一片道理理性，這在孔子，即是仁」。〔註42〕

在孔子看來，「仁」與「禮」是相通的，「一日克己復禮，天下歸仁焉」。〔註43〕只有生發出仁心，才能真正在客觀效果上實現克己復禮。梁漱溟先生曾在《中國文化要義》中這樣評價道：「周公及其所代表者，多半貢獻在具體創造上，如禮樂制度之製作等。孔子則似是於昔賢製作，大有所悟，從而推闡其理以教人。道理之創發，自是更根本之貢獻，啓迪後人於無窮。所以在後兩千多年的影響上說，孔子又遠大過周公」。〔註44〕「文」是孔子對禮的一個重要修飾，所謂「君子博學於文，約之以禮，亦可以弗畔矣夫」。〔註45〕具

〔註41〕張法：《禮樂文化──理解先秦美學特色的一個路徑》，長沙理工大學學報社科版，2006年12月第21卷第4期。
〔註42〕徐復觀：《中國人性論史先秦篇》，上海三聯書店，2001年9月版，第62頁。
〔註43〕〔宋〕朱熹：《四書章句集注》，中華書局，1983年版，第131頁。
〔註44〕梁漱溟：《中國文化要義》，學林出版社，1987年版，第102頁。
〔註45〕〔宋〕朱熹：《四書章句集注》，中華書局，1983年版，第91頁。

有文之質的禮才是眞正的禮，才是有教化意義的禮。「文」包括文飾化了的禮節舉止內容，掌握它是成爲文質彬彬之君子的必要條件。就這樣，由仁而產生對禮的需求，反過來又通過禮樂活動的身體力行，促進了仁人之精神境界的產生。孔子曾大贊曾點「浴乎沂，風乎舞雩，詠而歸」〔註46〕的悠揚灑脫之志，顯示了他對禮樂精神的贊許和終極向往。禮樂在孔子看來，是成人的必要條件。「若臧武仲之知，公綽之不欲，卞莊子之勇，冉求之藝，文之以禮樂，亦可以爲成人矣」。〔註47〕朱熹注曰「成人，猶言全人……言兼此四子之長，則知足以窮理，廉足以養心，勇足以力行，藝足以泛應。而又節之以禮，和之以樂。使德成於內，而文見乎外。則材全德備，渾然不見一善成名之迹。中正和樂，粹然無復偏倚駁雜之蔽，而其爲人也亦成矣。」〔註48〕可以看出，「成人」的條件，並不在於德才兼備，或具「四子之一長」，關鍵是切實加強自我修養，陶冶情操，即具備禮樂之涵養，這樣才能成爲一個眞正完善的人。孔子的這種思想是一以貫之的。他說：「恭而無禮則勞，愼而無禮則葸，勇而無禮則亂，直而無禮則絞」，〔註49〕如若只達到某種具體道德規範的要求，仍不可避免地要產生各種偏頗，只有用禮樂文教進行全面調節，才能達到自我完善的地步。把弘揚禮樂文化與提高人的文明素養聯繫起來，正是孔子用「仁」來指導禮樂文化，對禮樂文化進行哲學提煉的卓越貢獻。

在春秋時期，有一個現象特別應當引起我們的注意，那就是《詩》的廣泛被引用。「這眞是始料所不及，詩以言志言情，亦各言其志，各言其情而有詩，但至春秋已不是作詩的時代而是用詩的時代，士大夫都習於詩而唱詩，大家都熟習了，所以才能在交際場合用詩代言且覺得有力。」〔註50〕孔子也不例外，其有言曰：「興於詩，立於禮，成於樂」。〔註51〕他對詩的態度承襲了西周的傳統並有提高，《詩》具有道德倫理的內容，因而和禮樂聯繫在一起。詩、禮、樂都是修身的內容，禮是核心，詩樂則都要合乎禮的要求，都要體現仁的精神。詩必須「止乎禮義」，樂必須「通倫理」。比興於詩，體認志意的感發、啓蒙，復守之以禮，遵循禮法制度，最後完成於樂，實現性情的淨

〔註46〕〔宋〕朱熹：《四書章句集注》，中華書局，1983 年版，第 130 頁。

〔註47〕同上書，第 151 頁。

〔註48〕同上。

〔註49〕同上書，第 103 頁。

〔註50〕楊尚奎：《宗周社會與禮樂文明》，人民出版社，1992 年版，第 223～224 頁。

〔註51〕同上書，第 104～105 頁。

化與昇華，這才算是修身的全面完成。

在肯定了禮樂對於個人修身的作用後，孔子又試圖論述禮樂文化在社會政治穩定中的重要作用。春秋時代的禮義之辨，表明西周以來的「禮樂」為主的文化發展，已經轉變為一種對「禮政」的注重。禮之被關注，主要的不再因為它是一套極具形式化儀節和高雅品味的交往方式，人們對「禮」的關注已經從「形式性」轉到「合理性」，「禮」被當成了治國的根本原則之一。「道之以德，齊之以禮，有恥且格。」〔註52〕「『道之以德（樂），齊之以禮』的實質，就是用禮樂文化陶鑄為政者的品德，這正是禮樂文化由作用於修身到進一步作用於治國的合乎邏輯的擴展，它奠定了幾千年來封建社會德政的思想基礎」〔註53〕從《論語》中有關禮的論述中，我們也可以清晰地看到，孔子對於「禮」之政治功用的極度期待。

孔子是一位音樂大師，在禮壞樂崩的時代，孔子力擔歷史重任，自衛返魯，然後樂正，《雅》《頌》各得其所，足見孔子對「樂」的重視。「樂」對孔子來說，是其「郁郁乎文哉！吾從周」的一個重要方面。早在西周時，周王朝就設立樂官，《春官·宗伯》設「大司樂中大夫二人」，他們在「禮官之屬」中的職責與地位如下：

> 大司樂，掌成均之法，以治建國之學政，而合國之子弟焉。凡有道者、有德者，使教焉。死則以為樂祖，祭於瞽宗。以樂德教國子：中，和，祗，庸，孝，友。以樂語教國子：興，道，諷，誦，言，語。以樂舞教國子：舞《雲門》、《大卷》、《大咸》、《大韶》、《大夏》、《大濩》、《大武》。以六律、六同、五聲、八音、六舞，大合樂，以致鬼神示。以和邦國，以諧萬民，以安賓客，以說遠人，以作動物。〔註54〕

「大合樂」所創造的藝術境界及對人心靈的震撼，是不可言說的。孔子曰：「吾不與祭，如不祭。」〔註55〕如果不能身臨其祭祀之境，我寧可不祭祀。可見沒有了聲勢浩大的祭祀禮樂之行為，便很難實現祭祀原本要達到的震懾人心的作用。雖然「孔子之時，周室微而禮樂廢」〔註56〕，但畢竟孔子也有幸經

〔註52〕〔宋〕朱熹：《四書章句集注》，中華書局，1983年版，第54頁。

〔註53〕李叔華：《試論孔子對傳統禮樂文化的貢獻》，《孔子研究》，1994年第4期。

〔註54〕李學勤主編：《周禮注疏》，〔漢〕鄭玄注，〔唐〕賈公彥疏，北京大學出版社，1999年版，第573～578頁。

〔註55〕〔宋〕朱熹：《四書章句集注》，中華書局，1983年版，第64頁。

〔註56〕〔漢〕司馬遷：《史記》，中華書局，2006年版，第329頁。

歷了我們現在所想像不到的「大合樂」的祭祀行禮場面，以至於有「周監於二代，郁郁乎文哉！吾從周」〔註57〕的感慨。對孔子之於音樂的精通與癡迷，徐復觀曾有這樣評價：「到了孔子，才有對於音樂的最高藝術價值的自覺；而在最高藝術價值的自覺中，建立了為人生而藝術的典型。」並且「就現在所能看到的材料看，孔子可能是中國歷史中第一位最明顯而又最偉大地藝術精神的發現者。」〔註58〕孔子聞韶樂而三月不知肉味的故事，說的就是他對古樂「韶」的傾慕和向往。「子在齊聞《韶》，三月不知肉味，曰：『不圖為樂之至於斯也』」。〔註59〕「韶」直到春秋仍然是祭祀行禮之樂，古人解釋韶樂云：「舜時，民樂其昭堯之業也，故韶，韶者，昭也」，〔註60〕正因為「韶」是具有彰顯堯之輝煌偉業的德樂，孔子才會聞之而暫忘現實世俗之事，並且從中我們也可以看出孔子對「樂」的界定標準：樂不僅要用動聽的旋律打動人，它所要達到的更深層的效果是培養、化育人的情感及心靈，使人不僅因外在的規範約束而不爭，更由內在的性情感動而無怨。從這個意義上說，孔子將音樂上升到了理想人格的境界。

　　有關孔子對樂的評價，《論語》中「關雎，樂而不淫，哀而不傷。」〔註61〕這句話可以說是孔子中和音樂觀的最經典之論述，這一觀點與《尚書·舜典》中的「直而溫，寬而栗，剛而無虐，簡而無傲」〔註62〕是一致的，即：無論快樂抑或哀傷，都以適度為美。對作為《詩經》開篇的《關雎》，孔子如此評價，意在總括《詩》、樂的本質。「樂」應提倡，但「淫」不可行，「哀」可理解，但「傷」則為過。在孔子那裏，並不是所有的音樂都符合這個條件，「樂則《韶》舞，放鄭聲，遠佞人。鄭聲淫，佞人殆。」〔註63〕「惡鄭聲之亂雅樂也。」〔註64〕《韶》舞乃雅樂，鄭聲則為淫樂的代表。何以同為音樂卻有雅、淫之別呢？所謂的「鄭聲」在當時算是很受歡迎的音樂，可見其在曲調、音律上是有一定優勢的。但孔子認為它不恰當地放縱和宣泄了感情，

〔註57〕〔宋〕朱熹：《四書章句集注》，中華書局，1983年版，第65頁。
〔註58〕徐復觀：《中國藝術精神》，春風文藝出版社，1987年版，第4頁。
〔註59〕〔宋〕朱熹：《四書章句集注》，中華書局，1983年版，第69頁。
〔註60〕〔清〕蘇輿：《春秋繁露義證》，中華書局，1992年版，第20頁。
〔註61〕〔宋〕朱熹：《四書章句集注》，中華書局，1983年版，第66頁。
〔註62〕〔漢〕孔安國傳，〔唐〕孔穎達疏：《尚書正義》，北京大學出版社，1999年版，第79頁。
〔註63〕〔宋〕朱熹：《四書章句集注》，中華書局，1983年版，第164頁。
〔註64〕同上書，第180頁。

這就有悖於人之理性，對人的修身會產生負面影響；而《韶》、《關雎》之所以被推重，在於它們不僅表達了感情，並且表達的方式恰如其分，符合理性的中和之道，有助於身心的健康愉悅。「在審美過程中，情感必須受到理性的支配與制約，其目的就是使盲目衝動趨於理性行為。故此，我們也不妨將其叫做審美理性。而孔子則為我們提供了一種經典的審美理性的樣本。」〔註65〕中國古代音樂所追求的是中和之境界，「和」既是前提也是目標，萬物始於和而終於和。和是發而有節，將發之際不任其自然，而必有節。「孔子在『樂而不淫，哀而不傷』的原則裏意識到了藝術所表現的情感應該是一種有節制的、社會性的情感而不應該是無節制的、動物性的情感。這個基本的思想使得中國藝術對情感的表現，在絕大多數情況下都保持著一種理性的人道的控制性質，極少墮入卑下粗野的情欲發洩或神秘、狂熱的情緒衝動。」〔註66〕

　　孔子對中和之樂的選擇是有其深刻的時代背景的。春秋時代，社會生產相比之前得到了較大發展，原來的禮樂制度已經不能滿足新的社會秩序的需求，「禮崩樂壞」的狀況亦隨之而來。此時人們所面臨的核心問題是如何重組社會。興禮樂而定名分是孔子為救世所提出的方案，禮樂之間必須互為補充、互相配合。樂的表現力及其對情感的抒發必須有節，以更好地與禮一起共同發揮其秩序倫理、組織社會的功能。作為行為規範的禮籠統而生硬，很難顧及到每個個體的行為差異及行為場合。這時就要靠行為者隨時加以權宜，而如何行為的決定權就在個人手中。因此，對個人而言，只有自覺自願，快樂的去行才是「禮」的最可靠的保障。從這個意義上講，只有知「樂」才能知「禮」，禮樂相輔相成。徐復觀先生就這樣評價孔子的禮樂觀：「禮樂並重，並把樂放在禮的上位，認定樂才是一個人格完成的境界，這是孔子立教的宗旨。」〔註67〕

1.2.2 郭店楚簡的禮樂

　　1993 年 10 月，湖北省荊門市沙洋區四方鄉郭店村一號楚墓中，出土了一批竹簡，凡一萬三千餘字，入土年代約在公元前 300 年上下，全書共存有 14

〔註65〕吾淳：《孔子論樂：精英的理想與趣味》，哲學研究，2006 年 6 期。

〔註66〕李澤厚劉綱紀：《中國美學史》第 1 卷，中國社會科學出版社，1984 年版，第
　　　149～150 頁。

〔註67〕徐復觀：《中國藝術精神》，春風文藝出版社，1987 年版，第 4 頁。

篇儒家經典文獻。很多學者認為，這十四篇儒家經典是介於孔子向孟子過渡時期的學術史料，具有重要的學術價值，填補了孔孟之間的學術空白。

　　郭店簡中儒家著作對於禮樂文化的闡述豐富而深刻，其對禮樂關係的論述，總體上與孔子大同小異，認為禮樂相輔相成，不可分離，禮處於主導地位，而樂則處於輔助的地位。楚簡《六德》云：「觀諸禮，樂則亦在矣」，〔註68〕即言由禮可以知樂，可見其禮樂一致的觀點。而另一表述「由禮知樂，由樂知哀……有知禮而不知樂者，無知樂而不知禮者。」〔註69〕，從禮樂內在相通之特性表明知樂則必知禮。這似乎又是將「樂」置於比「禮」更高的層次來統攝禮，與後來《禮記‧樂記》中「知樂，則幾於禮矣」〔註70〕的說法有異曲同工之處。楚簡繼承孔子「以仁釋禮」的觀點，認為禮樂在教化過程中是共同起作用的，通過內在意識（樂）與外在行為（禮）的一致而導向仁義。「仁，內也。義，外也。禮樂，共也。」〔註71〕就楚簡表述的內容而言，儘管作為德行之仁義有內外之別，但禮樂都是其共同之表現。關於禮樂的產生，楚簡《性自命出》「禮作於情，或興之也」之表述，認為禮樂「其始出皆生於人」，「禮樂，有為舉之也」。〔註72〕應該說，這一提法在先秦及後儒中是不多見的，但在楚簡中卻很常見，甚至有主流思想的傾向，如《語叢一》記曰「禮，因人之情而為之」，〔註73〕《語叢二》上有「情生於性，禮生於情，嚴生於禮……」。〔註74〕禮樂生於人情這一命題，在其所處的思想開放自由的時代，是頗具人文精神的。類似的說法在後來的《禮記》中也有表述：「禮者，因人之情而為之節文，以為民坊者也」〔註75〕，「觀三代損益，乃知緣人情而制禮，依人性而作儀。」〔註76〕

　　禮樂文化發展到西周鼎盛時期，已經有名目繁多的儀節形式。如《禮記‧禮器》就有「經禮三百，曲禮三千」〔註77〕之說。而這些儀節形式的基本特

〔註68〕李零：《郭店楚簡校讀記》，中國人民大學出版社，2007 年版，第 171 頁。
〔註69〕同上書，第 182 頁。
〔註70〕楊天宇：《禮記譯注》，上海古籍出版社，2004 年 7 月版，第 470 頁。
〔註71〕李零：《郭店楚簡校讀記》，中國人民大學出版社，2007 年版，第 171 頁。
〔註72〕同上書，第 137 頁。
〔註73〕同上書，第 207 頁。
〔註74〕同上書，第 220 頁。
〔註75〕楊天宇：《禮記譯注》，上海古籍出版社，2004 年 7 月版，第 675 頁。
〔註76〕〔漢〕司馬遷：《史記》，中華書局，2006 年版，第 121 頁。
〔註77〕楊天宇：《禮記譯注》，上海古籍出版社，2004 年 7 月版，第 293 頁。

徵就是恭敬。《左傳‧僖公十一年》記：「敬，禮之輿也，不敬則禮不行。」《孔子集語‧勸學》引《尚書大傳略說》：「子曰：……不敬無禮，無禮不立」。《管子‧五輔》也有言：「夫人必知禮，然後恭敬，恭敬然後尊讓，尊讓然後少長貴賤不相逾越。」由此可見，恭敬作爲禮的基本特徵，是先秦儒家包括其它學派所公認的，楚簡也不例外。《五行》上有「安而敬之，禮也」，「行而敬之，禮也」，「恭而博交，禮也」，〔註78〕《性自命出》中有記「賓客之禮必有夫齋齋之容，祭祀之禮必有夫齋齋之敬，居喪之禮必有夫戀戀之哀」。〔註79〕《語叢一》上有「禮生於莊」。〔註80〕以上這些表述都意在表明禮的恭敬、莊嚴之特徵。至於「樂」，其基本特徵是「和」。楚簡中論樂也有類似的闡述，如《五行》有記「和則樂」，「和則同，同則善」。〔註81〕《尊德義》有記「治樂和哀，民不可惑也。反之此，往矣」。〔註82〕因爲音樂有和諧感情之功效，使人在行爲上向善，進而使人際關係趨於融洽。而對於感情中的哀悲之情，人們又可以通過音樂得以渲泄，使不良的情緒趨於緩和平靜，從而避免使人心智紊亂，從根源上阻止違禮之事的生發。

郭店儒簡的作者認爲禮樂從五德中生發出來的，如《語叢一》「德生禮，禮生樂」〔註83〕，《尊德義》篇記曰：「德者，且莫大乎禮樂」〔註84〕，「聖，知禮樂之所由生也，五〔行之所知〕也。和則樂，樂則有德，有德則邦家興」〔註85〕。五德中和，於是樂由此生，樂生則德立，德立然後能安邦定國。可見，五德之和非常重要，但在楚簡所提及的五德中並沒有「樂」，似乎作者並沒有把「樂」與仁、義、禮、智、聖等五德同等看待，而是認爲在五德中和之後才能達到「樂」之境界。當然，這裏的「樂」已經不單是樂器、樂舞等具體的事物行爲，而主要是內在快樂的心境、外在和樂的氛圍，這樣的「樂」意義重大，是立德乃至興邦的基礎。作爲五行的「仁義禮智聖」，楚簡將其闡發爲「德之行」，並倡導在提升個人之德的方法上，禮樂刑法並重，這相對孔子的禮樂思想是一大發展。《尊德義》云：「率民向方者，唯德可……德者，

〔註78〕 李零：《郭店楚簡校讀記》，中國人民大學出版社，2007 年版，第 102 頁。
〔註79〕 同上書，第 139 頁。
〔註80〕 同上書，第 207 頁。
〔註81〕 同上書，第 102 頁。
〔註82〕 同上書，第 182 頁。
〔註83〕 同上書，第 208 頁。
〔註84〕 同上書，第 182 頁。
〔註85〕 同上書，第 102 頁。

且莫大於禮樂焉」；〔註86〕「君民者，治民復禮，民除害智」。〔註87〕治國安邦要依靠實行德治，而儒簡作者認爲禮治就是最大的德治。在《五行》中，作者對仁、義、禮、智、聖五種德行及其相互關係作了詳細、深入的探討，認爲應該由「不形於內」和「形於內」兩種角度對五德進行理解，「不形於內」的仁、義、禮、智、聖是「行」，而「形於內」的則是「德之行」，這種細緻的區分顯示了儒簡作者對德行的深刻理解。「形於內」是道德行爲的依據，是「未發」之狀態；「不形於內」，也即形於外則是指主體的外在道德行爲，是「已發」之狀態。既有已發之行爲，則需對其進行正確的指引和規範。楚簡《六德》云：「作禮樂，制刑法，教此民爾，使之有向也，非聖智者莫之能也」。〔註88〕顯然，作者在這裏是禮樂刑法並重的，楚簡《語叢一》上還有：「知禮然後知刑」〔註89〕，「〔信〕生德，德生禮，禮生樂。由樂知刑」。〔註90〕這樣，禮樂刑構成了一個成德的循環路徑。

　　禮樂與刑法如何相融相通？楚簡作者認爲關鍵在於人性人情，《性自命出》談到「凡聲其出於情也信，然後其入撥人之心也夠」〔註91〕。該篇從人性的內在傾向出發突出地論述了禮樂教化的必要性。如曰「性自命出，命自天降」〔註92〕，將「性」與「天」、「命」聯繫起來。何謂性呢？「喜怒哀樂之氣，性也。及其見於外，則物取之也」。〔註93〕「性」就是人的各種喜怒哀樂之「氣」，這種「氣」可以因外物運動變化而顯現於物之外。郭店楚簡的形成時期大致處於儒家心性論興起和發展的中間環節，其時各種相關說法紛繁複雜，還沒有形成相對明確的觀念。但即便如此，我們仍能看出，與禮樂教化思想關係密切的，仍是以「情生於性」爲主的自然人性論，認爲「情生於性」、「情出於性」，「好惡，性也。所好所惡，物也」〔註94〕，還有諸如「愛生於性，親生於愛」〔註95〕等語在儒簡中屢見不鮮。楚簡從自然人性論出發，

〔註86〕李零：《郭店楚簡校讀記》，中國人民大學出版社，2007年版，第182頁。
〔註87〕同上書，第183頁。
〔註88〕同上書，第182頁。
〔註89〕同上書，第208頁。
〔註90〕同上書，第208頁。
〔註91〕同上書，第137頁。
〔註92〕同上書，第136頁。
〔註93〕同上。
〔註94〕同上書，第136頁。
〔註95〕同上書，第220頁。

論述了禮樂教化的必要性和可能性。它認為人性雖然是先天成就的，無善無不善，但卻是可以通過後天的學習和教育加以改變的。《性自命出》篇有「四海之內，其性一也，其用心各異，教使然也」〔註96〕，「凡人雖有性，心無定志，待物而後作，待悅而後行，待習而後定」〔註97〕之語，這種觀點與後來《禮記・樂論》所述的「感於物而後動」〔註98〕之說法也相互印證。楚簡強調，通過學習和教育來「養性」、「長性」，使人心定而走向善道。而這一過程要從情感的陶冶、塑造開始：「道始於情，情生於性。始者近情，終者近義。知情〔者能〕出之，知義者能入之。」〔註99〕在楚簡作者看來，「禮」不是限制、扼殺人的情感的，而只是賦予情感以一定的表現形式，使其能夠自然而然、潛移默化地符合倫理道德的要求——也即「美其情」的過程：「君子美其情，貴〔其義〕，善其節，好其容，樂其道，悅其教，是以敬焉」。〔註100〕在這一過程中，音樂發揮了禮所不可取代的功用，「用情之至者，哀樂為甚」，〔註101〕「凡至樂必悲，哭亦悲，皆至其情也。哀、樂，其性相近也，是故其心不遠」〔註102〕，這與後來孟子所言的「仁言不如仁聲之入人也深」〔註103〕的觀點有異曲同工之妙，並且可以說直接啟發了後來荀子關於樂「入人也深，其化人也速」〔註104〕的樂教思想。

《性自命出》在論證了禮樂生於情的基礎上，還強調了用詩、書、禮樂等進行教化，「聖人比其類而論會之，觀其先後而逆順之，體其義而節文之，理其情而出人之，然後復以教。教所以生德於中者也。」〔註105〕通過論會、逆順、節度等手段，養性理情，從而令德生於心中，由此以成就恭敬安詳、禮樂融融的人世間氣象。在選擇樂的問題上，楚簡指出「凡古樂動心，益樂動指，皆教其人者也。《賚》、《武》樂取；《韶》、《夏》樂情」，〔註106〕要以《韶》、《夏》、

〔註96〕 李零：《郭店楚簡校讀記》，中國人民大學出版社，2007年版，第136頁。
〔註97〕 同上。
〔註98〕 楊天宇：《禮記譯注》，上海古籍出版社，2004年7月版，第468頁。
〔註99〕 李零：《郭店楚簡校讀記》，中國人民大學出版社，2007年版，第136頁。
〔註100〕 同上書，第137頁。
〔註101〕 同上書，第138頁。
〔註102〕 同上書，第137頁。
〔註103〕 〔宋〕朱熹：《四書章句集注》，中華書局，1983年版，第353頁。
〔註104〕 王先謙：《荀子集解》，中華書局，1988年版，第380頁。
〔註105〕 李零：《郭店楚簡校讀記》，中國人民大學出版社，2007年版，第137頁。
〔註106〕 同上。

《武》等「古樂」、「益樂」教人向善，敦厚風俗，在這一方面，楚簡首肯雅樂，也惡鄭聲，「鄭衛之樂，則非其聲而從之也」。〔註107〕很明顯，這裏與孔子表達的「樂則《韶》、《舞》，放鄭聲，遠佞人」〔註108〕之思想是一致的。

　　在禮樂教化方面，值得注意的是，《性自命出》特別注重探討樂教獨特的社會功能及其規律性。「凡聲其出於情也信，然後其入撥人之心也厚。」這裏說的是音樂對人的化育感動作用。孟子在《盡心上》中也有類似的表達：「仁言不如仁聲之入人深也。」〔註109〕此外，不同類型的音樂，對人也有不同的感化作用，「聞笑聲，則鮮如也斯喜。聞歌謠，則陶如也斯奮。聞琴瑟之聲，則悸如也斯歎。觀《賚》、《武》，則齊如也斯作。觀《韶》、《夏》，則勉如也斯斂。詠思而動心，莫如也，其居次久，其反善復始也慎，其出人也順，司其德也。鄭衛之樂，則非其聲而從之也。」，〔註110〕從這段文字可以看出，作者推崇的是健康向上，能鼓舞、激勵、感化教育人的高雅純正之音樂和舞蹈，也惟有此，才能真正地發揮出音樂的教化功能。值得注意的是，在本篇中，作者還反覆論說音樂中哀樂的作用，對哀樂十分重視，「凡至樂必悲，哭亦悲，皆其至情也。」在《尊德義》中似乎說的更明白：「由禮知樂，由樂知哀」。由樂為什麼可以「知哀」呢？因為「至樂必悲」，「至樂」表達的是「至情」，作為音樂終極的「至樂」和情感終極的「至情」相合所達到的統一，正是教化所追求的目標與境界。作者對這種「至情」表達的過程還進行了生動的描述。因為「至樂」最能激發人心崇高悲壯的情感，並通過「戚然以終」，「遊哀」，再通過優、戚、歎、鬥、踴等方式，最後使得內心情感得到適當的渲泄，從而進入一種悲情的審美境界。這既可以使人情緒平衡，身心和諧，不會抑制人情，也能以樂養性，以樂怡情，不會喪失禮儀，最終使禮樂之教落到實處。

　　西周的禮樂文化可謂內容豐富，貫穿其中的基本精神主要就是親親、尊尊。在實際的禮樂祭祀活動中，既要注意到「親親之殺」，即親疏厚薄的等差，還要注意賢者的優劣之差別，而禮的產生就是為了區分這些等級差別。楚簡《唐虞之道》把上古堯舜禪讓的傳說作為理想的政治模式，從理論上闡發了愛親尊賢、孝弟忠君、長天下與為民主等的對立統一關係，強調了「尚德」、「尊賢」在政

〔註107〕李零：《郭店楚簡校讀記》，中國人民大學出版社，2007 年版，第 137 頁。
〔註108〕〔宋〕朱熹：《四書章句集注》，中華書局，1983 年版，第 164 頁。
〔註109〕王先謙：《荀子集解》，中華書局，1988 年版，第 380 頁。
〔註110〕李零：《郭店楚簡校讀記》，中國人民大學出版社，2007 年版，第 137 頁。

治穩定中的重要性。對此，陳明先生認為，《唐虞之道》把孝與讓對應於親親與尊賢，實際上啟示了儒家禮樂制度和仁義思想發生的線索。堯舜的「親親」、「尊尊」與周公製作的「禮」、「樂」在精神上與功能上屬於同一個系統，《禮記・樂記》上說：「樂者為同，禮者為異。同則相親，異則相敬。樂勝則流，禮勝則離。合情飾貌者，禮樂之事也。禮義立，則貴賤等矣。樂文同，則上下和矣。仁以愛之，義以正之，如此則民治行矣。」這說明親親的原則在功能上被明確為「為同」，並被賦予了「樂」的成熟的形式；尊尊（賢）的原則在功能上被明確為「為異」，並賦予了「禮」的成熟形式。〔註111〕

　　郭店楚簡論禮樂的關係，在總體思路上可以說與先秦儒家的觀點大同小異，認為禮與樂是相輔相成，不可離的。合而言之，二者共生共行，密不可分；分而言之，禮處於主導地位，樂則處於輔助的地位。楚簡《六德》云：「觀諸禮，則樂亦在其中矣」，〔註112〕即由禮可以知樂。這說明禮樂有內在的相通之處，故可互知，但禮畢竟居於主導的地位、而樂處於輔助的地位。楚簡還認為禮是外在的行為規範和道德準則，而樂則是各種德行的和同趨善，主要在內在情感上起作用。「仁，內也。義，外也。禮樂，共也。」〔註113〕禮樂是共同起作用的，通過內在意識與外在行為的一致而導向仁義。在仁、義、禮、智、聖五種德行中，禮處於核心地位，五德在樂的作用下趨向和諧，進而共同完成振邦興家的大事業。

　　由以上論述可以知，郭店儒簡對於禮樂文化的論述是極其豐富多彩的，有些與現在已知先秦儒家學者的觀點有類似之處，有的則填補了先秦思想史上的空白。總之，這些觀點對於我們認識中國傳統禮樂文化的價值，把握禮樂文化的精神和本質都有著重要的意義。

1.2.3 孟子的禮樂思想

　　孟子所處的時代是百家爭鳴的興盛階段，從其思想體系中可以管窺到各家各派的蹤影。作為儒家學派的著名繼承人，孟子承接了孔子「仁」的大勇氣象，並對其進行了深刻的發揮，這一點在「氣」概念的使用中發揮得淋漓

〔註111〕陳明：《唐虞之道與早期偏家的社會理念》，見《郭店楚中國哲學第二十輯》，遼寧教育出版社，1999 年版，第 247 頁。
〔註112〕李零：《郭店楚簡校讀記》，中國人民大學出版社，2007 年版，第 171 頁。
〔註113〕同上。

盡致。孔子很少談氣，但郭店楚簡中卻時有涉及。簡文《唐虞之道》謂「順乎脂膚血氣之情，養性命之政，安命而弗夭，養生而弗傷」〔註114〕，即涵蓋了養氣的思想。孟子更是把「氣」看成了作為大丈夫不可或缺的內在涵養。「吾善養吾浩然之氣」——這種「大丈夫」的道德學說體現的是對於尊嚴和個人價值的強烈感受，是不怕任何艱險而去完成自己使命的無畏精神。

在孟子看來，「養氣」的一個結果便是「敬」，有浩然之氣的人也一定是心存恭敬的人。但我們要注意的是「敬」在孟子思想中，已經不單單是純粹的虔敬與遵從，更是一種被賦予了人性尊嚴的，由內心生發的對自己及他人的尊重。後來的小戴《禮記》開篇即曰「毋不敬」，「敬」被看作是禮的基本精神。「經禮三百，曲禮三千，可以一言以蔽之曰：『毋不敬』」〔註115〕。孟子曾言：「用下敬上，謂之貴貴；用上敬下，謂之尊賢。貴貴尊賢，其義一也」。〔註116〕從上下兩個角度對「敬」作了解釋。與孟子同時代的景丑根據「內則父子、外則君臣，人之大倫也。父子主恩，君臣主敬」〔註117〕的理論斷言齊王是敬孟子的，但孟子的行為卻看不出對齊王有絲毫敬意。對此孟子回駁道：「非堯舜之道，不敢以陳於王前，故齊人莫如我敬王也」，〔註118〕認為自己對齊王竭盡所忠，比所有的齊人都更尊敬齊王。事主盡忠，就是敬，相反，事主不忠，以為君王鄙陋，不足以與之言仁義，則是大不敬。由此可知，孟子認為真誠的敬在形式上可能是對君主的冒犯，但就其實質而言則是大敬：「事君無義，進退無禮，言則非先王之道者，猶沓沓也。故曰：責難於君者謂之恭，陳善閉邪謂之敬，吾君不能謂之賊」，〔註119〕君主有過失就不避諱責難，閉邪揚善，這實際上才是真正的尊敬，大敬。

可見，孟子禮學中所要求的「敬」，並不是一種下對上的單向義務，而實際上是上下之間互通的準則。孟子突破了傳統禮學中尊者、長者對「敬」的壟斷，體現了「士」的人格獨立及士人的道德自覺。按李澤厚的說法，孟子代表的是中國絕對倫理主義，孟子所稱述的性善論，其根源與感性無涉，它是主宰、支配感性的超驗或先驗的命令。因而，世間的權勢與士人的德性是可以並存共融

〔註114〕李零：《郭店楚簡校讀記》，中國人民大學出版社，2007年版，第124頁。
〔註115〕〔元〕陳浩撰：《禮記集說》上海古籍出版社，1987年版，第1頁。
〔註116〕〔宋〕朱熹：《四書章句集注》，中華書局，1983年版，第318頁。
〔註117〕同上書，第242頁。
〔註118〕同上書，第242頁。
〔註119〕同上書，第376～377頁。

的，這就極大的加劇了主體人格意識的覺醒，如孟子表彰北宮黝之養勇：「不受於褐寬博，亦不受於萬乘之君；視刺萬乘之君，若刺褐夫；無嚴諸侯，惡聲至，必反之」。〔註120〕在這裏，士人對「褐夫」與「萬乘之君」一視同仁，因而，孟夫子「說大人則藐之」，他強調個人的良知，「自反而不縮，雖褐寬博，吾不惴焉；自反而縮，雖千萬人，吾往矣」〔註121〕。人的言行必須服從自身的良心，來決定「自反而不縮」，抑或「自反而縮」，士人已不是位高權貴者可以招之即來，揮之即去的存在，而是「樂其道而忘人之勢，故王公不致敬盡禮，則不得亟見之。見且由不得亟，而況得而臣之乎？」〔註122〕如此之獨立的人格意識，使士安於走自己的道路，對社會之權勢視之如敝屣，王公貴族可以要求他們恭敬盡禮，但他們也應該有同樣平等的權利要求王公貴族對他們恭敬盡禮。正是在這種士人獨立意識相對覺醒的背景下，孟子對古禮中「士不見諸侯義」作了多方面的闡發。新時代的獨立意識，表面上被孟子裝扮成古已有之的禮制。孟子曰：「在國曰市井之臣，在野曰草莽之臣，皆謂庶人。庶人不傳質為臣，不敢見諸侯，禮也」。〔註123〕「庶人，召之役則往，君欲見，召之，則不往之」。〔註124〕士人獨立意識的高漲，由此可見一斑。

道德人格的獨立性還使得孟子對神的虔敬態度與前人相比發生了一定的轉變，孟子說：「犧牲既成，粢盛既絜，祭祀以時，然而旱乾水溢，則變置社稷」。〔註125〕人們按照既定的儀式和時間，用相應的犧牲物品祭祀神靈之後，仍然不能保祐黎民百姓，旱乾水溢依然肆虐，那麼，這樣的社稷神在孟子那裏也就應該「變置」、更換了。孟子對神的神聖不可侵犯性似乎不以為意，認為神是按人的意願塑造出來的，其神聖性的保存應建立在其為人間帶來的幸福的基礎之上。同樣的理論也適用於統治者。孟子認為對「勞心者」的尊敬和服從是建立在他們「得乎丘民」的基礎上的。「民為貴、社稷次之，君為輕」。〔註126〕以民為本的百姓利益，就成了衡量一種行為是否「合禮」的標準，這與前文所提到的「敬」的標準也是相一致的。正是在這種禮之本質的精神出發，孟子對於「湯

〔註120〕〔宋〕朱熹：《四書章句集注》，中華書局，1983 年版，第 229 頁。
〔註121〕同上書，第 230 頁。
〔註122〕同上書，第 351 頁。
〔註123〕同上書，第 322 頁。
〔註124〕同上書，第 322 頁。
〔註125〕同上書，第 367 頁。
〔註126〕同上。

放桀、武王伐紂，有諸」之類帶有挑釁的問題，作出了合乎禮之本質精神的回答：「賊仁者謂之賊，賊義者謂之殘。殘賊之人謂之一夫。聞誅一夫紂矣，未聞弒君也」。〔註127〕可以說，從形式上孟子通過「正名」的途徑解釋了歷史上這種違背君臣大義的行爲，從而解決湯武聖人之屬的行爲與傳統之禮相牴牾所帶來的道德困境。從實質上看，這是通過價值判斷的角度將桀紂定爲殘害仁義的「一夫」，也即獨裁者、暴君，明確表明民之利益應受到充分的重視，在更本源的意義上體現了其禮學思想之「體國經野」的功能。

從《孟子》一書中可以看出，「禮」的提及遠不及「仁」「義」突出，但由於他著眼於將禮內化爲一種心理原則，因而，他所講的仁義，也不過是「禮」的別名，這一點抑或是繼承了孔子的「以仁釋禮」。在有些地方，甚至仁、義、智、禮、樂這五者均可統合在傳統意義的「禮」的大框架內。他說：「仁之實，事親是也；義之實，從兄是也；智之實，知斯二者弗去是也；禮之實，節文斯二者是也；樂之實，樂斯二者」。〔註128〕在仁、義、智、禮、樂這五個範疇中，雖然最核心的是仁義，但仁義的實質仍是體現禮的「事親」、「從兄」。孟子以爲仁義均是內在於人心的，但他又以義之實爲從兄，與告子等人辯說「義」不過是「禮」的別名。孟子這種以「仁義」爲核心的禮學思想，強調仁義禮智都根源於心，禮在這裏表現爲一種傾向性明顯的心理原則，它所體現的是一種先驗的道德本質和崇敬、獨立的人格精神，但他又沒有完全陷入先驗的道德律中，其對西周井田、賦稅、養老等制度的讚賞和向往，對「法度」的認可，對其後的儒家，尤其是荀子的禮樂思想，起到了先導作用。

在孟子的禮學中，孟子始終強調禮的內容大於形式，他的禮學可以說是一種取向本質的禮學。在《告子下》篇中，有人曾將禮與生命之間可能會發生衝突的情況提了出來：「以禮食，則饑而死；不以禮食，則得食，必以禮乎？」〔註129〕孟子並沒有囿於問題本身，直指這種提問的方式有問題，因爲將「食之重者」與「禮之輕者」相比較，本身就是不對的，「禮之輕者」不過是禮的末節，根本不及生命的重量。禮作爲一種社會秩序，是爲生民而不是害民，當它與生命發生牴牾的時候，承認生命權是人最重要的權力，因爲沒有人，就沒有了傳承禮的載體。這種禮的輕重之分在孟子看來也即禮的形式與本質

〔註127〕〔宋〕朱熹：《四書章句集注》，中華書局，1983 年版，第 221 頁。

〔註128〕同上書，第 287 頁。

〔註129〕同上書，第 338 頁。

之分，用他的話說就是「簞食豆羹之義」與「親戚君臣上下」之義〔註130〕，前者微不足道，後者則事關大節。如果一個人能夠在簞食豆羹方面表現出良好的氣節，我們也不能就此認為他在親戚君臣上下之義上就能夠大節無污。孟子處於禮崩樂壞的社會大時代下，認識到一方面「亡親戚君臣上下」的行為大肆橫行，與此同時不少人卻又專注於「簞食豆羹」之禮，並以此惑世欺人。於是親自參與了一系列的禮義之辯。在孟子那個時代，曾流行過「有諸內，必形諸外」〔註131〕的觀點，如淳于髡就是這樣認為的。但孟子則堅持禮之形式與內容之間並沒有必然的一致性，它主要取決於行禮人的態度，如果主體沒有出乎內心的虔誠，則這種禮只能是徒具形式的禮，是未完成的禮，因而是不足稱道的禮。他引《尚書·洛誥》篇曰：「享多儀，儀不及物曰不享，惟不役志於享」。〔註132〕言及有禮物，但沒有按禮的程序去祭祀，即沒有真心去祭祀，是不可能被神所接受的。當下之意即是否有「志」，是禮能否完成，禮之功用能否實現的關鍵。

只有分清了禮之輕重，禮之形式與本質，我們才有可能真正地把握禮的精神。理解的這一點，我們就會明白孟子為何對世人普遍稱道的陳仲子之行為，予以嚴厲的責備。陳仲子「以兄之祿為不義之祿而不食也，以兄之室為不義之室而不居也，辟兄離母，處於於陵」〔註133〕。在孟子看來，這種行為並不是可嘉的，因為「辟兄離母」本身就是一種不顧上下，也不顧及自身安危的非禮之舉。這樣，陳仲子在對抗一種不義時，又使自己陷入了另一種不義；並且孟子認為，如果陳仲子這種不食不義之祿的做法得到讚揚和肯定，前提就必須是把人從社會生活中剝離出來，斬斷其各種社會人際關係，這顯然是不可能的。對此，孟子譏諷曰「充仲子之操，則蚓而後可者也。夫蚓，上食槁壤，下飲黃泉」。〔註134〕此外，我們不僅應該拿捏禮之輕重，還要兼顧守禮之權宜。例如孟子贊同「男女授受不親」之禮，但他認為不能在生命危急關頭仍僵死地固守這種禮的形式，「嫂溺，援之以手，權也」〔註135〕。講究禮的權宜，才能保證守禮與守仁心之間的平衡。生命比一成不變的禮重要，

〔註130〕〔宋〕朱熹：《四書章句集注》，中華書局，1983 年版，第 359 頁。
〔註131〕同上書，第 343 頁。
〔註132〕同上書，第 341 頁。
〔註133〕同上書，第 274 頁。
〔註134〕同上書，第 273～274 頁。
〔註135〕同上書，第 284 頁。

在孟子眼裏，也有比生命還重要的東西，即「義」。在歷史及現實中，總有一些捨生取義的仁人志士，他們不畏權貴，存禮義於心，並將禮義至於生命之上的更高位置。故孟子認為捨生取義，「非獨賢者有是心也，人皆有之，賢者能勿喪耳」〔註 136〕。賢者不會喪失禮義之心，一簞食、一瓢飲時如此，享有萬鍾之祿時亦如此；而一般人，或許在細小的日常瑣事方面能顧及到言行是否合乎禮義，但面對「萬鍾則不辨禮義而受之」。這是孟子指出的賢者與普通百姓的區別之一，也是禮樂教化需要實施的原因之一。

　　相比於禮，孟子對樂的提及顯得相對單薄，但他卻極力強調樂之「同」的本質。在傳統禮樂文化中，「樂統同，禮辨異」〔註 137〕的思想根深蒂固，樂在調節情感方面具有「統同」的作用，但樂似乎並不獨立，而是與禮密切相關。因禮的「辨異」使得不同等級的人也只能享有不同的「樂」。但孟子卻在權勢者面前，有意避開禮制問題，單從人心所同的視角出發，強調一個樂的本質「同」。面對齊宣王號稱自己的「好樂」，孟子直指樂的本質，「樂者，樂也」要求「王與百姓同樂」〔註 138〕。不僅在樂的方面如此，在其他很多方面孟子都提倡「與民同之」：「好貨，與百姓同之，於王何有」，「好色，與百姓同之，於王何有」〔註 139〕。同樣，好田獵，也該與民共享。「文王之囿方七十里……與民同之。民以為小，不亦宜乎？」〔註 140〕這種對「與民同之」的強調，從人具有相同的心理感受的觀點出發的禮論，表面上似乎對禮強調的等級起到了破壞作用，但實際上正是這種禮樂「同」享的思想，可以說是當時挽救禮崩樂壞局面的一種方案，因為它看到了百姓的實際利益，從更本質的層面回歸了禮。

〔註 136〕〔宋〕朱熹：《四書章句集注》，中華書局，1983 年版，第 333 頁。
〔註 137〕楊天宇：《禮記譯注》，上海古籍出版社，2004 年 7 月版，第 489 頁。
〔註 138〕〔宋〕朱熹：《四書章句集注》，中華書局，1983 年版，第 214 頁。
〔註 139〕同上書，第 219 頁。
〔註 140〕同上書，第 214 頁。

第 2 章　禮者，人道之極也

　　在經過了近 500 年的禮崩樂壞之後，戰國後期逐漸出現了天下一統的新趨勢，爲了擺脫社會群體及個人精神茫然失落的狀態，哲人們開始以理性的目光重新審視人、社會以及自然，深層次地思索其存在及終極關懷等問題，試圖重建人與社會、人與自然的和諧統一世界。而這一目標的實現必須建立在新的關涉人、社會及自然的價值體系和規範體系之上，並且要對這一新的價值和規範體系做出合理的解釋說明。其中，荀子的理論就對禮樂文化進行了一種完整的，且有創新的歸納。即在承認社交禮儀及和諧美感等作用的基礎上，將禮樂納入道德修養及社會規範之中。

2.1 禮謂道德之極

　　在學術界中，學者們往往把儒家所渴望的理想社會——宗周社會的特徵概括爲「禮樂文明」，在這樣的社會中，禮樂文明成爲群體社會生活的基本方式，禮儀、禮俗融彙到人們生活的各個方面。春秋以降，原有宗周的宗教神學光芒逐漸減弱，社會等級規範開始瓦解，由此引發了大範圍的精神混亂和大規模的文化憂患。正如亞斯貝爾斯所言：「人類全部開始意識到整體的存在、自身和自身的限度。人類體驗到世界的恐怖和自身的軟弱。他探尋根本性的問題。面對空無，他力求解放和拯救。通過在意識上認識自己的限度，他爲自己樹立了最高目標。他在自我的深奧和超然存在的光輝中感受絕對」。〔註1〕但正是被學者們稱爲「禮崩樂壞」的春秋時代，同時也是生產力快速發

〔註1〕雅斯貝爾斯：《歷史的起源與目標》，魏楚雄、俞新天譯，華夏出版社，1989
　　　年版，第 8 頁。

展，國家逐步由亂走向治、由分走向合的時代，社會環境的驟然變化，必然給人們的思想觀念帶來強烈的衝擊。舊禮雖然已經崩壞，但「禮」對社會秩序以及個人修養的重要影響使其必然不會在社會的大變革中全然土崩瓦解，反而會促進「新禮」的產生。正是在這樣的社會歷史背景下，荀子對已有的禮樂思想進行了整合與重組。

2.1.1 以禮釋禮

　　對於「禮崩樂壞」的春秋時代，李澤厚先生就曾經評價說：「這是社會的一大前進，在這基礎上出現了燦爛的戰國文明和強盛的秦漢帝國。但同時，早期奴隸制所保留的大量原始禮儀體制中包含的氏族內部的各種民主、仁愛、人道的殘留，包括像春秋許多中小氏族國家的城邦民主制政治，也全被這一進步所捨棄和吞沒。歷史向來就喜愛在這種悲劇性的二律背反中行進」。〔註2〕陳來先生也說，政治生活秩序的「禮崩樂壞」成了春秋後期的特徵，社會變遷無情的推動著文化的變遷。〔註3〕主體自身及社會整體的禮之缺失狀態可謂日益明顯：「春秋時猶尊禮重信，而七國則絕不言禮與信矣。春秋時猶宗周王，而七國則絕不言王矣。春秋時猶言祭祀重聘享，而七國則無其事矣。春秋時猶論宗姓氏族，而七國則無以言及之矣」。〔註4〕「春秋兩百四十二年的期間，君臣士大夫言及政治人生，無不以禮為準繩。至戰國則除了儒家以外，絕少言禮。……戰國時之漠視禮，可以取證於記載戰國史的《戰國策》。……禮字差不多都是指的人情禮節之禮，與春秋時為一切倫理政治準繩之禮，截然不同」。〔註5〕為了擺脫這種社會群體及個人精神的茫然失落的狀態，哲人們紛紛開始以理性的目光重新審視人、社會以及自然，深層次地思索其存在及終極關懷等問題，試圖重建人與社會、人與自然的和諧統一世界。而這一目標的實現必須建立在新的關涉人、社會及自然的價值體系和規範體系之上，並且要對這一新的價值和規範體系做出合理的解釋說明。鄒昌林先生認為，「為了維護文化傳統而不失序，又能使人們實際能夠接受」，先秦儒家「從義理入手，挖掘古禮的價值系統，使之與新的社會條件結合起來，最

〔註2〕李澤厚：《中國古代思想史論》，人民出版社，1985年版，第14頁。
〔註3〕陳來：《古代思想文化的世界——春秋時代的宗教、倫理與社會思想》，三聯書店，2002年版，第201頁。
〔註4〕顧炎武：《日知錄》卷13，《周末風俗》。
〔註5〕羅根澤：《諸子考察》，人民出版社，1958年版，第235頁。

終使整個社會重新回歸到上下有等，親疏有序，人人受禮的軌道上來。正是在這一過程中，完成了古禮向新禮的過渡。」〔註6〕舊禮雖然已經「禮崩樂壞」，但「禮」對社會秩序以及個人修養的重要影響使其必然不會在社會的大變革中全然土崩瓦解，反而會促進「新禮」的產生。

在經過了近 500 年的禮崩樂壞之後，戰國後期逐漸出現了天下一統的新趨勢，各家紛紛對這一新的一統形式進行了相關的文化制度設計，其中荀子的理論對禮樂文化進行了完整的，又有創新的歸納。即在承認社交禮儀及和諧美感等方面作用的基礎上，將禮樂納入社會規範、管理的政治制度之中。「荀子的思想中最突出的是『禮』」、「自《禮記》採取他的學說以來，後世的禮樂理論，始終沒有超出荀學的範圍」。〔註7〕當然，在這裏，我們要注意的是，荀子只是將禮樂納入到政治制度的體系當中，禮樂的原有屬性並沒有改變。並且荀子認為，正是靠著這些屬性，禮樂為政治制度注入了新的生機，使其在內在倫理道德方面擁有了堅固的基石。「禮者，貴賤有等，長幼有序，貧富輕重皆有稱也，故天子袾裷衣冕，諸侯玄裷衣冕，大夫裨冕，士皮弁服，德必稱位，位必稱祿，祿必稱用」。〔註8〕「夫樂者，樂也，人情之所必不免也，故人不能無樂。……人不能不樂，樂則不能無形，形而不為道，則不能無亂。先王惡其亂也，故制雅頌之聲以道之」。〔註9〕禮樂的內在本質關涉到倫理道德，而其外在表現則有助於政治上權威的樹立：「夫為人主上者，不美不飾不足以一民也，不富不厚不足以管下野，不威不強之不足以禁暴用悍也。故必將撞大鐘，擊鳴鼓，吹竽笙，彈琴瑟以塞耳；必將雕琢，縷刻，黼黻，文章，以塞其目；必將芻豢稻梁，五味芬芳，以塞其口；然後眾人徒，備官職，漸慶賞，嚴刑罰，以戒其心」。〔註10〕在這裏，禮樂文化可以說是得到了一種政治學上的重建，它不再僅僅是建立在以宗教為核心的各種溫情脈脈的揖讓進退、儀式舞樂之中，更是隨著時代的發展變遷逐漸融入到包含理性、功利效率的整體社會秩序之中，從而演進為中央集權的大一統王朝的一種政治秩序，只不過這種政治秩序是以一種倫理道德意味極強的形式表現出來的。

〔註 6〕 鄒昌林：《中國古代國家宗教研究》，學習出版社，2004 年版，第 117 頁。

〔註 7〕 侯外廬、趙紀彬、杜國庠：《中國思想史》第一卷，人民出版社，1957 年，第 530、574 頁。

〔註 8〕 〔清〕王先謙：《荀子集解》，中華書局，1988 年版，第 178 頁。

〔註 9〕 同上書，第 379 頁。

〔註 10〕 同上書，第 186～187 頁。

　　禮樂和社會人生密切相關，其原因就在於禮樂能夠起到調節、涵養人之情感，進而使人倫社會達到和諧有序的積極作用。先秦儒家在中國禮樂文明的延續發展中起著關鍵作用。但今天我們對禮的研究，已經很少從形上的角度切入，而多側重於實證性的研究。如前章所示，學者們筆墨多著於禮之發展歷程：「禮」最初的產生是與宗教儀式密切相關的，多指人與神打交道的行為。《說文解字》云：「禮，履也，所以事神致福也。從示，從豊，豊亦聲」〔註11〕，成為各家多次引用的力證；進而，除祭神之外，一般意義上的社會習慣和風俗習慣亦融入禮的框架之下，成為一整套行為指導規範為人們所接納。在禮的觀念和意識形成之後，「禮」就開始長期扮演維護社會等差秩序的角色。實際上，從孔子開始，禮作為儒家思想的重要概念一直在不斷地豐富和發展，到荀子時已經是作為一種比較成熟的理論形態而存在了。荀子將社會規範的禮同人的本質聯繫在一起。楊向奎先生有言：「荀子的『禮』實在是取代了周公的德和孔子的仁。他曾經指出，『禮者，法之大分，類之綱紀』。什麼是類？類可以行雜，也就是類比邏輯，可以整理複雜的社會現象，類本身也就是系統或者體系，而禮更是『類之綱紀』，是更高一級的類，更高的體系，它可以調理類所不能調理的現象。……禮是人道的最高準則。」〔註12〕荀子所謂的「道」，多就人所應遵循的行為原則而言，它既是人們道德修養的標準，也是人類社會和諧有序的尺度，因此說禮是人道的最高準則。「君子審於禮，則不可欺以詐偽。故繩者，直之至；衡者，平之至；規矩者，方圓之至；禮者，人道之極也。然而不法禮，不足禮，謂之無方之民；法禮，足禮，謂之有方之士」。〔註13〕荀子將個體存在的真實狀態寓於禮所規定的社會秩序之中，遵從禮、維護禮是社會對個體生命的要求，而個體生命的價值和意義也就體現在對禮的接納和踐履中，只有在踐禮的過程中，人的道德情感和生命價值才能得到完全的發揮。

　　《榮辱》篇云：「先王之道，……彼固天下之大慮也，將為天下生民之屬，長慮顧後而保萬世也。」〔註14〕天道是自然而然，不假人為，無關於社會的治與亂。因此，人之所以為人，人之所以能夠成就其自身，關鍵在於人為，

〔註11〕　〔漢〕許慎撰，〔清〕段玉裁注：《說文解字注》，上海古籍出版社，1988年版，
　　　　　第2頁。
〔註12〕　楊向奎：《宗周社會與禮樂文明》，人民出版社，1992年版，第408頁。
〔註13〕　〔清〕王先謙：《荀子集解》，中華書局，1988年版，第356頁。
〔註14〕　同上書，第68頁。

在於人是否以禮義爲自己的行爲原則。在群居的社會生活中，每個人都必須使自己的言行服從於一套權威的、既定的規範體例的制約，尤其是當自己的欲望或利益與他人的欲望、利益發生衝突時，這種權威的、既定的規範就能夠防患一些破壞社會和諧穩定的事件於未然。故荀子反覆申言「人無禮則不生，事無禮則不成，國家無禮則不寧」〔註15〕，「故繩墨誠陳矣，則不可欺以曲直；衡誠縣矣，則不可欺以輕重；規矩誠設矣，則不可欺以方圓；君子審於禮，則不可欺以詐僞」。〔註16〕個人的修身、人所成之事甚或國家的安寧都必須以「禮」爲根基，禮是一種尺度，如同繩墨、衡、規矩，只不過其衡量的是人之爲人的標準。禮作爲人的行爲規範的價值得到了充分的肯定。在《荀子》，我們可以看到很多單純在外在行爲規範意義上描述的禮：

> 故隆禮，雖未明，法士也；不隆禮，雖察辯，散儒也。〔註17〕（《荀子・勸學》）

> 凡用血氣、志意、知慮，由禮則治通，不由禮則勃亂提僈；食飲、衣服、居處、動靜，由禮則和節，不由禮則觸陷生疾；容貌、態度、進退、趨行，由禮則雅，不由禮則夷固僻違，庸眾而野。〔註18〕（《荀子・修身》）

> 上莫不致愛其下而制之以禮，上之於下，如保赤子。政令制度，所以接下之人百姓，有不理者如豪末，則雖孤獨鰥寡必不加焉。故下之親上歡如父母，可殺而不可使不順。君臣上下，貴賤長幼，至于庶人，莫不以是爲隆正；然後皆內自省以謹於分，是百王之所以同也，而禮法之樞要也。〔註19〕（《荀子・王霸》）

> 恭敬，禮也；調和，樂也；謹慎，利也；鬥怒，害也。故君子安禮樂利，謹慎而無鬥怒，是以百舉而不過也。小人反是。〔註20〕（《荀子・臣道》）

從這些論述中可以看出，禮的作用廣泛而重要：分等差、名貴賤、安百姓，是維護人與人之間和諧、保持社會統一的「群居和一之禮」，然而，明分使群

〔註15〕〔清〕王先謙：《荀子集解》，中華書局，1988 年版，第 113 頁。
〔註16〕同上書，第 356 頁。
〔註17〕同上書，第 17 頁。
〔註18〕同上書，第 22～23 頁。
〔註19〕同上書，第 220～221 頁。
〔註20〕同上書，第 256～257 頁。

並不是禮的最終追求而只是一種手段，如果我們對荀子禮的研究僅僅停步於此，便是沒有參透荀子崇禮的真正意圖。因為單從態度、進退、趨行及君臣、長幼、貴賤等內自制，外明分的層面上規定禮的內涵，則禮在性質上就會接近於法家思想體系中的「法」的概念。其作用僅體現在對奸言、偷盜、殺人等惡行的預防和制約上，禮的價值意義未免顯得過於消極。表面看來只是確定社會差別與名分的禮，其實具有作為積極意義的道德價值關懷層面。荀子之「以義榮致勢榮」的榮辱觀說明禮所確定的社會差別本身具有相應的道德意義。正是一個人的德行修養程度——「義」，決定了其在社會差別序列中所處的位置——「勢」。換言之，在荀子看來，社會地位的差別本身就是不同層次的人格價值上、道德上的差別的體現而已。

「禮」作為人道之極的終極意義的發現是一個動態的過程。在儒家的道德話語系統中，「禮」作為一種德行，不僅體現在一個人在視聽言動上遵循一定的規範程序和適當的儀式，從而顯現的良好風貌，更為重要的，在於這種種合禮的言行是人的內在真實情感的自然流露和表達，是仁、義、孝、悌，忠、信、敬等諸內在德性訴之於外的必然結果。孔子曾有言：「人而不仁，如禮何？人而不仁，如樂何？」〔註21〕；「禮云，禮云，玉帛云乎哉？樂云，樂云，鐘鼓云乎哉？」〔註22〕如若沒有內在豐富道德情感的支撐，「禮」就會如刑、法般乾枯、冰冷，沒有生機。一般而言，相對於仁、義等一些儒家其它的德行觀念，「禮」作為一種文化感很強的存在，是人為的產物，相應地，它的程序化特徵也是頗為明顯的。因此，在儒家的批評者和反對者看來，尤其是在道家那裏，儒家的「禮」也自然地最容易授人以柄。《莊子·大宗師》記載了這樣一則故事：

> 莫然有間，而子桑户死，未葬。孔子聞之，使子貢往侍事焉。或編
> 曲，或鼓琴，相和而歌曰：「嗟來桑户乎！嗟來桑户乎！而已反其真，
> 而我猶為人猗！」子貢趨而進曰：「敢問臨屍而歌，禮乎？」二人相
> 視而笑曰：「是惡知禮意！」〔註23〕

「二人」在此嘲笑子貢不知「禮意」，就反映出儒家「禮」的一個亟待解決的問題：對玉帛、鐘鼓的謹守就是儒家所倡導的禮嗎？道家這一「禮意」觀念

〔註21〕〔宋〕朱熹：《四書章句集注》，中華書局，1983年版，第61頁。
〔註22〕同上書，第178頁。
〔註23〕〔清〕王先謙：《莊子集解》，中華書局，1954年版，第42頁。

的提出，力圖從另一個視角思考禮之價值基礎的問題，意在對儒家所崇尚的
「禮」進行一種合法性的解構。這一具有高度理論性的哲學意圖顯然對後來
的荀子產生了一定的刺激和影響，爲了回應這一問題，荀子開始深度思索禮
之義，而不僅僅是徘徊於禮之儀式規範之層面。「其數則始乎誦經，終乎讀禮；
其義則始乎爲士，終乎爲聖人」；〔註 24〕「禮者，法之大分，類之綱紀也。故
學至乎禮而止矣。夫是之謂道德之極」。〔註 25〕讀禮是不可少的，是學、積的
過程，但讀禮僅僅是「數」，只有眞正理解了禮之義，才能最終成就達於道德
之極的聖人。這與《禮記》所表達的思想是一致的，「禮之所尊，尊其義也。
失其義，陳其數，祝史之事也。故其數可陳也，其義難知也。知其義而敬守
之，天子之所以治天下也。」〔註 26〕我們之所以要遵循「禮」，是因爲其內在
的「義」，知道其義而守禮，才合乎於禮之大本。

　　荀子和孔、孟等其他儒家聖賢在人生的終極追求上是一致的，他們都認爲
人生的最高目標是「道」。作爲儒家學派創始人的孔子，無論境遇如何，終其一
生都以求道、弘道爲己任，他曾慨歎曰：「朝聞道，夕死可矣」〔註 27〕。孟子也
講「學問之道無他，求其放心而已」〔註 28〕。人之所學可以各盡其能，學其所
好，但所有學問都應以返歸道德本心爲明確的方向。荀子則說得更直接：「聖人
者，道之極也。故學者固學爲聖人也，非特學爲無方之民也」〔註 29〕，他時或
直接把「禮義」和「道」、「人道」相提並論，「先王之道，仁之隆也，比中而行
之。何謂中？曰：禮義是也」〔註 30〕；「道也者，何也？禮義辭讓忠信是也。」
〔註 31〕這就將禮義提升到了「道」的高度，通過踐禮，人自身賦予自身以價值，
「禮」成爲道德之善的本原。在荀子那裏，「禮者，人道之極也」，這是對人類
自信的充分體現，因由這份自信，荀子從人自身尋找價值挺立之根源。聖人制
禮作樂，實際就是爲人類自身確立道德之善的原則和合理行爲的標準。只有當
人的行爲合乎禮義時，才能說其行爲是善的，合理的，合乎人之所以爲人的本

〔註 24〕〔清〕王先謙：《莊子集解》，中華書局，1954 年版，第 11 頁。
〔註 25〕同上書，第 12 頁。
〔註 26〕楊天宇：《禮記譯注》，上海古籍出版社，2004 年 7 月版，第 322 頁。
〔註 27〕〔宋〕朱熹：《四書章句集注》，中華書局，1983 年版，第 71 頁。
〔註 28〕同上書，第 334 頁。
〔註 29〕〔清〕王先謙：《荀子集解》，中華書局，1988 年版，第 357 頁。
〔註 30〕同上書，第 121～122 頁。
〔註 31〕同上書，第 298 頁。

質的。「眞積力久則入，學至乎沒而後止也。」〔註32〕——在「積」、「學」這一動態的成人歷程中，禮與人道實現了合一。在荀子看來，禮不再僅僅是外在表象的秩序規範原則，而是有其更高的道德價值。正因爲荀子把禮義原則提升到了人道的高度，所以禮義作爲人生的準則便不只是爲守禮而守禮，其更深層的意義在於「禮」成爲人類成就道德、實現自己價值的切實可行的途徑。而這一道德個體的成就又是實現社會「群居合一」的最切實保證。

我們都知道，「道」可以稱得上是儒家哲學中的一個中心性概念，一般的理解認爲在內涵上「道」居於最高的地位，所有德性都涵蓋於「道」的統攝中。其它的概念譬如仁、義、孝、敬等，都有其明確的實質性意義，但我們無法將其稱爲居於道之上的概念。道是一個總體性的概念，儒家所尋求的種種德性價值，都可歸之於道。「道」這一單獨範疇的出現，不僅僅是各種德性概念的簡單匯總，更意味著所有的德性一起融合成完整、和諧、統一的價值系統，這一至善至全的範疇表徵的是完善、圓滿的德性人格。故而，《論語》有言「士志於道」〔註33〕，立志於道，則全面的人格方可展開：「志於道，據於德，依於仁，游於藝」〔註34〕。荀子云：「士君子不爲貧窮怠乎道」〔註35〕，亦把「道」看作一個至上至重的概念。只是荀子論道與孔孟的不同之處在於，荀子既把禮當作具體的道德價值之一：

> 仁，愛也，故親。義，理也，故行。禮，節也，故成。仁有里，義有門；仁非其里而虛之，非禮也。義非其門而由之，非義也。推恩而不理，不成仁；遂理而不敢，不成義；審節而不知，不成禮；和而不發，不成樂。故曰：仁、義、禮、樂，其致一也。君子處仁以義，然後仁也；行義以禮，然後義也；制禮反本成末，然後禮也。三者皆通，然後道也。〔註36〕（《荀子·大略》）

同時又在更高的層次上把禮直接等同於道：

> 君子審於禮，則不可欺以詐僞。故繩者，直之至；衡者，平之至；規矩者，方圓之至；禮者，人道之極也。〔註37〕（《荀子·禮論》）

〔註32〕〔清〕王先謙：《荀子集解》，中華書局，1988年版，第11頁。
〔註33〕〔宋〕朱熹：《四書章句集注》，中華書局，1983年版，第71頁。
〔註34〕同上書，第94頁。
〔註35〕〔清〕王先謙：《荀子集解》，中華書局，1988年版，第28頁。
〔註36〕同上書，第491～492頁。
〔註37〕同上書，第356頁。

在荀子看來，禮即大理，「禮之理誠深矣，『堅白』『同異』之察入焉而溺；其理誠大矣，擅作典制辟陋之說入焉而喪；其理誠高矣，暴慢、恣睢、輕俗以為高之屬入焉而隊。」〔註 38〕「且樂也者，和之不可變者也；禮也者，理之不可易者也。」〔註 39〕唐君毅先生說：「荀子所以不重純知之思想上之理與物理，其根據之理由，正在荀子之唯以禮義文理之理為理，為真正之理為大理」，「大理與偏曲小理相對，大理者禮義文理之全理，亦即與只辨堅白同異之純知之推理，及只求偏知物理之事相對者也」。〔註 40〕荀子以禮義文理之理為理，可見其關切的視角，唯在禮義德行，亦可謂為求善而求知。從荀子的「道」、「理」中可以看出，道德行為主體——人所期望的，不僅是在仁、義、禮等方面孤立、單項的德性品質，而是各種德性融合兼備而成的、完善圓滿的德性人格，是「道」之體現，這在荀子就是「禮」。

2.1.2　君子養心莫善於誠*

在儒家思想中，「誠」不僅表現為宇宙的精神實體，亦是一切倫理道德的根基，是一種平實的道德規範要求。荀子之前，孔孟都特別強調通過自律即可變得誠實而守信。荀子也同樣重視「誠」，但他並不認為人之「誠心」像孟子等人所說是與生俱來的，而認為是靠後天的修為而成的，是有條件的。置身於殘酷動盪的現實社會的荀子以其審慎的態度關注、思索著「誠」，從而為人們提供了一個觀察社會與評定個人價值的獨特視角。

一、至其誠

「誠」在儒家思想中首先是一個德性概念。《尚書》中已經出現「誠」的觀念，如《尚書·太甲下》中記載：「神無常享，享於克誠」，〔註 41〕此處的「誠」主要指對鬼神的篤信與虔誠。《周易》有言「修辭立其誠，所以居業也」，〔註 42〕

〔註 38〕〔清〕王先謙：《荀子集解》，中華書局，1988 年版，第 356 頁。
〔註 39〕同上書，第 382 頁。
〔註 40〕唐君毅：《中國哲學原論（導論篇）》，臺灣學生書局，1989 年版，第 35～36 頁。
　　　＊此小節以《試論荀子「誠」的思想》為題發表於《孝感學院學報》，2009 年，第 4 期。
〔註 41〕李學勤主編：《尚書正義》，〔漢〕孔安國傳，〔唐〕孔穎達疏，北京大學出版社，1999 年版，第 213 頁。
〔註 42〕李學勤主編：《周易正義》，〔漢〕鄭玄注，〔唐〕賈公彥疏，北京大學出版社，1999 年版，第 15 頁。

這裏的「誠」已經跳出宗教的範圍，開始涵蓋人倫日用的道德意義，用以指稱一種言行舉止眞實自然、眞誠無妄的美好品德。後來，人們在日復一日、年復一年的日用生活中發現，實際上「天」才是最爲眞誠自然的：晝夜交替，冬去春來，永恒不變；花開葉落，雪雨風霜，眞實無欺。恰如《中庸》所言：「誠者，天之道也」。〔註43〕在儒家的視域中，「誠」是上天賦予人的秉性，心中存誠是人之爲人的一個重要條件。準此，儒家的以「天」說「誠」便賦予了「誠」以長久恒遠的生命力，從應然的角度講，只要人存在，「誠」就一定應當存在。

我們知道，在中國古代哲學中，天道與人道往往有著密切的關聯，故古代哲人每每以天道喻人事。正因此，極力倡導「明於天人之分」的荀子也發出了「天地爲大矣，不誠則不能化萬物；聖人爲知矣，不誠則不能化萬民」〔註44〕的感慨，聖人化育萬民就如同天地化育萬物一樣，不「誠」則道不行。儒家多從本體論意義上理解「誠」，認爲「誠」合於天道，是「人之爲人」的最基本的原則，應與生命同在，不可或缺。但對荀子而言，只有當其指稱的「道」與人事有關時，「道」才具有道德規定性的內涵。比如《儒效》篇說：「道者，非天之道，非地之道，人之所以道也，君子之所道也。」〔註45〕由天的眞實自然到人之德性的眞誠無妄。荀子推證指出：「天不言而人推其高焉，地不言而人推其厚焉，四時不言而百姓期焉。夫此有常，以至其誠者也。君子至德，嘿然而喻，未施而親，不怒而威」。〔註46〕荀子以「天不言而人推其高焉，地不言而人推其厚焉，四時不言而百姓期焉」來推證「君子至德」之誠，這讓我們不覺聯想到孔子的感慨「天何言哉？四時行焉，百物生焉，天何言哉？」〔註47〕天不言，因其誠，誠則無需多言。言只是外在的補充和點綴，如能存其誠心，則幾近道矣，則人倫日用幾近善矣。可見「誠」對於成人是非常關鍵的，若存誠心，則能神化明變，成就天德。「君子養心莫善於誠，致誠則無它事矣。惟仁之爲守，惟義之爲行。誠心守仁則形，形則神，神則能化矣。誠心行義則理，理則明，明則能變矣。變化代興，謂之天德」。〔註48〕以誠養心，道德主體擁有至誠之心則可以「變化代興」，達於「天德」之境。但在荀

〔註43〕 〔宋〕朱熹：《四書章句集注》，中華書局，1983年版，第31頁。
〔註44〕 〔清〕王先謙：《荀子集解》，中華書局，1988年版，第48頁。
〔註45〕 同上書，第122頁。
〔註46〕 同上書，第46頁。
〔註47〕 〔宋〕朱熹：《四書章句集注》，中華書局，1983年版，第180頁。
〔註48〕 〔清〕王先謙：《荀子集解》，中華書局，1988年版，第46頁。

子那裏，「天德」之稱謂並非描述上天之德性，因爲在荀子那裏「天」並沒有人格神的特徵，因此荀子將「致誠」譽爲「天德」，其意圖在於強調眞正的德性如同天之自然而然所成，而非人力的刻意勉強而爲之。熊公哲先生說：「化，即使人遷化從善也」，〔註49〕楊柳橋先生也說：「誠信執守仁愛，仁愛就表現於外；仁愛表現於外就顯得神明；神明，就能夠使人轉化。誠信施行正義，正義就能夠做到；正義能夠做到，就顯得光明；光明，就能夠使人改變。轉化和改變交相爲用，這就叫做天德」。〔註50〕通過積極修爲，使人性遷化爲善，從而成就天德。質言之，荀子「天德」觀念的提出特別彰顯了「誠」在德性修養中的重要意義，完滿人格的成就需要「誠心」的建構。

可見，荀子雖然也從天道之誠來推證人道之誠，但他並不認爲人天生就能「誠」，人之「誠」是要通過其後天的道德修養過程來逐漸澄明「誠」性，在這個意義上「誠」也就不僅僅是蘊含於人之中的「天道」，更重要的還是一種修養功夫——人之「誠」，是通過人的不斷的德性修養來實現的。「荀子所講之誠，雖根於心，但並非發於心；爲化性而不是生於性」。〔註51〕人不斷修己以成聖成德，從而知性、知天，在這一過程中，「誠」的內涵也隨之豐厚充實，不僅具有了久遠的生命力，而且成爲內容豐富的道德人格理想。

二、養心莫善於誠

儒家以「天」說「誠」，將「誠」視作人的內在德性，是一種精神層面上的自覺意識，認爲「誠」是天賦於人的行爲準則。但是，荀子卻認爲這種先天的誠信理念並不能自覺地生發出來，而需要後天的啓蒙和培養，於是人的道德修養就是成爲人落實「天」道的最重要途徑。人之爲人就要不斷地修身養心，從而知性、知天。荀子有言：「君子養心莫善於誠」，「夫誠者，君子之所守也」。〔註52〕人經過修身就能成爲君子、成聖成賢，其言行舉止就能由「誠」而發。這種以修身達「誠」的過程其實是將「誠」內化於人心的過程，人只要心誠，其言行自然就順乎「誠」，因爲心中的信念對於一個人的言行起著甚爲重要的引導作用。

〔註49〕 熊公哲：《荀子今注今譯》，臺灣商務印書館，1977 年版，第 39 頁。

〔註50〕 楊柳橋：《荀子詁譯》，齊魯書社，1985 年版，第 58 頁。

〔註51〕 張立文主編，陸玉林著：《中國學術通史・先秦卷》，人民出版社，2004 年版，第 168 頁。

〔註52〕 〔清〕王先謙：《荀子集解》，中華書局，1988 年版，第 48 頁。

　　在荀子之前，較早關注並提出「養心」問題的是孟子。對於人心，孟子提出要施之以「養」的工夫：「故苟得其養，無物不長；苟失其養，無物不消。孔子曰：『操則存，舍則亡；出入無時，莫知其鄉。』惟心之謂與？」〔註53〕人心與外物一樣，「養」則順利成長，否則就會失落人心。具體到修養實踐的方法來說，人心何以得「養」？在孟子看來，最好的「養心」方法莫過於「寡欲」：「養心莫善於寡欲。其為人也寡欲，雖有不存焉者，寡矣；其為人也多欲，雖有存焉者，寡矣。」孟子把欲望看作是養心的大敵，言語中不掩對於「欲」之警惕。但同為儒家學派的的荀子卻對「養心」另有解說。荀子認為，「欲」之有無、多寡與「養心」之間並無必然的相關性，對於人心的修養，最好的方法在於「誠」。作為最重要的養心方法，「誠」要求行為主體──「人」在「守仁」、「行義」等道德修養和實踐中做到真實無妄、真誠無欺，使心完全清明純真，從這個意義上，孟子的「寡欲」在荀子看來反倒是違背人性的自欺、虛妄之為。荀子認為，真正的道德修養絕不是因外在力量的強制而被迫機械地按照一定的規範準則去言語、行動，更不是為滿足徒有其表的虛榮心或為贏得暫時的功利而表現的某些刻意的模仿和矯作，真正的道德修養應該是一種出於自由意志的自我完善的內在需求和願望，這種需求和願望包含著對客觀禮儀規範的內涵、性質及意義的深層理性認知以及真實情感認同。用荀子本人的話來說，只有「誠義乎志意」，方能「加義乎身行」。正因此，荀子在德性修養上特別重視「著誠去偽」。只有滌除造作，以「誠」養心，才能最終成就完滿的道德人格。臺灣學者吳文璋說：「荀子的『知性的道德主體』，它的起源是認知心，認知心是認知主體和客體對立的。樂教所感動的善心，雖然可以和天地、四時『相像』、『相似』，畢竟還是主客體對立。荀子所推崇的『禮』也是一樣，只有在荀子的宗教精神中，『心』才能與天地、四時萬物取消對立性，直接契合，變化代興而為天德」。〔註54〕吳先生所說的「荀子的宗教精神」，大抵不可脫離人的一顆「誠心」。荀子認為，君子修養的方法之至，莫過於真誠無欺，以一顆誠心堅守仁、推行義，就會生發變化代興之神明。真誠地施行仁義進而會在言行中表露出美德，使自身達到完美的境界。在這個意義上的心與性是相通的，「在《荀子》中，如果把『性』這個詞譯成『心靈』則更為合適，因為它不可

〔註53〕〔宋〕朱熹：《四書章句集注》，中華書局，1983年版，第331頁。
〔註54〕吳文璋：《論荀子的宗教精神與價值根源》，臺灣成功大學中文學報，1994年，第2期。

能依靠對於與生俱來的道德秉性的引導來生成，它所包含的是一種寶貴的思想能力，是一種極可能又不能調動起來去獲得知識、深思熟慮的氣質、反思的能力、自覺完成其預定目標的思想能力」。〔註55〕

三、以誠致和

既然荀子認爲「養心莫善於誠」，那麼應該如何做才能使心存誠意呢？「誠」的問題歷來在儒家哲學思想中都會受到許多特別的關注和討論，《中庸》有言：「誠者，天之道也；誠之者，人之道也。誠者不勉而中，不思而得，從容中道，聖人也。誠之者，擇善固執之者也。」〔註56〕「自誠明，謂之性；自明誠，謂之教。誠則明矣，明則誠矣。」〔註57〕照宋儒的講法，「誠者，天之道也」是以本體而言，「誠之者，人之道」是就功夫而論。因之也就相應地存在兩種不同的修養路徑：「自誠明」，是即本體即功夫的路徑；「自明誠」，則是即功夫即本體的路徑。準此觀之，可知荀子語境中的「誠」主要是就「功夫」層面的意義而言的，相應地，荀子關於德性修養實踐的理論亦可歸之於「即功夫即本體」的路徑。雖然荀子時或也在道德人格境界的意義上使用「誠」這一觀念，如「誠信生神」、「誠信如神」，但我們仍能體會到其所關切的主要目光仍指向在德性修養與德性實踐過程之中的「誠」，即在「功夫」層面的「誠」。這一特點，在儒家的創始人孔子那裏就已經初露端倪。孔子雖未明言「誠」，但他很重視「信」，其實「信」就已經有了「誠」的含義。他提出的「言忠信，行篤敬」，「敬事而信」，「篤信好學，守死善道」等，已明顯涉及「誠」這一概念的基本內涵。孔子重「誠」之深可從著名的「子貢問爲政」中管窺一斑：

> 子貢問政。子曰：「足食。足兵。民信之矣。」子貢曰：「必不得已
> 而去，於斯三者何先？」曰：「去兵。」子貢曰：「必不得已而去，
> 於斯二者何先？」曰：「去食。自古皆有死，民無信不立。」〔註58〕
> (《論語・顏淵》)

鎮守國防的「兵」可去，民以之爲天的「食」可去，唯獨看似沒有任何物質

〔註55〕〔美〕本傑明・史華茲：《古代中國的思想世界》，程鋼譯，江蘇人民出版社，
　　　　2004 年版，第 304 頁。
〔註56〕〔宋〕朱熹：《四書章句集注》，中華書局，1983 年版，第 31 頁。
〔註57〕同上書，第 32 頁。
〔註58〕同上書，第 134～135 頁。

價值的「信」不可去。孔子還感歎：「與國人交，止於信」「人而無信，不知其可也。大車無輗，小車無軏，其何以行之哉？」〔註59〕人如若失信，不知道這個人還能做什麼——可見失信即意味著失去了做人的條件。因此，孔子每天「自省」的內容中就包括「與朋友交而不信乎？」〔註60〕這一誠信條目。孔子的「吾日三省吾身」〔註61〕即是通過修養功夫而達「誠」的具體路徑。荀子對世人也有「見善，修然必以自存也；見不善，愀然必以自省也」〔註62〕的勸誡，他上承孔子之志，在道德修養、人格成就的路徑上重視「誠」之體認。如果說孔子在修養功夫上是「自省」的話，那麼荀子則更明確的提倡世人在日用平常的群居生活中修養身心，以「誠」致和。如我們所知，儒家歷來重視人倫物理，並且在諸如父子、君臣、兄弟、夫婦、朋友等每一種人倫關係中都提出了相應的道德規範和道德責任，以保證人倫關係的和諧有序。作為先秦最後一位大儒的荀子自然也不例外，對人倫物理的重視較之先賢可謂有過之而無不及。他這樣描述「兼服天下之心」：

> 高上尊貴不以驕人，聰明聖知不以窮人，齊給速通不爭先人，剛毅勇敢不以傷人，不知則問，不能則學，雖能必讓，然後為德。遇君則修臣下之義，遇鄉則修長幼之義，遇長則修子弟之義，遇友則修禮節辭讓之義，遇賤而少者則修告導寬容之義。無不愛也，無不敬也，無與人爭也，恢然如天地之苞萬物。〔註63〕《荀子·非十二子》

在不同的人倫境遇中實行相應的「義」，若不知則問，若不能則學，在問、學之後，雖能必讓，不因高貴、聰慧、靈通、果敢而自認為強於他人，這樣就成就了自身的德性，如同天地包容萬物一樣，人心也在後天的人倫物理中通過德性修養達到了真誠無欺的狀態。以「誠心」去修君臣、長幼、朋友之義，就使「誠」由內向外擴充至整個人倫社會。並且，在荀子看來，無論是父子之親，還是君臣之義，重要的是出於怎樣的心境去遵守這種種倫理。即，處在社會人倫秩序中的人應該出於一種真實無妄的情感和心理狀態來履行相應的道德規範和道德責任，這樣所達到的人倫之和諧才是有堅實根基的，才是荀子理想的「群居和一」的社會狀態。

〔註59〕〔宋〕朱熹：《四書章句集注》，中華書局，1983年版，第59頁。

〔註60〕同上書，第48頁。

〔註61〕同上。

〔註62〕〔清〕王先謙：《荀子集解》，中華書局，1988年版，第20～21頁。

〔註63〕同上書，第99～100頁。

四、慎獨

作為一種真實無妄、純粹清明的心理、精神狀態，「誠」既體現在與人與物交接的情形中，同時亦體現在主體獨處之時。就後者而言，對「誠」關注自然過渡到對「慎獨」的體悟。即便是十分重視外在人倫物理及功業的荀子，也承繼儒家之傳統，將「慎獨」看作一種具有特別意義的修養方法，納入其思想體系當中，「慎獨」本身也演進成一種至關重要的人格品質和道德素養。

早在《大學》中，「慎獨」的觀念就與有關「誠」的探討關係密切：

> 所謂誠其意者：毋自欺也，如惡惡臭，如好好色，此之謂自謙，故君子必慎其獨也！小人閒居為不善，無所不至。見君子而後厭然，揜其不善，而著其善。人之視己，如見其肺肝然，則何益矣。此謂誠於中，形於外，故君子必慎其獨也。〔註64〕

「誠意」即不要自欺欺人，要從內心情感深處體認仁、義、禮、智、忠、孝、敬、友等德性，然後內存而外顯。本心專注於善德，形於外時即有正確的道德動機，而不是為達到自己的目的而刻意掩蓋或者矯飾自己的不善，此即為「慎獨」。而在《中庸》那裏，我們可以看到「慎獨」的提及也基於同樣的關切：「道也者，不可須臾離也，可離非道也。是故君子戒慎乎其所不?，恐懼乎其所不聞。莫見乎隱，莫顯乎微。故君子慎其獨也」，〔註65〕只有做到「慎獨」，才能避免須臾之離道。到了荀子，更是將「慎獨」、「道」、「誠」等範疇集中闡述，互證彼此。《不苟》篇云：「君子至德，嘿然而喻，未施而親，不怒而威。夫此順命，以慎其獨者也。善之為道者，不誠則不獨，不獨則不形，不形則雖作於心，見於色，出於言，民猶若未從也，雖從必疑」。〔註66〕「不誠則不獨，不獨則不形」與「以慎其獨者也」相互映襯，形成一個完整的表達。從荀子的表述中，我們能夠更清晰地感到，在道德修養的語境之下，「慎獨」本身也是一種「誠」，它強調「自律」在德性修養及實踐中的重要性，表明完美人格的成就不是可以輕易巧取的，需要倚靠高度的理性自覺約束自己的行為以從善避惡。在這種專一的理性自覺的修養功夫下，人心逐漸呈現純淨清明的真實無妄之狀，也即「誠」之境界。荀子之所以如此重視「慎獨」，除因其對「至誠」的重要意義外，還因為要做到「慎獨」具有特別的困難，需要

〔註64〕〔宋〕朱熹：《四書章句集注》，中華書局，1983 年版，第 7 頁。
〔註65〕同上書，第 17 頁。
〔註66〕〔清〕王先謙：《荀子集解》，中華書局，1988 年版，第 46～48 頁。

強大的自覺自律精神。因此，「慎獨」之「誠」在荀子的德性修養和實踐中也就具有特別重要的價值和意義。質言之，「慎獨」問題在荀子哲學框架下的提出，其特別的意義就在於強調作為行為主體之人在德性修養及實踐中要培養高度的理性自覺意識。

綜上觀之，荀子「誠」的思想與先前儒家一樣，也從「天道」中尋找關照，但荀子思想中明確的「明於天人之分」的觀念決定了這種關照的探尋必然不同於先前儒家。他不認為「誠」是先天的由「天」而降設於人心中，人心之「誠」要通過其後天的道德修養過程來逐漸澄明「誠」性，因此他才會發出「養心莫善於誠」的感慨，以誠養心不僅僅是自省的過程，更重要的是要在人倫日用中切磋琢磨至誠至善以達人道之極的修養功夫，向外而達「群居和一」的理想社會，由內則能「慎獨」其心。這就是荀子注重、推崇「誠」之良苦用心。

2.1.3 思不如學

「君子養心莫善於誠」，以「誠」養心確保認知主體之心「虛壹而靜」。換言之，即心處於一種純粹清明的狀態，這樣的「心態」是成就完滿人格的先決條件。然而，在荀子看來，「誠心」的具備顯然是不夠的，因為「心」只是具備認知能力，「所以知之在人者，謂之知，知有所合謂之智」。〔註67〕「可知『認知心』是人類的本性，而且可以開出智慧」。〔註68〕認知心本身並不包含道德內容，這就需要認知主體主動學習，盡力而為，然後「塗之人可以為禹」。「荀子認為性惡，只能靠人為的努力向外面去求。從行為道德方面向外去求，只能靠經驗的積纍。把經驗積纍到某一程度時，即可把性惡的性加以變化。由小人進而為士君子，由士君子進而為聖人，當非一朝一夕之功；所以荀子特別重視學，而學之歷程則稱之為『積』」。〔註69〕荀子認為，道德人格的成就是人之所以為人的基本責任，每個人都有成為聖人的可能。他雖然也講聖凡之別，但更重視聖凡相通。在荀子看來，儘管由於種種原因，一般人可能達不到聖人的道德完善之境界，但是，只要以禮義道德為言行準則，持之以恒、堅持不懈地遵從師法學習禮樂，每個人都會不同程度的實現自己

〔註67〕〔清〕王先謙：《荀子集解》，中華書局，1988年版，第413頁。
〔註68〕吳文璋：《論荀子的宗教精神與價值根源》，成功大學中文學報，1994年，第2期。
〔註69〕徐復觀：《中國人性論史先秦篇》，上海三聯書店，2001年版，第219頁。

的道德價值，並且會使自己的情感欲望得到一定的滿足。「如果能自覺長期地接受改造，那麼每個人都可以成爲純善的聖人。」〔註70〕

在荀子的哲學思想中，「學」是化道爲德，成就德性人格的必要的方法和途徑。「一方面，他承認人的理性，但是他認爲更重要的是教育與學習，依靠後天的薰染來使人們養成遵守規則、服從秩序的習慣，成爲彬彬君子。」〔註71〕何謂「學」？先天固有的東西不用學。荀子認爲，人與生俱來的一切本始材樸的質素——人的形體五官、好利惡害的欲望需求、思維能力等等都屬於「天」的範圍，是不學而得的。但禮樂等道德品質與涵養卻是需要後天修爲的。荀子提出「學爲聖人」，對於經、禮的學習應該貫穿始終：「學惡乎始？惡乎終？曰：其數則始乎誦經，終乎讀禮」。〔註72〕但這裏所講的「始乎誦經，終乎讀禮」只是相對於具體知識及行爲原則的理解、認知而言，而要實現「始乎爲士，終乎爲聖人」的「學之義」，則就不能僅僅停留在認知的層面，而是必須貫徹到實際的踐行之中，亦即如楊倞注文所說，必須「行其所學」。故而，荀子言明：「不聞不若聞之，聞之不若見之，見之不若知之，知之不若行之，學至於行之而止矣。行之，明也。明之爲聖人。聖人也者，本仁義，當是非，齊言行，不失毫釐，無它道焉，已乎行之矣。……知之而不行，雖敦必困。不聞不見，則雖當，非仁也。」〔註73〕「知之而不行，雖敦必困」，強調德性認知的意義和價值蘊含於道德實踐之中，而不是僅僅停留在理論的層面。荀子疾言「知之不若行之」，就在於強調良好的德性品質歸根結底倚重於堅持不懈的道德踐履。「學至於行之而止矣」，「行」才是「學」的最終完成，不「行」則「學」不可以止。

不論是認知上的「學」還是實踐中的「行」，在荀子那裏又經常會用「僞」這個範疇來概括。荀子所說的「僞」，即相對於自然或天而言的人爲。「僞」在人實現善德、成就人格的過程中發揮著關鍵作用，何淑靜先生就明確地把「僞」解釋爲後天實踐的工夫，「『僞』乃人透過人爲的學習與努力而後成。……『積』、『習』與『學』、『事』都是後天的人爲活動，都是實踐的過程。由此可知，『僞』是人透過『實踐的工夫』而後成的。」〔註74〕先天的本始材樸的

〔註70〕周桂鈿：《中國傳統哲學》，北京師範大學出版社，1990 年版，第 215 頁。

〔註71〕葛兆光：《中國思想史》，第一卷，復旦大學出版社，2001 年版，第 166 頁。

〔註72〕〔清〕王先謙：《荀子集解》，中華書局，1988 年版，第 11 頁。

〔註73〕同上書，第 142 頁。

〔註74〕何淑靜：《孟荀道德實踐理論之研究》，臺灣文津出版社，1988 年版，第 55頁。

質素只有與後天的實踐工夫相結合，才能最終實現內在道德的完美和外在功業的成就。但我們也應該看到，荀子的「偽」是有其特定含義的，在外延上並不直接等同於一般的「作爲」。在荀子看來，人之「偽」總是伴隨著對行爲方式及內容的選擇，只有符合「禮」、「義」等行爲原則，「偽」才是善的和被接受的。從這個角度來看，言行是合合乎禮義與人之善惡、社會的治亂密切相關。「禮義之謂治，非禮義之謂亂」，「禮」在此即是「偽」的準則，依禮義而行就能使社會和諧有序，就是善的，不依禮義而行則會使社會混亂不安，就是惡的。荀子「學至於行之而止」的思想，彰顯了其德行論思想重「行」的實踐性格，從某種意義上說，可以視之爲儒家知行觀的一種較系統的闡述。

在荀子思想中，「學」作爲一個具有核心意義的基礎性觀念，與倫理學思想密切相關。如我們已知，在荀子的思想體系中，德性是獲得性的，而不是天賦性的。歷來有關「德」的論述也說明「德」乃「得道」：陸德明注《老子》云：「德者，得也」，就其內容而言則得之於「道」，故云「道生萬物，有得有獲」。〔註75〕朱熹亦云：「德之爲言得也，得於心而不失也」〔註76〕；「德者，得也，得其道於心而不失之謂也」。〔註77〕在儒家的話語系統中，人選擇一種道德準則指導下的社會生活也就意味著對「道」的選擇，即「得道」。「得道」並不意味著在每一種具體的情境下都要做出正確的舉止，它更確切地說，是指選擇了某一種生活方式與選擇做某一種人，並能持之以恒，不失此心。如荀子所言：「凡人莫不從其所可，而去其所不可。知道之莫之若也，而不從道者，無之有也。」〔註78〕在荀子看來，「得道」則須先「知道」，而「知道」則要訴諸於人的理性。當然，有必要指出的是，我們這裏所說的「理性」，不完全是通常所理解的認知理性，而更多地是含有哲學意味的主體的自我反思能力，這種反思能力往往顯現出鮮明的遠見和明智，因此更接近於古希臘所謂的「理智德性」。美國學者倪德衛說：「理智自由地選擇做還是不做，但它總會全面考慮爲感官選擇最好的，如果它成功地考慮了所有的東西的話。對荀子來說，道（它是儒家之道）是一種道德生活，也就是一種接受社會的規則、標準、約束，並滿足人們正當的欲望，並使這些欲望保持控制的社會生

〔註75〕朱謙之：《老子校釋》，中華書局，1984年版，150頁。
〔註76〕〔宋〕朱熹：《四書章句集注》，中華書局，1983年版，第53頁。
〔註77〕同上書，第94頁。
〔註78〕〔清〕王先謙：《荀子集解》，中華書局，1988年版，第11頁。

活」。〔註 79〕「道」是一種道德生活，「得道」即意味著獲得了道德生活的權利。但這種道德生活並不是源於人的本心的，而是與人的理智關聯甚密，人必須在理性的指引下才能夠享有這種道德生活。若不然，例如當人們爲了一種當下的、直接的欲望滿足而選擇惡，否定了長遠的、更爲根本性的追求時，就意味著他們並沒有眞正的理智德性，看不到有序生活本身的價值，這樣的人在心智上是愚鈍和鄙陋的。由此可見明「心智」之重要。

　　心智不能自明，需要外在的學習修養方能最終「得道」。在這一過程中「學文」之工夫頗受儒家青睞。孔子云：「弟子入則孝，出則弟，謹而信，泛愛眾，而親仁。行有餘力，則以學文。」〔註 80〕心智不能自明，在儒家的傳統教育思想體系中，學文與學道始終是一個整體。《禮記·學記》云：「玉不琢，不成器，人不學，不知道」，〔註 81〕如果說「知道」是學的最終目的，那麼「學文」便是「知道」的必經之路。事實上，儒家話語中的人格修養向來都是全面的、整體性的，固然德性的至善至美是人格修養的核心關切，但並不能涵蓋儒家人格修養的全部，諸多非道德意義的因素，如敏捷的思維、優雅的風度、得體的言語、淵博的知識等等，也都是儒家人格修養所高度關注並期望的。孔子「質勝文則野，文勝質則史，文質彬彬，然後君子」〔註 82〕的評價標準，即可看出文與質的相輔相成。在儒家，學文的主要內容就是對人文經典與禮樂知識的學習。從學的角度而言，學道與學文也絕非不相關涉的兩分，儒家歷來有提倡「文以載道」的傳統。因而，在某種意義上，我們甚至可以說德性修養與人文修養是實現同一個完滿人格之目的的兩種準備。並且，人文經典的學習本身也是一種修養實踐的方式，或者確切的說是達於至善修養境界的催化劑。故孔子云：「君子博學於文，約之以禮，可以弗畔矣夫」〔註 83〕，學文是德性人格之成就的必要「素材」。就學文的具體內容而言，早在孔子的教育中猶有西周貴族專有的「六藝」教育的蹤跡，包含詩、書，也包含射，後來則逐漸偏重於經典教育。重視「化性起僞」的荀子承孔子之後也把「學文」之工夫納入視域，以傳統文獻典籍爲核心內容的教育在荀子那裏稱

〔註 79〕〔美〕倪德衛：《儒家之道——中國哲學之探討》，〔美〕萬白安編，周熾成譯，鳳凰出版傳媒集團，江蘇人民出版社，2006 年版，第 105～106 頁。
〔註 80〕〔宋〕朱熹：《四書章句集注》，中華書局，1983 年版，第 49 頁。
〔註 81〕楊天宇：《禮記譯注》，上海古籍出版社，2004 年 7 月版，第 456 頁。
〔註 82〕〔宋〕朱熹：《四書章句集注》，中華書局，1983 年版，第 89 頁。
〔註 83〕同上書，第 91 頁。

之為「文學」，荀子嘗云：「今之人，化師法，積文學，道禮義者為君子；縱性情，安恣睢，而違禮義者為小人。用此觀之，人之性惡明矣，其善者偽也。」〔註84〕「人之於文學也，猶玉之於琢磨也。詩曰：『如切如磋，如琢如磨。』謂學問也。和之璧，井里之厥也，玉人琢之，為天子寶。子贛、季路故鄙人也，被文學，服禮義，為天下列士。」〔註85〕「人之於文學也，猶玉之於琢磨也」，「學文」的經典教育促進了心智的澄明，使理智德性的力量得到彰顯，為最終的「得道」作了重要鋪墊。然而知識並不完全等同德性，「知道」也並不必然導致「得道」，學文只是外在知識的積累。從「知道」到「得道」，認知主體的自由意志的導向力量是不可或缺的，甚或是最根本的。

在孔子那裏，「學」有廣義、狹義之分，荀子之「學」亦然。「子曰：吾嘗終日不食，終日不寢，以思，無益，不如學也。」〔註86〕荀子亦有類似之表述：「吾嘗終日而思矣，不如須臾之所學也」。〔註87〕這是狹義的「學」，與「思」相對，指特定的學習的活動及過程，學習的內容亦主要就知識而言，如《詩》、《書》、《禮》、《樂》等經典。即此前我們談論到的明心智的「學文」。當然，經典知識的學習是必要的，余英時先生的一段論述或可引以為旁證：「先秦時代的孔、孟、荀三家都是本於學術文化的立場來論政的，所以禮樂、教化是儒家政治思想的核心。無論我們今天對儒家的『禮樂』、『教化』的內容抱什麼態度，我們不能不承認『禮樂』『教化』是離不開知識的。所以儒家在政治上不但不反智，而且主張積極地運用智性，尊重智識」。〔註88〕這一點在荀子哲學中尤為明顯，如果僅僅就一個思想側面而言，我們完全可以說荀子極大地發展了儒家思想中理智主義的方面。但若對荀子思想作一深層的把握與體貼，我們不難發現，荀子之重智並非與重德相對而言，它不是對德性精神的遮蔽，反而恰恰是重德精神在哲學層面的深化和拓展。人之所以為人，人的道德成就，人的價值的實現，都是一個不斷地「學」的過程，《勸學》云：「學不可以已」，「為之，人也，舍之，禽獸也」。〔註89〕

〔註84〕〔清〕王先謙：《荀子集解》，中華書局，1988年版，第435頁。
〔註85〕同上書，第508頁。
〔註86〕〔宋〕朱熹：《四書章句集注》，中華書局，1983年版，第167頁。
〔註87〕〔清〕王先謙：《荀子集解》，中華書局，1988年版，第4頁。
〔註88〕余英時：《反智論與中國政治傳統——論儒、道、法三家政治思想的分野與匯流》，見《中國思想傳統的現代詮釋》，江蘇人民出版社，2004年版，第47頁。
〔註89〕〔清〕王先謙：《荀子集解》，中華書局，1988年版，第11頁。

當然，荀子所謂的「學」不僅僅是書本知識的學習，知識層面的「學」是基礎，是具體的、易掌握的東西，但無論在孔子抑或荀子，狹義之學都不是「學」的最終目的——「學」必然有其更高的境界和要求。「子曰：君子食無求飽，居無求安，敏於事而慎於言，就有道而正焉，可謂好學也已。」〔註90〕荀子亦云：「其義則始乎為士，終乎為聖人。真積力久則入，學至乎沒而後止也」。〔註91〕「故學者固學為聖人也，非特學為無方之民也。」〔註92〕這是廣義的學，是以道德踐履工夫為基本內容的。意在通過學習而獲得德性品質的發展與完善，這才是「為學」的真正價值所在。荀子對此有很形象的比喻，《大略》云：「人之與文學也，猶玉之於琢磨也。《詩》曰：如切如磋，如琢如磨。謂學問也。」〔註93〕「君子之學如蛻，幡然遷之」〔註94〕。至善道德人格的成就固然需要不斷的學習和積累知識，但是道德本身顯然不是一個量的積累過程，道德高下是不能用數量來衡量的，不是三年之學抑或五年之學的累積就必然等能導致一個至善人格的出現。關鍵在於經歷一個如切如磋、不斷磨礪的過程後，心靈達到了一種對於事理的通徹了悟。這樣，我們就能夠真正消除心靈上的障礙和負擔，在灑掃應對進退的日常生活中遊刃有餘。這一切，如若我們很好地做到了，則心靈就會因之而澄明，這或許就是荀子所說的真正的善於學習了。

準此觀之，荀子所強調的真正的學習主要是指廣義上的學，是為成就至高至善的道德人理想而努力的「學」。這種「學」是為了自身道德情操的需要，不是學為他人，「君子之學也，入乎耳，著乎心，布乎四體，形乎動靜。端而言，蝡而動，一可以為法則。小人之學也，入乎耳，出乎口；口耳之間，則四寸耳，曷足以美七尺之軀哉？古之學者為己，今之學者為人。君子之學也，以美其身；小人之學也，以為禽犢」。〔註95〕君子之學的目的在於「為己」，即為了成就自身德性修養的完備與人格精神的提升，無愧於心足矣；小人之學的目的在於「為人」，即以所學取悅於人而利己，因此只是止為口耳之學的皮毛而已。後儒王陽明對此亦有所發揮：「世之講學者二：有講之以身心者，

〔註90〕〔宋〕朱熹：《四書章句集注》，中華書局，1983年版，第52頁。
〔註91〕〔清〕王先謙：《荀子集解》，中華書局，1988年版，第11頁。
〔註92〕同上書，第357頁。
〔註93〕同上書，第509頁。
〔註94〕同上書，第505頁。
〔註95〕同上書，第12～13頁。

有講之以口耳者。講之以口耳，揣摸測度，求之影響者也，講之以身心，行著習察，實有諸己者也」〔註96〕。為己而學乃君子之學，為人而學及小人之學；一如孔子對子夏的告誡；「女為君子儒，無為小人儒」〔註97〕「質言之，則儒家舍人生哲學外無哲學，舍人格主義外無人生哲學也」。〔註98〕可見道德人格的完滿與精神境界的提升實為儒家一切學說的核心之關切。

2.2 道德人格之境界

作為一種以德性完備、圓滿為終極關切的人格教育，荀子提出了「學為聖人」的人格目標，以成就最高的德性修養，實現最高的人格理想為旨歸。在荀子看來，「塗之人百姓，積善而全盡謂之聖人。彼求之而後得，為之而後成，積之而後高，盡之而後聖，故聖人也者，人之所積也」〔註99〕；「塗之人可以為禹」〔註100〕。荀子一直堅信聖凡是相通的，平常百姓，只要盡全力的去積善，都是有可能成為聖人的。因而，「學」作為一種修養實踐，就應該力求做到「全之」、「盡之」，實現「全」、「粹」之「成人」的人格理想。

2.2.1 士君子

雖然人人都有成聖的可能性，但荀子在面對實際的人格修養層次時也講聖凡之別。在他看來，成聖是一個「積」的動態過程，因此每個人的後天努力程度不同，所達到的道德境界自然就會有差別。以實現最高理想人格——聖人為目標的道德修養實踐不會是一蹴而就的。因之荀子將人格成長分為三個逐次遞進的階段，以循序漸進地促進人格的生發和精神的提升。《儒效篇》云：「彼學者，行之，曰士也；敦慕焉，君子也；知之，聖人也」。〔註101〕「士」是人格成長的最初級階段，即所謂「始乎為士」，能夠躬行禮義，即可稱之為「士」，在「士」之上的層次是「君子」，「君子」不僅能夠躬行禮義，並且可以切身體貼禮義之本，使自己的合乎禮儀之言行自然、愉悅地流露出來。「聖

〔註96〕〔明〕王陽明：《傳習錄中》，《王陽明全集》，吳光等編校，上海古籍出版社，1992 年版，第 75 頁。
〔註97〕〔宋〕朱熹：《四書章句集注》，中華書局，1983 年版，第 88 頁。
〔註98〕梁啓超：《先秦政治思想史》，東方出版社，1996 年版，第 84 頁。
〔註99〕〔清〕王先謙：《荀子集解》，中華書局，1988 年版，第 144 頁。
〔註100〕同上書，第 442 頁。
〔註101〕同上書，第 125 頁。

人」是比「君子」又更高一層的境界。由士到君子再到聖人，主體人格的境界在「學」、「積」的過程中不斷地得到提升。

據余英時考證，「士」之本初含義主要是泛指各部門掌事的中下層官吏。〔註102〕按照古代天子、諸侯、卿、大夫、士、庶民這種階級的劃分，「士」即最接近「庶民」的低級貴族。春秋戰國時期的社會劇烈變動，不僅改變了各諸侯國的局勢，同時也促使了社會各階級人士的頻繁升降流動，「士」階層的社會性格也在這一劇烈的社會變動中發生改變。「三代之時，民之秀者乃收之鄉序，升之司徒而謂之士，固千百之中，不得一焉」。〔註103〕而到了春秋戰國，「士」不再僅僅是一種官職的代表，而逐漸以道自任，既注重功業的成就，又致力於自身內在的道德修養。儒家始終以道德成就爲教化之目標，「士」顯然就是道德修養的初始階段。所以身處戰國的荀子即認爲，「士」應該是人們爲學立志所要達到的第一目標。在荀子看來，若爲學者不以禮義道德爲學之首要目的，而只是囿於知識的經驗技術層面，則斷不能稱得上是眞正之「學」。荀子曰：「匹夫問學，不及爲士，則不教也」。〔註104〕「士」已經是道德修養的初始階段了，若「不及爲士」，則只能是「無方之民」，「禮者，人道之極也。然而不法禮，不足禮，謂之無方之民；法禮，謂之有方之士。」〔註105〕可見，「無方」、「有方」主要是就是否遵守禮法規定而言，「士」能夠堅定不移地按照禮義原則行事，因此保證了其道德的成就和功業的實現；而不求進取的庶民因不肯恪守禮義原則，以致其言行舉止與倫理道德的要求相去甚遠。

在《荀子》一書中，「法」與「類」經常作爲對舉的概念而出現。「類」是眾多禮儀規定所依據的原則，而「法」則是禮儀、器物等具象之度數。荀子認爲，能夠謹守禮義規定，就能夠達到「士」的標準了，「故隆禮，雖未明，法士也」，〔註106〕王先謙釋曰：「法士即好禮之士」。〔註107〕言行舉止謹守禮法，即使沒有達到「大清明」的境界，也仍可以算得上是「法士」了。可見愼行禮義條文是能否成「士」的重要標準，但對「隆禮」不同程度的施行也

〔註102〕余英時：《古代知識階層的興起與發展》，載《士與中國文化》，上海人民出版社，1987 年版，第 6 頁。
〔註103〕黃汝成：《日知錄集釋》，卷七，花山文藝出版社，1990 年版，第 336 頁。
〔註104〕〔清〕王先謙：《荀子集解》，中華書局，1988 年版，第 147 頁。
〔註105〕同上書，第 356 頁。
〔註106〕同上書，第 17 頁。
〔註107〕同上。

使「士」有了層次之分：

> 有通士者，有公士者，有直士者，有慤士者，有小人者。上則能尊
> 君，下則能愛民，物至而應，事起而辨，若是，則可謂通士矣。不
> 下比以闇上，不上同以疾下，分爭於中，不以私害之，若是，則可
> 謂公士矣。身之所長，上雖不知，不以悖君；身之所短，上雖不知，
> 不以取賞；長短不飾，以情自竭，若是，則可謂直士矣。庸言必信
> 之，庸行必愼之，畏法流俗而不敢以其所獨甚，若是，則可謂慤士
> 矣。言無常信，行無常貞，唯利所在，無所不傾，若是，則可謂小
> 人矣。〔註108〕（《荀子・不苟》）

小人自不必說，由「慤士」到「通士」，從「畏法流俗」到「物至而應，事起
而辨」，道德修養的境界逐漸提升。由於「士」仍是荀子人格理想的最初級階
段，所以並不是他成就理想人格的核心所在，相比之下，「君子」這一理想人
格境界更能得到荀子的青睞。「但無論是修己還是治人，儒學都以『君子的理
想』爲其樞紐的觀念：修己即所以成爲『君子』；治人則必須先成『君子』」。
〔註109〕「君子」在荀子那裏即是現實社會中美好人格的代表。

《非相》篇有言：「欲觀千歲則數今日，欲知億萬則審一二，欲知上世則
審周道，欲知周道則審其人所貴君子。故曰：以近知遠，以一知萬，以微知明。
此之謂也。」〔註110〕人爲萬物之長，而君子又爲理想人格的代表，所以荀子
極力強調「君子」在社會生活中的積極意義。「社會文化共同體的價值原則和
組織理念，往往集中展現在其所推崇的理想人格之中，不同形態的理想人格塑
造，能夠以富於象徵意義的文化代碼的形式，對社會發展的方向起到有效的規
範作用」。〔註111〕在面對體現三代文化最高階段的周文化時，荀子將視角放在
突出彰顯這種文化內在價值的君子身上，以期深入體會周文化傳統的內在精
神。所以他說：「天地者，生之始也；禮義者，治之始也；君子者，禮義之始
也。……故天地生君子，君子理天地。君子者，天地之參也。」〔註112〕「君
子」被提升到了與天地、禮義相參的地位，可見荀子對主體人格的重視。

〔註108〕〔清〕王先謙：《荀子集解》，中華書局，1988年版，第49～51頁。

〔註109〕余英時：《儒家「君子」的理想》，見《現代儒學的回顧與展望》，三聯書店，
　　　　2004年版，第271頁。

〔註110〕〔清〕王先謙：《荀子集解》，中華書局，1988年版，第81頁。

〔註111〕韓德民：《荀子與儒家的社會理想》，齊魯書社，2001年，第330頁。

〔註112〕〔清〕王先謙：《荀子集解》，中華書局，1988年版，第163頁。

　　「君子」在西周與春秋前期，多指貴族在位者。《易經》的卦爻卦辭中，「君子」的出現都與身份有關，如：「初六，童觀，小人無咎，君子吝」〔註113〕；「九三，小人用壯，君了則罔；貞厲。」〔註114〕《詩經》中的「君子」，也同樣多指在位者或貴族成員，如《鹿鳴》記曰：「呦呦鹿鳴，食野之蒿。我有嘉賓，德音孔昭。視民不恌，君子是則是傚。」〔註115〕《大東》謂：「周道如砥，其直如矢。君子所履，小人所視。」〔註116〕從這幾處引文看，「君子」雖指人的外在社會身份，但其內涵卻並不是中性的。在其與「小人」的對舉中，往往含有明確的道德上的褒義。如：「蠢茲有苗，昏迷不恭。侮慢自賢，反道敗德。君子在野，小人在位。民棄不保，天降之咎」；〔註117〕「君子終日乾乾，夕惕若，厲無咎」。〔註118〕「君子」人格的這種道德傾向性在其後的發展中逐漸明顯，「一步步嬗變為道德理念性的肯定」。〔註119〕到《易傳》時這種跡象已經甚為明顯了，如《文言》曰：「君子進德修業。忠信所以進德也；修辭立其誠，所以居業也。知至至之，可與言幾也；知終終之，可與存義也。是故居上位而不驕，在下位而不憂。故乾乾因其時而惕，雖危無咎矣」。〔註120〕韓德民就試圖剖析了「君子」這一稱謂由政治地位向高尚人格的逐漸轉變的深刻歷史原因：

　　　　在早期社會，超強度的物質生產勞動不僅不能提供人的自由本質充
　　　　分實現的舞臺，反而客觀上成為人的自我意識覺醒的障礙，倒是處
　　　　於統治地位的特權階層，通過不平等的佔有被統治階層的勞動成果
　　　　而擺脫了生產力的低水平的制約，片面發展了人類主體性的某些特
　　　　殊層面。反映在精神文化層面，就是那些通過自己的艱苦勞動實際
　　　　推動了歷史進步的下層社會成員，可能體現不出人類文明應有的精

〔註113〕李學勤主編：《周易正義》，〔魏〕王弼注，〔唐〕孔穎達疏，北京大學出版社，1999 年版，第 98 頁。
〔註114〕同上書，第 149 頁。
〔註115〕李學勤主編：《毛詩正義》，〔漢〕毛亨傳，〔漢〕鄭玄箋，〔唐〕孔穎達疏，北京大學出版社，1999 年版，第 558 頁。
〔註116〕同上書，第 780 頁。
〔註117〕李學勤主編：《尚書正義》，〔漢〕孔安國傳，〔唐〕孔穎達疏，北京大學出版社，1999 年版，第 97 頁。
〔註118〕李學勤主編：《周易正義》，〔魏〕王弼注，〔唐〕孔穎達疏，北京大學出版社，1999 年版，第 4 頁。
〔註119〕韓德民：《荀子與儒家的社會理想》，齊魯書社，2001 年，第 349 頁。
〔註120〕李學勤主編：《周易正義》，〔魏〕王弼注，〔唐〕孔穎達疏，北京大學出版社，1999 年版，第 15～17 頁。

神崇高性，反倒是遠離物質形式間的閒暇階層，顯出某種似乎高貴
的品格。〔註121〕

統治階層可以擺脫勞動生產，其閒暇的生活環境客觀上促使他們發展了精神
文明。我們已經知道，「君子」的本初含義是貴族在位者，因此《荀子》書中
將主要是論述君士社會功能的篇章以《君子》命名。但正如我們前面所提，
含有等級身份意義的「君子」並不是中性的，其蘊含的肯定性倫理內涵一旦
獲得獨立，「君子」這一概念就會由外在身份等級性過渡到品格修養範疇，王
安石就曾對「君子」概念的這一特點做過表述：

> 天子諸侯謂之君，卿大夫謂之子，古之為此名也，所以命天下之有
> 德。故天下之有德，通謂之君子。有天子、諸侯、卿大夫之位，而
> 無其德，可以謂之君子，蓋稱其位也。有天子、諸侯、卿大夫之德
> 而無其位，可以謂之君子，蓋稱其德也。〔註122〕

有位無德或有德無位都可以稱為「君子」，正是因為「君子」這一概念的意義
二重性所決定的。從理想的層面而言，「君子」作為在位之稱與作為成德之名，
應該是統一的，但在現實社會中並非總是如此。周代的禮樂制度，在前期能
夠有效地維繫整個社會的運作，但隨著時間的推移，到春秋後期時，人們越
發感覺到有德者的無位和在位者的無德的普遍性，「『君子』概念之作為『德』
與作為『位』的內涵在實踐領域中的這種斷裂，給『君子』概念定位上從社
會學層面向倫理學層面的嬗變，提供了現實的可能」〔註123〕「德」與「位」
之雙重性的斷裂，使得「君子」概念較之前發生了明顯改變，余英時說：「『君
子』所代表的道德理想和他的社會身份（此即儒家所說的『德』與『位』）並
沒有必然的關係。相反地，『德』的普遍性是可以超越『位』的特殊性的。因
此『君子』的觀念至孔子時代而發生一大突破」。〔註124〕《論語》中的「君子」，
有時指「在位者」，但大多數情況下意為「有德者」，據趙紀彬先生統計，作
「在位者」講有12處，其餘絕大多數是做「有德者」講，如「君子成人之美，
不成人之惡。小人反是。」在孔子之後，儒家學者們在使用「君子」概念時，

〔註121〕韓德民：《荀子與儒家的社會理想》，齊魯書社，2001年，第350頁。
〔註122〕〔宋〕王安石：《王文公文集》，第三十四卷《君子齋記》，上海人民出版社，
1974年版。
〔註123〕韓德民：《荀子與儒家的社會理想》，齊魯書社，2001年，第353頁。
〔註124〕余英時：《中國思想傳統的現代詮釋》，江蘇人民出版社，1989年版，第160
頁。

仍沒有特別區分「德」與「位」，如《孟子》中「君子犯義，小人犯刑，國之所存者幸也。」〔註125〕，《荀子》中「君子以德，小人以力。力者，德之役也」，〔註126〕都還是偏重於「君子」之「位」的含義。但總的來說，儒家文獻中的「君子」範疇越來越注重其「德」的內涵。

作爲人格範疇，「德」有多層面意義。荀子所說的「君子」有廣義和狹義之分。廣義上的「君子」通常與小人對舉，包括各種境界的成德之人，譬如「今之人，化師法，積文學，道禮義者爲君子；縱性情，安姿，而違禮義者爲小人」。〔註127〕狹義的「君子」則特指處於一個具體道德境界層面的人，這一境界高於「士」，但還沒有達到「聖人」。如《解蔽》篇云：「向是而務，士也；類是而幾，君子也；知之，聖人也」。〔註128〕在荀子那裏，不論廣義狹義，「君子」之德是其成就理想人格的關鍵。荀子談「君子」，強調的是其作爲理想人格的完善性：「君子知夫不全不粹之不足以爲美也，故誦數以貫之，思索以通之，爲其人以處之，除其害者以持養之。……生乎由是，死乎由是，夫是之謂德操。德操然後能定。能定然後能應。能定能應，夫是謂之成人。天見其明，地見其光，君子貴其全也。〔註129〕君子追求的是「全」、「粹」的完美境界，當然，這不是與生俱來的，需要後天的「貫之」「通之」「處之」「養之」，這樣才能獲得「德操」，最終「成人」。

與「好法而行」的「士」相比，「君子」的特徵在荀子那裏體現爲「篤志而體」〔註130〕，「篤志」可以說是「士」與「君子」的共同人格特徵，即意志堅定地按照禮儀規定行爲，但君子的更深的人格魅力體現在「體」，即君子對自己的合乎禮儀的言行是發自內心的體貼，是眞實情感的自然流露。荀子很重視君子的這一人格特徵，因此有這樣的議論：

> 志意修，德行厚，知慮明，是榮之由中出者也，夫是之謂義榮。爵列尊，貢祿厚，形埶勝，上爲天子諸侯，下爲卿相士大夫，是榮之從外至者也，夫是之謂埶榮。流淫、污僈，犯分、亂理、驕暴、貪利，是辱之由中出者也，夫是之謂義辱。詈侮捽搏，捶笞、臏腳，

〔註125〕朱熹：《四書章句集注》，中華書局，1983年版，第276頁。
〔註126〕〔清〕王先謙：《荀子集解》，中華書局，1988年版，第182頁。
〔註127〕同上書，第435頁。
〔註128〕同上書，第407頁。
〔註129〕同上書，第18～20頁。
〔註130〕同上書，第33頁。

> 斬、斷、枯、磔，藉、靡、舌繯，是辱之由外至者也，夫是之謂埶
> 辱。是榮辱之兩端也。故君子可以有埶辱，而不可以有義辱；小人
> 可以有埶榮，而不可以有義榮。〔註131〕（《荀子‧正論》）

意志有所修爲，德行敦厚，心智澄明，這是從內心向外產生的榮耀，這就叫
「義榮」；爵位尊貴，貢祿豐厚，有權有勢，這叫做「勢榮」。行爲放蕩，言
語污穢，犯上作亂，唯利是圖，這是自己自主選擇的恥辱，這就叫做「義辱」；
受人責罵侮辱，被鞭打挖膝蓋，被砍頭斷手等等，這是外部力量強加於身的
侮辱，這是「勢辱」。所以君子有「勢辱」無可厚非，但不能有「義辱」，小
人若榮耀只可能是「勢榮」，而決不會有「義榮」。因爲「義榮」、「義辱」都
是「由中出者」，是發自內心的，選擇的自由在自己，而「勢榮」、「勢辱」主
要是由外部環境決定的，主體自身無能爲力。由此可以看出，君子主動選擇
「義榮」，使自己的行爲無愧於心，對於「勢辱」則隨遇而安，「君子能爲貴
己，不能使人必貴己」，〔註132〕而小人卻主動選擇「義辱」，本不應獲得任何
榮耀，只是有時不可把握的外部環境會使其得到「勢榮」而已。由於外部環
境的不穩定性，因此「勢榮」也不可能具有長久性。對於榮辱、義勢的不同
選擇，也反映了君子和小人對於禮義原則的不同態度，「先義而後利者榮，先
利而後義者辱；榮者常通，辱者常窮；通者常制人，窮者常制於人：是榮辱
之大分也」。〔註133〕荀子並不反對利之獲得，認爲是生存之所需，但得利必須
以尊義爲前提，這樣才能獲得榮耀，否則，無視禮義，見利忘義，一味追求
欲望的滿足，最終也只會成爲物的奴隸。

為了進一步說明君子尊禮守禮是出於內心的自主選擇，是自然情感的眞
實流露，荀子還以音樂作比：

> 君子以鐘鼓道志，以琴瑟樂心，動以干戚，飾以羽旄，從以磬管。故
> 其清明象天，其廣大象地，其俯仰周旋有似於四時。故樂行而志清，
> 禮脩而行成，耳目聰明，血氣和平，移風易俗，天下皆寧，美善相樂。
> 故曰：樂者，樂也。君子樂得其道，小人樂得其欲。以道制欲，則樂
> 而不亂；以欲忘道，則惑而不樂。〔註134〕（《荀子‧樂論》）

〔註131〕〔清〕王先謙：《荀子集解》，中華書局，1988年版，第342～343頁。
〔註132〕同上書，第102頁。
〔註133〕同上書，第58頁。
〔註134〕同上書，第381～382頁。

君子用鐘鼓、琴瑟來奏樂以導引志向、愉悅人心，揮舞矛盾、斧頭來跳舞，以羽毛作裝飾，以磬管加以伴奏。因此其樂舞之清明廣大可以與天地相比，迴旋韻律又與四時變化相似。如此高遠澄明的音樂一旦流行必會使人的志向高潔，再加上禮義對德行的教化作用，即能使個體耳目聰明，血氣平和，進而使群體移風易俗，天下皆寧，最終實現美善相樂的完滿社會狀態。樂是人內心快樂情緒的一種表達，君子以「道」為樂之源泉，小人之樂則為「欲」所充斥。用道來引導和調節欲望，就會獲得真正的快樂，若以滿足欲望為目的，在荀子看來，不僅不會快樂，而且會迷失自我。荀子重視樂教，正是因為好的音樂能夠引導人們的志向，在心情愉悅的情況下潛移默化的陶冶情操，從而提升道德修養的層次。因之，在荀子那裏，禮義與情感不僅在本質上是統一的，而且在現實的人格成就過程中也會獲得具象的統一。在禮樂的學習過程中，君子的身心得以改變——耳目聰明、血氣和平，這種改變使得君子在心靈上獲得一種愉悅感，促使其心志選擇按照禮義原則而行為。所以說，君子尊禮、守禮既是意志的體現，同時也是情感的自然流露。因為是發自內心的主動的選擇，所以君子的言行就表現為持久穩定的遵守禮義原則。《儒效》篇云：「敦慕焉，君子也」，〔註135〕王引之注曰「敦、慕，皆勉也。」「能行之則為士，行而加勉則為君子」。〔註136〕君子不僅只是教條般的遵從外在禮法規則，更不是小人式的盲目追求欲望的滿足，君子在面對外物時內心能夠作出自覺的判斷，意志堅定地遵循禮義原則，同時對其所蘊涵的義理有切實的體驗和深刻的思考。正是這種由內而外的氣質，才使得君子的合乎倫理道德之言行篤定而恒久。這也是君子的人格魅力之所在。

2.2.2 聖人

在荀子哲學中，「聖」是一個重要且相當特別的觀念。「聖」在《荀子》一書中出現頻率極高，而聖人這一概念更是代表了荀子人格論中最高的理想人格。此外，聖王、聖君、聖臣等也是荀子慣於習用的概念。並且，在荀子的德行論中，雖然從道德的社會功能角度而言，「聖」的作用不及「義」重要，然而，作為一個德性觀念，「聖」在荀子的德性觀念系統中顯然處於最高的位階。但照荀子本人的邏輯，聖人作為最高的理想人格在某種意義上又似乎是

〔註135〕〔清〕王先謙：《荀子集解》，中華書局，1988 年版，第 125 頁。
〔註136〕同上。

一個可以而不能的虛位。「學惡乎始？惡乎終？曰：其數則始乎誦經，終乎讀禮；其義則始乎爲士，終乎爲聖人。眞積力久則入。學至乎沒而後止也。故學數有終，若其義則不可須臾舍也」。〔註137〕「其義」是「始乎爲士、終乎爲聖人」的，但「其義」又「不可須臾舍也」，可見通過學習來發展德性必然是一個不間斷、無止境的過程，「學」不止是某一特定人生階段的職責與活動，它必然地是行爲主體的一種終身事業，「學至乎沒而後止也」，在荀子那裏，「學」已儼然成爲一種生命的實踐方式。而人格的最高境界——「聖人」的人格虛位性也表明在荀子的人格論中，雖然最高境界是「聖人」，但眞正的核心觀念實際上是君子而非聖人，只不過「君子」要以「聖人」爲其實踐的目標和精神動力。

當然，從某種意義上，「聖」之爲最高的德性觀念在早期儒學倫理思想中可以說是一個固有的傳統，而不是到荀子時方始如是。《論語·述而》篇載：「子曰：『若聖與仁，則吾豈敢？抑爲之不厭，誨人不倦，則可謂云爾已矣。』公西華曰：『正唯弟子不能學也』」。〔註138〕顯見，孔子將「聖」與「仁」同樣視爲理想的人格修養境界。又如《論語·雍也》篇記載：子貢曰：「如能博施於民而能濟眾，何如？可謂仁乎？」子曰：「何事於仁，必也聖乎！堯舜其猶病諸！夫仁者，己欲立而立人，己欲達而達人。能近取譬，可謂仁之方也已」。〔註139〕「何事於仁，必也聖乎」，照孔子這裏的講法，「聖」甚至是比「仁」更高一級的人格。然而，孔子亦嘗云：「聖人，吾不得而見之矣，得見君子者，斯可矣」。〔註140〕相應地，聖之作爲一種德性人格在某種意義上也是一個「虛位」。因而，就整體而言，「在君子人格和德性中孔子最重視仁……仁是人之全德，就是說，仁不是某一個方面的德性，仁代表整體的品質德性；狹義的仁與義禮智信相分別，廣義的仁則包含義禮智信」。〔註141〕質言之，孔子是以仁，而不是聖，作爲「全德」之稱的。

以此爲參照，我們或可說，「聖」之在荀子德性觀念系統的意義一如「仁」之在孔子德性觀念系統中的意義。也就是說，一方面，狹義上的聖與仁義禮

〔註137〕〔清〕王先謙：《荀子集解》，中華書局，1988年版，第11頁。

〔註138〕〔宋〕朱熹：《四書章句集注》，中華書局，1983年版，第101頁。

〔註139〕同上書，第91～92頁。

〔註140〕同上書，第99頁。

〔註141〕陳來：《論儒家教育思想的基本理念》，載《北京大學學報(哲學社會科學版)》，第42卷第5期，北京大學出版社，2005年版，第204頁。

智等德性觀念相分別；另一方面，廣義上的聖則意味著仁義禮智等方面的德性充分發展且相互協調、配合而達致的一種修養、智慧高度發展的人格境界，從這個意義上說，聖亦可謂「集大成」之全德。《君子篇》論及先王之道，嘗云：

> 故尚賢使能，等貴賤，分親疏，序長幼，此先王之道也。故尚賢、使能，則主尊下安；貴賤有等，則令行而不流；親疏有分，則施行而不悖；長幼有序，則事業捷成而有所休。故仁者，仁此者也；義者，分此者也；節者，死生此者也；忠者，惇慎此者也；兼此而能之，備矣；備而不矜，一自善也，謂之聖。不矜矣，夫故天下不與爭能而致善用其功。有而不有也，夫故爲天下貴矣。《詩》曰：「淑人君子，其儀不忒；其儀不忒，正是四國。」此之謂也。〔註142〕

在這裏，仁、義、節、忠，分別是從各自不同的角度對尚賢、使能、等貴賤、分親疏、序長幼等先王之道的貫徹，而聖則是所有這些方面都做得成功，兼而備之，並且在此基礎上又有所融合、提升。顯然，在此意義上，「聖」之作爲一種德性觀念與仁義等德性觀念並非處於同一層面的並列關係，而是作爲所有這些個別的德性之協調一致的整體之「全德」而存在的。

荀子以成德成聖爲人生的最高理想，認爲「聖人者，道之極也」。〔註143〕但聖人並不是天生即爲聖人，其本性與常人無異，聖人之所以爲聖人，關鍵在於聖人能夠充分地體認性僞之別，從而自覺地由「積善」而化性起僞，「今使塗之人伏術爲學，專心一志，思索孰察，加日懸久，積善而不息，則通於神明，參與天地矣。故聖人者，人之所積而致矣」〔註144〕。「塗之人百姓，積善而全盡謂之聖人」。〔註145〕通過「積善」，就能夠在日常灑掃應對進退中自然地合乎禮義，使自己的欲望達到自由通達的狀態，從而使外在言行與內心情感得到自覺的同一，這就是聖人的境界。

荀子經常「類」、「法」，「禮」、「法」並舉。在荀子看來，禮法制定的內在依據是情文統一，即情感的滿足與心的認知雙方的統一才能實現禮與法的溝通。人心之所知並不僅僅是知識技能，更主要的是就智慧與道德而言，由

〔註142〕〔清〕王先謙：《荀子集解》，中華書局，1988 年版，第 453～454 頁。
〔註143〕同上書，第 367 頁。
〔註144〕同上書，第 443 頁。
〔註145〕同上書，第 144 頁。

本初的質樸性情在後天的努力中不斷的獲得道德規定性，在這一過程中理想的道德人格逐漸得以實現。「類」、「法」，「禮」、「法」的區分在荀子那裏多是根據知「道」的不同程度進行的。「聖人明知之，士君子安行之，官人以爲守，百姓以成俗」。〔註146〕對於同樣的禮法，體現德性終極之完滿的聖人不僅能夠「行之」，而且還諳熟其義理，通達其實質。如若人心不知「道」，那麼禮法對於行爲主體來說就只是形式上的外在約束而已，由於人心沒有得「道」，因此它並不會主動接受法數之制，甚至會背離禮法。所以說，禮法之於人，關鍵在於人心的眞切領悟和自覺選擇。荀子說：「學至乎禮而止矣。夫是之謂道德之極」。〔註147〕這裏的「禮」不僅是日用平常的規矩準繩，還包含更高的「禮之類」，即制禮的根本原則，「以類行雜，以一行萬」〔註148〕，這在荀子看來只有德性修養至聖人方能做到。「凡禮義者，是生於聖人之僞，非故生於人之性也。……聖人化性而起僞，僞起而生禮義，禮義生而製法度；然則禮義法度者，是聖人之所生也」。〔註149〕聖人化性起僞，然後禮義生，荀子在這裏強調的是後天人爲的重要性，即便是生禮義而起法度的聖人，也不是先天的就具有「知通統類」的能力的。然而這種「僞」並不是建立在違背人性基礎上的，相反，是以達到心靈的自由境界爲旨歸的。荀子對此有明確的表述：

> 夫微者，至人也。至人也，何彊！何忍！何危？故濁明外景，清明內景。聖人縱其欲，兼其情，而制焉者理矣，夫何彊！何忍！何危？故仁者之行道也，無爲也；聖人之行道也，無彊也。仁者之思也恭，聖人之思也樂。此治心之道也。〔註150〕（《荀子·解蔽》）

正因爲其心靈所處的自由境界，荀子視域中的「聖人」與常人一樣也有情有欲，並不因爲欲望會導致惡的結果就禁欲，而是通過後天的「積習」、「僞」來引導先天的「欲」、「情」，使其彰顯對人生命及德性修養的積極作用。人之所以爲人，就是因爲情欲的表現總是包含著理智的判定和意志的抉擇，只要人心能夠適當地加以引導，人之性情的抒發也同樣會顯現德性的光芒。「聖人」是道德修養的最高境界，他們實現了自然情感和禮義法度的圓滿統一。在自由心靈的引導下，「聖人」應對外物時能夠通達順暢，即合乎禮義規範又順應

〔註146〕〔清〕王先謙：《荀子集解》，中華書局，1988年版，第376頁。
〔註147〕同上書，第12頁。
〔註148〕同上書，第163頁。
〔註149〕同上書，第437頁。
〔註150〕同上書，第403～405頁。

內心情感。「宗原應變，曲得其宜，如是然後聖人也」〔註151〕，由於聖人掌握了事物的根本原則，「知通統類」，處常應變都怡然自得，因而理所當然地生活在情理化的自由愉悅之境界中。

與其他儒家學者不同的是，荀子在強調「聖人」境界的同時，還反覆提到「聖王」這一概念。「故學也者，固學止之也。惡乎止之？曰：止諸至足。何謂至足？曰：聖王。聖也者，盡倫者也；王也者，盡制者也；兩盡者，足以爲天下極矣」。〔註152〕由於荀子身處亂世，其對於太平盛世的向往就較以往的儒家更爲強烈。所以在荀子看來，完滿人格的實現既包括道德修養的完善，又涵蓋外在功業的成就，這就是「聖」與「王」的結合。「聖」是就道德人格的成就而言；「王」是就現實功業的成就而言，這兩個方面統一起來，就是荀子所謂的「人道」。〔註153〕可見荀子視域中的「聖人」之圓滿德性的成就，僅僅修身爲己是不夠的，還要治人治國，善群善統，這是荀子試圖把處於虛位的「聖人」拉入現實，以成就偉業所做出的努力。當然，作爲理想的君王，就必須具備聖人之德，這一前提條件是不可動搖的。「天下者，至重也，非至彊莫之能任；至大也，非至辨莫之能分；至眾也，非致明莫之能和。此三至者，非聖人莫之能盡。故非聖人莫之能王。聖人備道全美者也，是縣天下之權稱也」。〔註154〕聖人備道全美，故能王。「聖王」的現實功業性正是立足於儒家注重內在德性的根本，「請問爲國？曰聞修身，未嘗聞爲國也。君者儀也，儀正而景正。君者槃也，槃圓而水圓。君者盂也，盂方而水方。君射則臣決。楚莊王好細腰，故朝有餓人。故曰：聞修身，未嘗聞爲國也。」〔註155〕聖王治國的根本，是要以自身完滿的道德修養來禮治天下，化育天下。通過自身的表率作用來引導世人趨善避惡——人人都成善成美，從而形成群居和一的美善相樂的大社會。

可見，荀子即便是強烈重視現實社會的秩序操作層面，其在方法上仍是不離內在修身養性之根本。如若背離道德修養，無視禮樂教化而空談家國的治理，在荀子看來最終只能走向敗亡。「聖人」在言行上能夠使禮義規範與內

〔註151〕〔清〕王先謙：《荀子集解》，中華書局，1988 年版，第 105 頁。

〔註152〕同上書，第 406～407 頁。

〔註153〕李景林，《荀子的哲學思想》，載《中國哲學史通》，吉林大學出版社，1995 年版，第 160 頁。

〔註154〕〔清〕王先謙：《荀子集解》，中華書局，1988 年版，第 324～325 頁。

〔註155〕同上書，第 234 頁。

心情感完美的統一起來，使自身的言行既符合禮義規範，又能夠使這種合禮之行順乎內心情感而發。「聖」以此爲世人楷模，使世人言行舉止合乎禮義之道，這種近乎「無爲」的治世方式成就「聖人」爲「聖王」。作爲儒家的傑出代表，荀子特別重視和推崇孔子所開創的儒家道德價值和理想。但在理想道德價值的實現途徑上，荀子思想很明顯的反映出歷史性、理想性和現實性相統一的特色，並且這種統一是在具體過程中逐步實現的。〔註156〕

事實上，「士」、「君子」、「聖人」這三種德行修養的境界是連貫成一的，「『士』階層追求的『道』，既是劃分現實利益的正確尺度，也是精神情感依戀信仰的歸宿。這種『道』的二重性，決定了儒家理想人格的二元性結構，它一方面設計出『君子』的概念，作爲處理現實人際關係的原則的形象化表達，另一方面孕育出『聖人』的偶像，通過對悠久深厚的文化傳統的理想化詮釋，提供此在精神超越性價值關切的寄託」。〔註157〕「聖人」往往被賦予超越性的把握能力，也因此而似乎帶有些許神秘至上的光環。「全知全能而又先知先覺的『聖』，顯然拖著半神的尾巴，但又是通過道德修養所能達到的人格極致。周人的『聖』，先是用來指稱王者，即『聖王』，後又擴大指涉範圍，用來指道德上的完人，即『聖人』」。〔註158〕荀子就是在這一意義上討論聖人的，面對日益明顯的天下一統之勢，爲了強調儒家學說對安天下的指導作用，荀子除了從儒家的立場詮釋「聖人」的地位和功用，還大量地針對理想的儒家人物直接立論，以期更直接的解除當政者對於儒者的偏見。爲此，荀子時或直接將一些「聖人」納入「大儒」的範圍。

當子貢向孔子問道「如有博施於民而能濟眾，何如？可謂仁乎？」孔子很堅定的回答「何事於仁！必也聖乎！堯舜其尤病諸！」〔註159〕一方面，孔子認爲只要能夠對百姓廣施福利，就稱得上是聖了，另一方面，當落實到現實社會中時，他又說哪怕像堯舜這樣的古代明君也會偶犯過失，難以稱得上是「聖人」。孔子就自稱並沒有機會在現實社會中見到眞正的聖人，「聖人，吾不得而見之矣；得見君子者，斯可矣」。〔註160〕可見，對孔子來說，聖人是

〔註156〕吳樹勤：《禮學視野中的荀子人學——以「知通統類」爲核心》，齊魯書社，
　　　　2007年版，232頁。
〔註157〕韓德民：《荀子與儒家的社會理想》，齊魯書社，2001年，第400～401頁。
〔註158〕汪裕雄：《意象探源》，安徽教育出版社，1996年版，第98頁。
〔註159〕〔宋〕朱熹：《四書章句集注》，中華書局，1983年版，第91～92頁。
〔註160〕同上書，第99頁。

終極性的價值導向，而不是實體性的境界——即現實個體很難冠以「聖人」之稱。這種謹慎與「聖人」概念的神性背景有關，《禮記‧禮器》曰：「天道至教，聖人至德」。〔註161〕無言的天道之價值要靠「聖人」來彰顯，因之「聖人」具有和「天」同格的至上地位。從效果上看，「聖人」的至上性和非實體性，有利於使現實主體的德性修養產生無限的超越可能。行為主體在「學」、「積」的過程中不斷努力以期接近「聖人」的境界，但實際上卻是很難達到，似乎永遠不可能實現同「道」的完全合一。但在孔子之後，隨著孔子本人及堯舜禹湯文武周公等三代文明的象徵性人物的被聖化，這種觀念也隨之發生了改變。這種改變到荀子之時已非常明顯，他認為整個文明世界的出現都是「聖人」們所做出的歷史貢獻的結果。荀子在廣義上使用的「君子」也包括「聖人」在內的各種不同類型的理想人格，從中也可以看出荀子試圖尋找最高理想目標「聖人」與現實修養過程之間溝通的努力，客觀上也有利於儒家思想在高層次上滿足人們的精神需求。

　　儒家歷來對於經驗理性可感的範圍之外的存在持排斥或存疑態度，因此一般不會接納完全彼岸性的神靈來拯救世人的靈魂，於是就需要預設與現世聯繫密切又至善至美的人格來支撐精神的世界，「聖人」由是而生。它既能發揮神靈作為信仰對象的文化功能，又能夠避免將這種信仰引向彼岸世界。〔註162〕在現實性上，行為主體只要勤學累積，就能夠成為「君子」，「君子」雖不是「聖人」，但其邏輯終點卻與「聖人」重疊，儘管通往「聖人」的道路漫長，但終歸是有跡可尋，有實現的可能性。為了鼓勵世人對於成為君子聖人目標的追求，荀子充分論證了堯舜禹等歷史存在與普通人之間在本性上的共同性，之所以能成聖成德，關鍵就在於後天的精進努力，奮發自強。「我欲賤而貴，愚而智，貧而富，可乎？曰：其唯學乎。……鄉也，混然塗之人也，俄而並乎堯、禹，豈不賤而貴矣哉！」〔註163〕「聖可積而致。……故塗之人可以為禹則然，塗之人能為禹，未必然也。雖不能為禹，無害可以為禹」。〔註164〕就這樣，荀子拉近了「聖人」與彼岸現實的關係，同時又能保持其作為超越性價值信仰終極目標的地位。朱熹有言：「道便是無軀殼底聖人，聖人便是

〔註161〕楊天宇：《禮記譯注》，上海古籍出版社，2004年7月版，第299頁。
〔註162〕韓德民：《荀子與儒家的社會理想》，齊魯書社，2001年，第408頁。
〔註163〕〔清〕王先謙：《荀子集解》，中華書局，1988年版，第125頁。
〔註164〕同上書，第443～444頁。

有軀殼底道」。〔註165〕荀子眼中的聖人「知通乎大道」，有著明顯的非現實性表徵，意在保持其與現實性很強的「君子」概念的區別。「君子」在境界上也是很高的理想人格，但終究是現實化的理想；「聖人」中確有流露出現實的影子，但不難發現，儒家所承認的「聖人」都是成為歷史之後的人物存在，因而是徹底理想化的現實。但也正因為如此，儒家思想才能在歷史的長河中始終保持其對現實秩序的批判性活力，其所謂「道」也可能保持對現實秩序模式的超越性。〔註166〕

〔註165〕《朱子語類》卷一三○，《本朝四自熙寧至靖康用人》。
〔註166〕韓德民：《荀子與儒家的社會理想》，齊魯書社，2001年，第409頁。

第 3 章　經天緯地之禮

　　與古希臘哲學家有所不同，中國古代思想家們很少把自然界本身作爲直接的思考對象，而是在天人之際的基本模式下，在人與自然的相互聯繫和影響中探尋、理解天的意義與價值。與先秦其他思想家相比，荀子雖然對天的現象、本質以及規律有較多的闡述與議論，但若細究這些論述，我們不難發現，「荀子講天人之分，論天，是從根本上爲禮找依據」。〔註 1〕荀子論天的根本目的，是爲其以禮爲核心的哲學思想提供一個本體論及宇宙論的終極依據。

3.1　天地，生之始

　　荀子的「明於天人之分」、「不求知天」思想的提出，根本的並不是說天與人對立無關，而旨在強調人應當積習向善，崇禮守禮，強調後天人爲的重要性。人的職責，從根本上講，就是不與天爭職，躬行其人倫之道。

3.1.1　明於天人之分

　　荀子在《天論》篇開篇即曰：

　　　天行有常，不爲堯存，不爲桀亡。應之以治則吉，應之以亂則凶。
　　　強本而節用，則天不能貧；養備而動時，則天不能病；修道而不貳，
　　　則天不能禍。故水旱不能使之饑渴，寒暑不能使之疾，祅怪不能使
　　　之凶。本荒而用侈，則天不能使之富；養略而動罕，則天不能使之

〔註 1〕張立文主編，陸玉林著：《中國學術通史・先秦卷》，人民出版社，2004 年版，
　　　第 159 頁。

—79—

全；倍道而妄行，則天不能使之吉。故水旱未至而饑，寒暑未薄而

疾，祅怪未至而凶——受時與治世同，而殃禍與治世異，不可以怨

天，其道然也。故明於天人之分，則可謂至人矣。〔註2〕

「天行」即天道，天道有其自身的規律，不因人事而變化。同樣，人如若強
本節用、養備動時、修道不貳，則天也不能加之以貧、病、禍。天與人各有
其存在之道，互不支配，能明白這種「天人之分」，就稱得上是「至人」了。
「以類行雜，以一行萬。始則終，終則始，若環之無端也，舍是而天下以衰
矣」〔註3〕，通過對「類」的明辨，荀子提出了「天人之分」的思想。「明於
天人之分」，就是要明確天與人屬於不同的類，應各司其職，力行人道之應該。
荀子所言「天」多指自然義之天，是一種純粹客觀的自然存在，無意志、無
思慮。「列星隨旋，日月遞照，四時代御，陰陽大化，風雨博施，萬物各得其
和以生，各得其養以成」〔註4〕沒有神秘性可言。因此荀子認爲天道或天命，
與人事並沒有必然的聯繫。「天不爲人之惡寒也輟冬，地不爲人之惡遼遠也輟
廣」，「天行有常，不爲堯存，不爲桀亡。應之以治則吉，應之以亂則凶」〔註
5〕。天道關涉的是自然，而人道關涉的則是道德，二者屬於不同的「類」。若
忽視它們之間的區別，就是混淆了「類」，就有可能「錯人而思天」——放棄
人爲的努力，一味依賴、企求上天的賜福。

　　荀子從「天人之分」的論天思想出發，首先確立了「禮」在人類社會中
的核心地位，明確了「禮」的人文價值。因爲在荀子那裏，天對於人類社會
的吉凶治亂並沒有支配權：

治亂天邪？曰：日月、星辰、瑞曆，是禹桀之所同也，禹以治，桀

以亂；治亂非天也。時邪？曰：繁啟蕃長於春夏，畜積收藏於秋冬，

是禹桀之所同也，禹以治，桀以亂；治亂非時也。地邪？曰：得地

則生，失地則死，是又禹桀之所同也，禹以治，桀以亂；治亂非地

也。〔註6〕（《荀子·天論》）

天、地、時，是禹時的治世和桀時的亂世所共有的，可見這些自然條件並不
是決定人類社會治或亂的因素。人類自己有對生命價值的把握，「道者，非天

〔註2〕〔清〕王先謙：《荀子集解》，中華書局，1988年版，第306～308頁。
〔註3〕同上書，第163頁。
〔註4〕同上書，第308～309頁。
〔註5〕同上書，第311頁。
〔註6〕同上書，第311頁。

之道，非地之道，人之所以道也，君子之所道也」〔註7〕，這裏的人道即「禮」。
若行為主體能夠崇禮明德，社會就能和諧安定，否則，人類社會秩序就會遭
到破壞：

> 物之已至者，人祅則可畏也，楛耕傷稼，耘耨失歲，政險失民；田
> 歲稼惡，糴貴民饑，道路有死人，夫是之謂人祅。政令不明，舉錯
> 不時，本事不理，夫是之謂人祅。禮義不修，內外無別，男女淫亂，
> 則父子相疑，上下乖離，寇難並至，夫是之謂人祅。祅是生於亂。
> 三者錯，無安國。〔註8〕（《荀子·天論》）

國家政治暴虐不當，因而人民不能從事正常的農業生產，導致貧困和流離失
所，禮義不修，倫理不存，社會秩序混亂，道德風氣敗壞，這種種「人祅」
而非「天」，才是導致國家滅亡的根本原因。因此，要保證國家的安定及社會
的穩定發展，根本的就在於對人本身及社會規律的掌握和遵循。對於整個社
會來說，禮維繫著人們之間的倫理關係，對於個人而言，禮既是自身道德修
養的衡量標準，又是道德境界的根本追求。「天有常道矣，地有常數矣，君子
有常體矣。君子道其常而小人計其功。《詩》曰：『何恤人之言兮！』此之謂
也」。〔註9〕荀子認為，就像天地具有其「常道」「常數」一樣，君子也必須有
其「常體」，即堅定不渝的言行準則，也就是對禮義的堅守和身體力行。君子
致力於「心意修，德行厚，知慮明，生於今而志乎古」，〔註10〕通過自身內在
的道德追求而達到整個社會的群居和一。荀子認為，天地間人的優勢得到充
分發揮之前提是行為的合理合宜，也即符合禮義。而禮義原則的根據在人道
而不在天道。荀子所言的「類」、「統類」即是指「禮義」、「人道」而言。馮
友蘭先生說：「荀子的哲學可以說是教養的哲學。他的總論點是，凡是善的，
有價值的東西都是人努力的產物。價值來自文化，文化是人的創造，正是在
這一點上，人在宇宙中與天、地有同等的重要性」。〔註11〕事實上，儒家之所
以如此重視禮，認為是「國之幹」〔註12〕、「經緯天地」〔註13〕的大經，一個

〔註7〕　〔清〕王先謙：《荀子集解》，中華書局，1988年版，第122頁。
〔註8〕　同上書，第314頁。
〔註9〕　同上書，第312頁。
〔註10〕　同上。
〔註11〕　馮友蘭：《中國哲學簡史》，涂又光譯，北京大學出版社，1996年版，第124頁。
〔註12〕　〔清〕洪亮吉：《春秋左傳詁》，中華書局，1987年版，第289頁。
〔註13〕　同上書，第790頁。

很重要的原因即，人類的生存環境並不盡如人意，需要用禮加以改善。《易傳》所贊許的「生生」之德，「天地之大德曰生」所體現的禮教之宇宙論根據，也止說明禮是融治人與自然爲一體的。由此觀之，荀子的「明於天人之分」思想的提出，根本的並不是說天與人對立無關，而旨在強調人應當積習向善，崇禮守禮，強調後天人爲的重要性。人的職責，從根本上講，就是不與天爭職，躬行其人倫之道。

荀子「明於天人之分」的觀點使人從神秘的天命支配中解脫出來，從而獲得了並列於天地間的獨立地位。可以說在一定程度上削弱了天的宗教性及神秘性。與孔子「敬鬼神而遠之」的存而不論相比，荀子顯然更向前了一步：「雩而雨，何也？曰：無何也，猶不雩而雨也。日月食而救之，天旱而雩，卜筮然後決大事，非以爲得求也，以文之也。故君子以爲文，而百姓以爲神。以爲文則吉，以爲神則凶也」。[註14] 對於求雨、占卜等宗教儀式，荀子認爲並不能起到實際的影響，但作爲一種文飾有其特定的人文意義。而荀子之所以認爲應該保留這種文飾的原因，即在於他看到天有其不可知的一面：

> 列星隨旋，日月遞炤，四時代御，陰陽大化，風雨博施，萬物各得其和以生，各得其養以成。不見其事而見其功，夫是之謂神。皆知其所以成，莫知其無形，夫是之謂天。唯聖人爲不求知天。[註15]
> （《荀子·天論》）

群星相隨旋轉，日月輪換照耀，四時交替運行，陰陽變化不斷，風雨廣博降施，萬物各自得到相應的條件而生發，獲得所需要的滋養而成長。人們看不到它的作爲，卻能看到其成果，這種自然的功效是極其神妙而無法測度的，即被稱爲「神」。人們都感受到了它所成就的形象，卻無法追蹤其行跡，這就是「天」。人之職在治人，天之職在自然，天之神妙功用與人不相交，但卻給人以啓迪，使人在天之象的引導下成就「禮」，這就是「天生人成」。

宇宙萬物之天然生成所具有的是事實意義，只有在經過「道」的規範後才具備價值意義。「天生人成」是牟宗三先生最早提出的，由「天地生之，聖人成之」化約而得。牟先生認爲「天生人成」是荀子思想的基本原則，它精確地概括了荀子思想的特徵。[註16] 韋政通先生也認爲，「天生人成」是荀子「因思考

[註14] 〔清〕王先謙：《荀子集解》，中華書局，1988 年版，第 316 頁。
[註15] 同上書，第 309 頁。
[註16] 參見牟宗三《名家與荀子》，學生書局，1979 年，213～228 頁。

禮義的效用而發展出來的一套理論，是荀子哲學思想最富有創意的一個部分」。〔註17〕「天生人成」的思想，簡單地說，就是天生其「有」，人成其「道」，以後天之「道」來成就人天生之「有」。對於天生之自然人而言，需依於「道」才能進升爲價值意義層面的社會人。人爲天地間最尊貴者，這是荀子始終的基本信念。正如牟宗三先生所言，「天生人成」乃荀子思想的基本原則，其整個思想體系幾乎都是按照這一理論原則展開的。荀子言「天人之分」，是爲了突顯人在宇宙中之地位與價值——人應「不求知天」，把精力和責任主要轉向自身，對自己「負責」，表現出了深刻的人文關懷和價值追求。這正是荀子所處的戰國末期所亟需的理論訴求。「他關於『天』及相關問題的討論，並不是一種由認知興趣所引發的純粹的理論探討，而是基於當時的社會現實所必須做出的反應」。〔註18〕但我們也應該意識到，荀子的「明於天人之分」並非否定人對自然規律的認識與遵守，荀子在《天論》中就極爲強調「天」的合理性，以至於可能給人造成一種誤解，即認爲他對「天」持有兩種相反的態度：既堅持「天」的自然性，同時又相信其精神性。對此，我們有必要回顧荀子明言過的一個政治立場：「天治立君，以爲民也。」禮義道德是聖人爲天下生民的「大慮」；在此「大慮」中，聖人對宇宙自然的因循、遵守恰恰體現了其現實智慧和理性態度。

荀子視域中的人之目的並非來自哲學思辨，而是出於他對「天命」的個人化的感受，換句話說，是來源於他的儒家傳統的「天命感」印記。這種「天命感」決定了他必然會以內心所體驗到的「天命」作爲人的當然之道。此「天命感」並非玄虛神秘之物，並非是人必須遵循神意之天所傳達的誡命，而只是人的一種內在體驗。「而內在體驗其實同樣可以催生出一種類宗教的情感，並且更爲自由。就天命感而言，對『天』的理性認識是次要的問題，關鍵在於，人被一種高於——有時甚至只是地理位置上的高於——自己的存在激發而體悟到了人生的『眞諦』」。〔註19〕「人們能從中感受到他有相當強的思想能力以及高度的自信心。然而，儘管荀子的許多思想命題屬於『講求實際的心態』，但人們仍可以感受到，荀子對於作爲『神聖儀式』的『禮』具有飽含詩意的深情，以及對於那個時代的錯誤和腐敗的憤慨之情」。〔註20〕

〔註17〕韋政通：《中國思想史》，上海書店出版社，2003年，210頁。
〔註18〕陳文潔：《荀子的辯說》，華夏出版社，2008年版，第23頁。
〔註19〕同上書，第52頁。
〔註20〕〔美〕本傑明‧史華茲：《古代中國的思想世界》，程鋼譯，江蘇人民出版社，2004年，第301頁。

3.1.2 不求知天

應當說，荀子「明於天人之分」的思路是主張天人兩明的。「知天」與「知人」是相互關聯的，不僅對「人」，對「天」也要有一個「明」的認識，才談得上是眞正的「明於天人之分」。與強調人的積極有爲的觀點不同，在對待天的認知問題上，荀子採取的似乎是「不求知天」的態度：「不爲而成，不求而得，夫是之謂天職。如是者，雖深，其人不加慮焉；雖大，不加能焉；雖精，不加察焉，夫是之謂不與天爭職。……唯聖人爲不求知天。」〔註 21〕荀子承認天的不爲、不求之職能，但人卻無需對此進行考察思量，不必「與天爭職」，天地萬物的生成對人來說不見其事只見其功，既如此，則人的注意力應當放在自身之治上，做到「不求知天」。徐復觀說：「（荀子）不求知天，有兩方面的意義。一是指利用天所生的萬物，而不必去追求天係如何而生萬物。另一是天的功用，與人無關。不必由天的功用、現象，以求它對人有何指示，有何要求。人只站在人的現實上，盡自己應盡的職分，而不必在天那裏找什麼根據。」〔註 22〕，可見，「不求知天」這一思想所隱含的是「但求知人」的努力意識。「『不求知天』強調的，不是對暫時沒有能力認識的對象領域持什麼態度的問題，而是是否專注致力於根本上決定著社會人群禍福的主體自身作爲的問題。『不求』不一定意味著不能，而是說不應把主要精力浪費在用處意義不大的事情上」。〔註 23〕

事實上，荀子並不否認世界上確乎有諸多不因人之意志而變化的客觀因素的存在，「死生者，命也」，〔註 24〕但他也敏銳地看到，對於不可知的命運作出明確、恰當的解釋，是遠遠超乎人的能力範圍之外的。「楚王後車千乘，非知也；君子啜菽飲水，非愚也：是節然也」〔註 25〕，「君子博學深謀，不遇時者多矣」〔註 26〕。由此看來，荀子也已覺察到命運對於人生有一定的支配力，但即便是承認這一點，我們也同樣無法因對命運作出了一種解釋而改變命運，因而過分的關注只可能是「無用之辯」，對於主體的人生並無益處。從這個意義上說，荀子「不求知天」態度未必不是一種明智的抉擇。

〔註 21〕〔清〕王先謙：《荀子集解》，中華書局，1988 年版，第 408～409 頁。
〔註 22〕徐復觀：《中國人性論史先秦篇》，上海三聯書店，2001 年版，第 199 頁。
〔註 23〕韓德民：《荀子「制天命」說新解》，《中國文化研究》，1999 年冬之卷
〔註 24〕〔清〕王先謙：《荀子集解》，中華書局，1988 年版，第 527 頁。
〔註 25〕同上書，第 312 頁。
〔註 26〕同上書，第 527 頁。

我們應當看到，荀子所謂的「不求知天」並不能等同於現代的自然科學精神，雖然他否定了對天意的盲目迷信，但同時又肯定了某些宗教儀式存在的必要性。但若細究其中，我們就會發現他的這種態度，雖從天道出發，但卻落腳於人事。荀子對禮有這樣的論述：

> 禮者，謹於治生死者也。生，人之始也，死，人之終也，終始俱善，人道畢矣。故君子敬始而慎終，終始如一，是君子之道，禮義之文也。夫厚其生而薄其死，是敬其有知而慢其無知也，是姦人之道而倍叛之心也。君子以倍叛之心接臧穀，猶且羞之，而況以事其所隆親乎！故死之為道也，一而不可得再復也，臣之所以致重其君，子之所以致重其親，於是盡矣。〔註27〕（《荀子‧禮論》）

> 祭者，志意思慕之情也。……苟非聖人，莫之能知也。聖人明知之，士君子安行之，官人以為守，百姓以成俗。其在君子，以為人道也；其在百姓，以為鬼事也。〔註28〕（《荀子‧禮論》）

荀子認為，「死，人之終也」，人死之後是無知的。但君子敬始而慎終，禮儀是不可缺少的，只不過其內涵已經不再具有濃厚的宗教色彩，而是一種文飾，一種「臣之所以致重其君，子之所以致重其親」之情的表達。君子之所以「慎終」、「敬文」，是出於人道之需要，而不是為了事鬼神。「日月食而救之，天旱而雩，卜筮然後決大事，非以為求得也，以文之也。故君子以為文，百姓以為神。以為文則吉，以為神則凶」。〔註29〕日蝕、月蝕天昏地暗，民心驚慌，故鳴鼓以示救護。久旱不雨，民情惶急，故祈雨以安民心。遇事朝議紛紛，故卜筮以決之。這些舉措一方面是自古相傳的禮俗，另一方面是人文世界中可被許可的活動。故荀子並無反對之意，反倒認為這些舉動正是政事上的文飾，並非真的認為可以得其所求。子孫對祖先的思慕乃人之真情，儒家的祭祀之禮，亦是順此思慕之情而設計的禮儀，屬於人文活動之事，並無祈福消災之意，故荀子謂「其在君子，以為人道也」〔註30〕，正是此意。「非以為得求也，以文之也」一語，融通了實然界與應然界的對立，所表現出的正是理智的人文主義的精神。對此，荀子專門論證了禮之為文的重要性：「在天者莫

〔註27〕〔清〕王先謙：《荀子集解》，中華書局，1988 年版，第 358〜359 頁。
〔註28〕同上書，第 376 頁。
〔註29〕同上書，第 316 頁。
〔註30〕同上書，第 376 頁。

明於日月，在地者莫明於水火，在物者莫明於珠玉，在人者莫明於禮義。……故人之命在天，國之命在禮。君人者，隆禮尊賢而王，重法愛民而霸，好利多詐而危，權謀、傾覆、幽險而盡亡矣」。〔註31〕荀子將禮義與日月之光芒，水火之著明，珠玉之珍貴相類比，說明禮義於國於人之重要性。不求知天，是因爲天地之神妙，但我們可以知的，是天地大化規律之於人的啓示。由天道至人道，仍然是一以貫通的。在這個意義上，甚至可以說是「知天」的：

> 天職既立，天功既成，形具而神生，好惡、喜怒、哀樂臧焉，夫是之謂天情。耳目鼻口形能，各有接而不相能也，夫是之謂天官。心居中虛以治五官，夫是之謂天君。財非其，類以養其類，夫是之謂天養。順其類者謂之福，逆其類者謂之禍，夫是之謂天政。暗其天君，亂其天官，棄其天養，逆其天政，背其天情，以喪天功，夫是之謂大凶。聖人清其天君，正其天官，備其天養，順其天政，養其天情，以全其天功。如是，則知其所爲，知其所不爲矣；則天地官而萬物役矣。其行曲治，其養曲適，其生不傷，夫是之謂知天。〔註32〕（《荀子·天論》）

君子務本——「敬其在己者，不慕其在天者」，〔註33〕但這個本是建立在成就「天功」的基礎上的，即「清其天君，正其天官，備其天養，順其天政，養其天情」，這就叫「知其所爲」，人生而有情，是謂天情，有形，是謂天官，其心也被稱爲天君。按荀子所說，人原本就是自然的一部分，其與天地必然有其共通之處：「故天地生君子，君子理天地；君子者，天地之參也，萬物之摁也，民之父母也。無君子，則天地不理，禮義無統，上無君師，下無父子，夫是之謂至亂。君臣、父子、兄弟、夫婦，始則終，終則始，與天地同理，與萬世同久，夫是之謂大本。〔註34〕禮之大本乃「與天地同理，與萬世同久」，可見禮之地位在荀子那裏已經上升到與「天地始終」一樣的高度，作爲與天地一理的常道，「禮」也是君子在變幻莫測的命運與現實之間所應當堅守的最根本的道。這種思想，也是對儒家一貫正命思想的繼承與發展。

再回望子思、孟子所謂的「知天」，其本質離不開他們天人合德的立場。如

〔註31〕〔清〕王先謙：《荀子集解》，中華書局，1988年版，第316～317頁。
〔註32〕同上書，第309～310頁。
〔註33〕同上書，第312頁。
〔註34〕同上書，第163～164頁。

我們已知的，子思、孟子視域中的「天」是道德價值的本原之天，並把這種道德價值先天地賦予世人。只要人對天道善行有充足的自覺，能積極發掘擴充自身所固有的善端，並保持對天的敬畏，就可以成善成德，從而實現內在的人道與外在天道的合一，即達到「天人合一」的境界。荀子也承認人能夠成善成德，能夠在有生之年成爲一個道德修養完滿的聖人，但是荀子思想不同於思孟的關鍵就在於他認爲人之善德並不根源於天，天只是一種客觀的獨立存在，並不具有與人同情同感的精神或意志。人之德性的生成完全是靠後天人爲努力的結果。天與人的關係，可以歸結爲「養」和「用」的關係。「財非其類以養其類，夫是之謂天養」，「萬物同宇而異體，無宜而有用爲人，數也」。〔註35〕從生存的天地之間人應該學會的是順應其規律，以指導自己的言行，這樣既能使自己的欲望得到滿足，又能很好的把握萬事萬物，在荀子看來，這才是眞正的知天。「『天』除了在人的心靈中顯現以外，『客觀的』社會秩序——他們體現於『禮』和法律中——在某種程度上也深藏於『天』的秩序中：在形成人類秩序的時候，聖賢們並非隨心所欲地創造，他們所做的實際上只是使普遍的樣式顯現出來，這些樣式已經紮根於事物的終極本性中」。〔註36〕

由此可以看到，思孟在尋找道德的形上依據時，著重於從性與天道直接合一的角度出發，而荀子則側重於以天地、四時、日月等自然現象爲直接依據，從內在結構與規律的角度探討禮的形上根據。應當說，這一理論思路在荀子那裏還僅僅是一種思想萌芽，而在董仲舒那裏則得到了充分的發展。董仲舒以「天」爲世界萬物的本原，並吸收陰陽五行說作爲基本的理論範式，形成了一套以天爲終極依據，以天人同構爲基本原理，通過天的「象」、「數」即運行規律來論證道德秩序和政治制度的合理性與永恒性的龐大理論體系。從中我們可以看到他與荀子學說之間內在的理論淵源關係。

3.2 天人關係

荀子的所謂「明於天人之分」思想實際上並沒有過於著力於「分」，而是借天以說人，其目的是爲理想中的禮樂制度尋找形而上的根基及立足於現實社會的依據。「明於天人之分」的觀點在荀子哲學中是含有特定針對性的有限

〔註35〕〔清〕王先謙：《荀子集解》，中華書局，1988 年版，第 175 頁。

〔註36〕〔美〕本傑明・史華兹：《古代中國的思想世界》，程鋼譯，江蘇人民出版社，2004 年版，第 324 頁。

層次的觀念，不可在字面上求之過深。在荀子的語言範疇下，其天人關係的恰當概括或可謂之「參」——即「參」言「合」，這是建立在「參」的意義上的一種「天人合一」，或曰「天禮合一」，君子能參乎天地，這一點從宇宙觀的意義上也印證了荀子的儒家血脈。

3.2.1 天人相參

在天人關係上，雖然荀子明確地提出「天人之分」的論點，但我們不難發現，在談到與天相關的天象之後，荀子的落腳點總是在人事上。荀子言「天」時，多指自然之天，而天地間不以人的意志為轉移的自然規律即為「天道」。在荀子看來，天道與人道有著共同的原則——禮，正如本傑明・史華茲所言：

> 「禮」遠遠不止是一種服務於「社會功能」的設計……荀子明確地將「禮」與更大尺度的宇宙論樣式關聯了起來。「天地以合，日月以命，四時以序，星辰以行，江河以流，萬物以昌，好惡以節，喜怒以當」，在這裏，這個詞被提升到了既能統治宇宙秩序、又能統治人事秩序的秩序原則的地位。因而，當我們說聖人「製造了它」或「形成了它」的時候就會發現，他們實際上所做的只是使得符合這一目的——及時的個人有機體中出現的離心趨勢保持相互的和諧——的全部樣式明白顯現出來……在使得社會秩序得以生成的時候，古代聖人們所做的不是發明一套主觀的「禮」的體系，而是通過艱巨的反思過程來「發現」它。在某種意義上，「禮」是更大宇宙秩序的一部分，這樣的東西不僅僅來源於功利主義的設置，更不是任意的約定。〔註37〕

作為自然秩序的天道之禮和作為人之存在價值與社會原則的人道之禮是一致的，只是表現形態有所不同。「君臣、父子、兄弟、夫婦，始則終，終則始，與天地同理，與萬事同久，夫是之謂大本」。〔註38〕社會人倫「與天地同理」，理即禮也，「禮也者，理之不可易者也」。〔註39〕可見，荀子視域中的天地並非是與人絕對絕緣的純粹自然界。在荀子，作為人之存在價值與社會規範的

〔註37〕 〔美〕本傑明・史華茲：《古代中國的思想世界》，程鋼譯，江蘇人民出版社，2004 年，第 311 頁。

〔註38〕 〔清〕王先謙：《荀子集解》，中華書局，1988 年版，第 164 頁。

〔註39〕 同上書，第 382 頁。

「禮」超越了社會範圍而擴大為天地間的自然秩序，成為整個宇宙的普遍法則：

> 天地以合，日月以明，四時以序，星辰以行，江河以流，萬物以昌，好惡以節，喜怒以當，以為下則順，以為上則明，萬變不亂，貳之則喪也。禮豈不至矣哉！」〔註40〕

> 天地為大矣，不誠則不能化萬物；聖人為知矣，不誠則不能化萬民；父子為親矣，不誠則疏；君上為尊矣，不誠則卑。〔註41〕（《荀子·不苟》）

> 在天者莫明於日月，在地者莫明於水火，在物者莫明於珠玉，在人者莫明於禮義。〔註42〕（《荀子·天論》）

從荀子的這些論述中可以看出，在此類語境之下的「禮」體現的是從天地到人事的連續性。荀子的這種「禮——道」關係，在中國哲學的語言框架中時或也以「德——道」關係的方式出現。宋儒陳淳嘗云：「道是天地間本然之道，不是因人做工夫處論。德便是就人做工夫處論」〔註43〕。由此參之，荀子的禮以天地為本的問題，也即人道與天道關係問題。當然，我們也可以從中看到人事與天道並不是簡單相通的，只有經過為學積善後的道德修為，才能在境界上參與天地：「今使塗之人伏術為學，專心一志，思索孰察，加日懸久，積善而不息，則通於神明，參於天地矣」。〔註44〕人的價值根源即在於人得自於天的自然本性和人為努力的過程中。在這個意義上，荀子的天人又達到了某種程度上的統一。他以天地間的自然規律來類比論證人類社會「禮」的必然性和永恒性：「君臣、父子、兄弟、夫婦，始則終，終則始，與天地同理，與萬世同久，夫是之謂大本。」〔註45〕。君臣、父子、兄弟、夫婦之間的尊卑、上下關係與天地萬物的等級關係是同理的，因此與天地自然一樣是永恒的存在。荀子甚至很確切地認為，自然之天地是先王制禮的根本依據。比如在談及喪禮的「三年之喪」時，提出「至親以期斷」，即子女在為父母服喪時應以週年為期，因為「天地則已易矣，四時則已遍矣，其在宇中者莫不更始

〔註40〕〔清〕王先謙：《荀子集解》，中華書局，1988 年版，第 355 頁。

〔註41〕同上書，第 48 頁。

〔註42〕同上書，第 316 頁。

〔註43〕〔宋〕陳淳：《北溪字義》，中華書局，1983 版，第 43 頁。

〔註44〕〔清〕王先謙：《荀子集解》，中華書局，1988 年版，第 443 頁。

〔註45〕同上書，第 164 頁。

矣，故先王案以此象之也。」〔註46〕，在經歷了一年後，天地萬物已經周而復始地變化了一次，從而到達至一個新的起點，先王正是取象於此而定週年爲服喪之期，三年之喪則是爲了加倍顯示喪禮的隆重及親人的哀思。喪禮的制定「上取象於天，下取象於地，中取則於人，人所以群居和一之理盡矣」〔註47〕。三年之喪禮原則源於天地自然，但其本身體現的則是人文之至，「故三年之喪，人道之至文者也，夫是之謂至隆」。〔註48〕並且荀子還認爲樂的產生也與天地自然密切相關，樂是由先王聖人製作的，所效法的對象即是自然事物，所謂「鼓似天，鐘似地，磬似水，竽笙、簫和、筦籥似星辰日月，鞉、柷、拊、鞷、椌、楬似萬物。」。〔註49〕可見，在荀子的理論體系中，聖人制禮作樂是以自然現象爲直接依據的，而這些自然現象又恰恰是天道的反映。準此觀之，天道就成了禮樂的終極依據——荀子以天地自然的永恒規律映像、論證了人類社會「禮」的永恒性與必然性。

可見，「天」使社會秩序的禮有了自然依據，而社會秩序的禮又涵蓋了自然之天的性質，「禮」以其永恒性與至上性統一了社會秩序和自然秩序，因此可以說，自然原則和社會法則在內在精神上是相通的，它們都是合乎事物的本然性質的——社會人人盡其應盡之職，自然萬物得其應得之宜，這就是「群道當」。「群道當則萬物皆得其宜，六畜皆得其長，群生皆得其命。故養長時，則六畜育；殺生時，則草木殖；政令時，則百姓一，賢良服」〔註50〕，這就是荀子「人與天地參」觀念所達至的理想狀態。

不難看出，在人與天地的關係中，荀子對作爲道德主體的人的肯定與高揚上升到了存在論的高度：「性也者，吾所不能爲也，然而可化也。積也者，非吾所有也，然而可爲也……習俗移志，安久移質。並一而不二，則通於神明，參於天地矣」；〔註51〕「君子者，天地之參也，萬物之摠也，民之父母也〔註52〕；」「天有其時，地有其財，人有其治，夫是之謂能參」。〔註53〕從這些論述中可以看出，在人與天地關係的問題上，荀子反覆使用了「參」這一

〔註46〕〔清〕王先謙：《荀子集解》，中華書局，1988 年版，第 373 頁。
〔註47〕同上。
〔註48〕同上書，第 374 頁。
〔註49〕同上書，第 383～384 頁。
〔註50〕同上書，第 165 頁。
〔註51〕同上書，第 133～134 頁。
〔註52〕同上書，第 163 頁。
〔註53〕同上書，第 308 頁。

動詞。在通常情況下考察儒家天人關係時，由於孟子有天賦性善的觀念，而
被學界認可爲天人合德意義上的天人合一；與之相反，由於荀子「明於天人
之分」觀念的提出，有時學界會簡單的概括爲「天人相分」。我們這裏先擱置
孟子的天人觀，單看上述荀子這種天人觀的表述也明顯不是荀子的本意。「明
於天人之分」的觀點在荀子哲學中是含有特定針對性的有限層次的觀念，不
可在字面上求之過深。在荀子的語義範疇下，其天人關係的恰當概括或可謂
之「參」——即「參」言「合」，這是建立在「參」的意義上的一種「天人合
一」，君子能參乎天地，這一點從宇宙觀的意義上也印證了荀子的儒家血脈。
因而有學者說：「實際上，荀子在自然觀、社會歷史觀上強調天人之間的差別
和對立，而在道德觀、人生觀上卻主張天人相參、相合，從而走上了向孔孟
天人理論回歸之路」。〔註54〕

　　其實，在《中庸》裏已經有這種儒家「天人一體」宇宙觀的典型表達了。
《中庸》首章即論：「喜怒哀樂之未發，謂之中；發而皆中節，謂之和。中
也者，天下之大本也；和也者，天下之達道也。致中和，天地位焉，萬物育
焉」。〔註55〕從末句「致中和，天地位焉，萬物育焉」可以看出，人的「中」
「和」等道德修養律條被賦予了超倫理的意義，從而能夠參與到天地萬物的
化育流行之中，並最終達至「天地位」、「萬物育」的良性結果。人道與天道
有共通之處，「唯天下至誠，爲能盡其性；能盡其性，則能盡人之性；能盡
人之性，則能盡物之性；能盡物之性，則可以贊天地之化育；可以贊天地之
化育，則可以與天地參矣」。〔註56〕朱熹曾解釋說：「贊，猶助也。與天地參，
謂與天地並立而爲三也」。〔註57〕這種天地人並立爲三的說法很容易讓我
們想起《周易》的「三才說」，只不過後者表現出了更高的理論概括性：

　　　　昔者聖人之作易也，將以順性命之理，是以立天之道曰陰與陽，立地
　　　　之道曰柔與剛，立人之道曰仁與義，兼三才而兩之，故易六畫而成卦，
　　　　分陰分陽，迭用柔剛，故易六位而成章。〔註58〕（《周易·說卦》）

　　　　易之爲書也，廣大悉備。有天道焉，有人道焉，有地道焉，兼三材

〔註54〕惠吉星：《荀子與中國文化》，貴州人民出版社，1996年版，第84頁。
〔註55〕〔宋〕朱熹：《四書章句集注》，中華書局，1983年版，第18頁。
〔註56〕同上書，第32頁。
〔註57〕同上書，第33頁。
〔註58〕李學勤主編：《周易正義》，〔漢〕鄭玄注，〔唐〕賈公彥疏，北京大學出版社，
　　　　1999年版，第326頁。

而兩之，故六。六者非它也，三才之道也。〔註59〕《周易・繫辭下》
從思想發展的脈絡來看，可以說《周易》這種三才說的思想及表達方式都深刻地影響了荀子，並在荀子那裏得到了進一步的發展。在荀子那裏，作爲道德主體的人，其德性修養若累積到一定程度就可以達到與「天地」參的高度。止如上文已經提到的，這或許不僅僅是倫理學層面的意義，而已經涵蓋了存在論的意義——「君子者，天地之參也」，從這個表述看來顯然不止是爲了德性修養上的完滿，其透射的更是進一步對人之爲人，即主體存在本身的一種探求和確證。由此觀之，「人參於天地」這種宇宙觀模式使人的主體性及能動性得到充分的肯定，是人之自信心的一種高調彰顯。自然萬物與人不同類，但卻能夠爲人所用，這是人類才智的體現，也是事物的規律。由此觀之，荀子講人與天地參，特別強調人爲的努力以及實現功業成就的重要性，即「制天命而用之」。

可見，荀子的所謂「明於天人之分」思想實際上並沒有過於著力於「分」，而是借天以說人，其目的是爲理想中的禮樂制度尋找形而上的根基及立足於現實社會的依據。從這一點看，我們或可說荀子與孔子、思孟學派的思想在歸宿上是一致的。只是作爲戰國末期思想的集大成者，荀子的天道觀顯然汲取了先秦諸子百家思想的精華，對不同思想「去同取和」之後，在孔孟思想的基礎上，融合管仲學派、老莊甚至陰陽家的天道思想，最終提出了自己「明於天人之分」的天道觀念。在仔細的審慎理解之後，不難發現，這種建立在天人同構基礎上的天道觀，實際上是與儒家始終崇尚的「天人合一」思想是一脈相通的。

概言之，荀子以「明於天人之分」爲理論依據，確立了禮的獨立價值及其在現實倫理社會中的核心地位。但這並不意味著他將「天」、「人」看作互不關涉、截然對立的兩極。相反，荀子是明確肯定了天與人的相參、相合，並以「誠」來說明天道與人道的內在統一性：「天不言而人推高焉，地不言而人推厚焉，四時不言而百姓期焉。夫此有常，以至其誠者也。……天地爲大矣，不誠則不能化萬物；聖人爲知矣，不誠則不能化萬民；父子爲親矣，不誠則疏；君上爲尊矣，不誠則卑」。〔註60〕也就是說，作爲天地萬物存在變化

〔註59〕 李學勤主編：《周易正義》，〔漢〕鄭玄注，〔唐〕賈公彥疏，北京大學出版社，1999年版，第318頁。
〔註60〕 〔清〕王先謙：《荀子集解》，中華書局，1988年版，第46頁。

的一種內在的根本原則，「誠」同樣融貫於人類的倫理道德規範及社會政治制度中。而集中體現「誠」的根本精神，從而使天人之統一得以實現的，正是將人從自然萬物中提升出來的「禮」：「天地以合，日月以明，四時以序，星辰以行，江河以流，萬物以昌，好惡以節，喜怒以當，以爲下則順，以爲上則明，萬變不亂，貳之則喪也。禮豈不至矣哉！」〔註 61〕禮不僅是規範人之情感行爲，等級尊卑的基本準則，在更高的層面上也是天地宇宙生成變化的基本原則。就這樣，荀子完成了禮的形上學根源探尋，從而在一個更高的視角建構了禮的超越性和絕對性基礎。

3.2.2 天禮合一

在考察春秋時代的「禮」或「禮樂」時，我們也應該探求其宗教的、終極層面的根據。「對禮的起源的說明，爲禮這一富有時代內容的價值和規範提供了合理性的根據。禮不僅起源於社會生活本身的需要，不僅是調節個人與社會之間矛盾的中介，而且禮起源於天地之象，是調整人與自然矛盾的中介」。〔註 62〕從孔子到戰國末年的荀子，思想家們都不同程度的討論過「禮」的本源問題。《禮記・禮器》篇曰：「禮也者，反本修古，不忘其初者也」，〔註 63〕「禮也者，反其所自生；樂也者，樂其所自成」，〔註 64〕「樂也者，施也；禮也者，報也」。〔註 65〕楊向奎先生解釋說，這首先是對天、上帝、自然的敬禮與還報。〔註 66〕在《左傳・昭公二十五年》公孫吉引子產所言「夫禮，天之經也，地之義也，民之行也」中透漏的信息意在說明禮是天地之經義，又是人事之行則。以禮爲依歸，其本質上也就是以天地的秩序爲旨歸。一般談到「禮」時，我們很容易把它理解成禮儀、禮節，「但實際上春秋以來的儒家（如叔向、晏嬰）以至初期的法家（子產）都給予宇宙義。這一點是需要重新認識和加以抉發的」。〔註 67〕從「禮，經國家、定社稷、序民人、利

〔註 61〕〔清〕王先謙：《荀子集解》，中華書局，1988 年版，第 355 頁。
〔註 62〕惠吉星：《荀子與中國文化》，貴州人民出版社，1996 年版，第 84 頁。
〔註 63〕楊天宇：《禮記譯注》，上海古籍出版社，2004 年 7 月版，第 297 頁。
〔註 64〕同上書，第 299 頁。
〔註 65〕同上書，第 488 頁。
〔註 66〕楊向奎：《宗周社會與禮樂文明》，人民出版社，1992 年版，第 258 頁。
〔註 67〕《《春秋左傳》》中之「禮經」及重要禮論》，陳其泰等編《二十世紀中國禮研究論集》，北京學苑出版社，1998 年，第 472 頁。

後嗣者也」〔註68〕「禮，上下之紀，天地之經緯也，民之所以生也」〔註69〕
「禮以紀政，國之常也」〔註70〕等文獻記載看，禮與天確實有著密切的關係，
「通過《左傳》《國語》來看春秋二百四十二年的歷史，不難發現在此一時
代中，有個共同的理念，不僅範圍了人生，而且也範圍了宇宙；這既是禮」。
〔註71〕

　　作爲先秦儒家最後一位大儒，並且以「禮」爲其思想核心，荀子自然也
極爲重視對「禮」的終極層面的探尋，「荀子禮學內在蘊含著一個人與社會、
人與自然和諧統一的世界。在這一完整的屬人的世界裏，人保持了自我的內
在的同一性」。〔註72〕如我們所知，荀子以「天地」、「先祖」、「君師」爲禮之
「三本」。其中，以「先祖」、「君師」作爲禮之本，主要是從由孔子濫觴的儒
家人文主義的脈絡而言的，其蘊含的人文精神也比較容易爲人所理解，那麼，
以「天地」爲禮之本是否也包含這樣的人文意蘊呢？陳來先生對《左傳‧昭
公二十五年》所載「子大叔對趙簡子禮儀之辨」的評論或許能對這一問題提
供某些線索：「就同一性而言，『禮』是天、地、人的普遍法則，所謂天之經、
地之義、民之行。這是廣義的禮」。〔註73〕「從政治哲學的角度來看，子大叔
的這一套禮論，包含了自然法思想的意義，按照這種看法，人世社會的秩序
與原則「禮」來自更廣大的自然（天地）……這種『天禮合一』的思想，一
方面是思想家對人世之禮的一種訴諸天經地義的論證和支持，就中國古代而
言，這種思想的實際效果主要不是把天和人、自然和人爲對立起來，以自然
批判人爲，而是以自然支持人爲，故自然和人爲之間沒有緊張」。〔註74〕「以
自然支持人爲」，人「協和自然」，陳來所提到的這種「天禮合一」思想在荀
子那裏同樣得到了彰顯。將禮的本原歸之於天地，這就意味著荀子預設了人
與自然之間的內在相關性。「人之爲人的根本（道德）建立在自然（天性）基
礎上，禮義道德的產生是人的自然本能發展的需要和結果。這種思想既確認

〔註68〕〔清〕洪亮吉：《春秋左傳詁》，中華書局，1987 年版，第 206 頁。

〔註69〕同上書，第 766 頁。

〔註70〕徐元浩：《國語集解》，中華書局，2002 年版，第 328 頁。

〔註71〕徐復觀：《中國人性論史先秦篇》，上海三聯書店，2001 年版，第 41 頁。

〔註72〕惠吉星：《荀子與中國文化》，貴州人民出版社，1996 年版，第 51 頁。

〔註73〕陳來：《古代思想文化的世界——春秋時代的宗教、倫理與社會思想》，三聯
　　　　書店，2002 年版，第 190 頁。

〔註74〕陳來：《中國早期政治哲學的三個主題》，載《天津社會科學》，2007 年第 2
　　　　期，第 50 頁。

了人『最爲天下貴』的特殊地位，又不割裂人同自然界的聯繫」。〔註75〕「在
批判宗教神學和鬼神迷信思想時，荀子強調自然的物質性和自在性，否認天
對人類社會治亂興衰的影響，在談到社會規範和原則時，他則常常聯繫自然
來說明人道原則的普遍性和必然性。『誠』是自然與人類社會的共同原則和品
性，君臣、父子、兄弟、夫婦的這種尊卑上下關係和天地的關係是同樣的道
理」。〔註76〕在天地自然的啓發下，荀子探尋到了禮的形上學本源，由此建立
了禮的超越性和絕對性基礎。並且正是由於這種形上學的本源和超越性基
礎，「禮」才能逐漸發展成爲一種根深蒂固的文化：「荀子人文精神的理想，
建立了『禮義之統』的思想，以解決人生命存在的價值與意義等問題。……
因此，代表人文精神活動的禮，便必須『上事天，下事地』，一如『尊先祖，
隆君師』一般重要。本之所在，必知所報，荀子所主張的事天，乃爲祭天的
根本內在依據。」〔註77〕無論是如何明確地指出明於天人之分，荀子之「禮」
仍然與天有著密不可分的關聯。

　　當然，荀子並沒有爲了尋找「禮」的形上依據就將「天」的形象和作用
無限誇大。我們知道，「道」在荀子那裏是一個重要的認知對象。《荀子》中
言「道」凡 330 餘次，其中主要的涵義是作爲行爲主體倫理制度規範準則的
「禮義」。荀子以「天道」爲自然，此自然之天道依據永恒不變之規律化育萬
物，生生不息。在荀子那裏，天道之功用所表現出的陰陽大化、四時代御、
生滅榮枯不僅是一個事實問題，還具有相應的價值意義。天地萬物各得其所
的生長發展之過程本身就是天道至純至善、完滿自足的表現。這也是荀子時
或稱「天道」爲「神」的原因。順著天道純然至善的思路往下，則人應該對
天道「不加慮」、「不加察」，只要做到「清其天君」、「備其天養」、「順其天政」，
以「天道」來成就「人道」。換言之，荀子將「人道」與「天道」、「地道」相
對而論，旨在表明人無需把精力花在「天道」、「地道」的所以然上，「天道」、
「地道」之存在本質上只是爲「人道」的實現鋪設道路。「正因爲如此，也就
不再需要人格神的宗教，也不必要求超越感性時空去追求靈魂的永恒不朽。
永恒和不朽都在此感性的時空世界中。……中國哲學正是這樣在感性世界、
日常生活和人際關係中去尋求道德的本體、理性的把握和精神的超越。體用

〔註75〕惠吉星：《荀子與中國文化》，貴州人民出版社，1996 年版，第 85 頁。
〔註76〕同上書，第 49 頁。
〔註77〕周群振：《荀子思想研究》，文津出版社，1987 年版，第 161 頁。

不二、天人合一、情理交溶、主客同構，這就是中國的傳統精神，它即是所謂中國的智慧」。〔註 78〕

概言之，人類生存於其中的自然界並不是僵滯冷漠的、與人完全相悖的異己存在，它有著自身的規律並眞誠無妄地遵循這種秩序性的規律，處於其中的人類被這種永恒的秩序啓迪和召喚著，當它被認知主體感悟之後便自然地轉化爲維持社會秩序的法則。因此可以說，在荀子那裏，「普遍的宇宙秩序是由天道和人道共同構成的，禮就是這樣的宇宙秩序的概括」。〔註 79〕「在荀子那裏，天並沒有爲我們提供過任何與生俱來的向善秉性，卻提供了『天的心靈』，它擁有理解人類生存條件的思想能力。這一理解能力甚至使得少數人有可能去實現他們的理性能力，並把這些能力既運用於他們的自我轉變，又運用於進一步的社會改造任務之中。如果沒有這樣一種能在自身中實現『禮儀精神』的先鋒隊，『禮』的轉化性能力就永遠也不會在整個社會中發揮應有的作用」。〔註 80〕

〔註 78〕 李澤厚：《中國古代思想史論》，人民出版社，1985 年版，第 310～311 頁。
〔註 79〕 惠吉星：《荀子與中國文化》，貴州人民出版社，1996 年版，第 50 頁。
〔註 80〕 〔美〕本傑明・史華兹：《古代中國的思想世界》，程鋼譯，江蘇人民出版社，2004 年版，第 308 頁。

第 4 章　人無禮不生，事無禮不成

　　近年來，對荀子思想的研究在國內外都得到了一定的重視。但這種研究過多地集中於荀子思想在政治及社會方面的影響，而對荀子以道德人格爲核心關懷的修身哲學則鮮有給予足夠的重視者，似乎談荀子即言「隆禮重法」、「王霸君道」。視域所及，習慣上只重視其思想中顯性的社會層面，而缺少一種立足於其思想深處之道德哲學本位進行研究的意識與情懷。中肯地講，荀子思想確實以其氣勢磅礴的現實性和功用性而在儒家思想中獨樹一幟，但我們也應該看到，荀子的這種對於現實社會功績的推崇和權勢的肯定是建立在個體人格的道德成就基礎上的──並且這一基礎非常關鍵──不能「成人」，則一切功績偉業也無從談起。用荀子的話說，不能「修己」，何談「治人」？正如余英時先生所指出的，「儒學具有修己和治人的兩個方面，而這兩方面更是無法截然分開的」〔註1〕。

4.1 禮者，所以正身也

　　在儒家的價值體系中，人之個體正是在日用人倫中，通過自身父親、兒子、丈夫、朋友、學生等位置的塑造而逐漸成就自己完滿的德性人格的，日常人倫之外，再無一個獨立的道德領域。同樣，回到荀子這裏，作爲顯性意義上確定社會差別與名分的「禮」，同時也具有道德價值關懷的積極意義之層面。質言之，一個人依循禮的規範和要求，履行自身相應角色之責任的過程，同時也即是在道德上自我完善的過程。

〔註1〕 余英時：《儒家「君子」的理想》，見《現代儒學的回顧與展望》，三聯書店，2004年版，第271頁。

4.1.1 禮者德之用

楊向奎先生曾說，周公開始以德代禮，是第一次對於禮的加工改造，孔子以仁結合禮，是第二次的改造，荀子也可以說繼承了這種傳統。「學至乎禮而止」是「道德之極」，是把禮與德聯繫起來。禮是統率人群的尺度，當然也是道德的準繩。人們能夠掌握這種尺度，便有絕對權威，是功能方面的權威，也是道德方面的權威，「以善至者待之以禮，以不善至者待之以刑」。〔註2〕

曾有學者指出，荀子的道德意識絕不亞於孟子。〔註3〕只是二者切入道德的角度有所不同。儘管在道德價值的實現路徑中都強調「善」，但荀子視域中的「善」與孟子之善還是有著明顯的不同。在孟子那裏，「善」更多地體現的是一種「獨善」，它作為德性之品格，先天的具設於主體自身之中，因而，通過一己的內省與擴充即可呈現和完成一個充分完滿的人格；而在荀子這裏，「善」卻是一種連接個體之間的關係範疇，是在「禮」之規範的內在及外在約束下所達成的一種群體和諧共處的狀態，即所謂：「凡古今天下之所謂善者，正理平治也；所謂惡者，偏險悖亂也，是善惡之分也已」。〔註4〕孟子的「境界之善」依賴於本心良知的發用流行，而荀子的「秩序之善」則是在禮法制度之規範與約束下的「群善」。當然，「荀、孟都站在儒家的立場把握道德評判標準，都認為道德是善的。」〔註5〕

如果說孟子側重於提倡培養人之自我意識，從而取得主體性地位的話，荀子則顯然更側重於「經過思慮而發揮人的能動作用」；通過對自身本有之欲望的時刻自覺警醒，以啟發人們不斷地改造和發展主體能動性，從而促使道德意識的萌發。〔註6〕應該看到，荀子的這種道德意識更偏重於客觀的「文化」層面，「如果『道德』側重人格德行與價值理想，意境高，內涵深，則『文化』指一種素質較高的生活方式，它要求在態度與行為方面體現道德、符合規範」〔註7〕。在日用倫常的現實生活中，為使行為主體的思想、意志逐漸達到更高

〔註2〕 楊向奎：《宗周社會與禮樂文明》，人民出版社，1992年版。

〔註3〕 赤冢忠：《荀子研究的若干問題》，佐藤將之、林明照合譯，收於《政治大學哲學學報》，2004年第11期。

〔註4〕 〔清〕王先謙：《荀子集解》，中華書局，1988年版，第439頁。

〔註5〕 方立天：《中國古代哲學》，《方立天文集》第5卷，中國人民大學出版社，2006年版，第317頁。

〔註6〕 王慶光：《荀子「化性起偽」淵源於孔子之研究》，第14頁。

〔註7〕 王慶光：《論晚周「因性法治」說興起及荀子「化性為善」說的回應》，臺灣大學哲學評論第34期，第106～107頁。

的道德境界，就必然要求生活習俗逐漸由低俗轉為高雅，從而引起言行舉止與氣質上的變化。荀子的「化性起僞」就是在此意義上論說的。如此，荀子應與孟子一樣，是孔子「人文思想」的有力接棒人。

在荀子那裏，出於其重「群」精神的理論性格特徵，他多從道德的社會功能角度來強調道德的價值。在荀子的哲學思想構架中，至少是在其敘述方式上，「道德」首先是作為一個功能性的概念而出現的，這一點我們可以從荀子對「禮」之起源的敘述上得到肯定：

> 禮起於何也？曰：人生而有欲，欲而不得，則不能無求，求而無度量分界，則不能不爭。爭則亂，亂則窮。先王惡其亂也，故制禮義以分之，以養人之欲，給人之求。使欲必不窮於物，物必不屈於欲。兩者相持而長，是禮之所起也。〔註8〕（《荀子・禮論》）

> 故人生不能無群，群而無分則爭，爭則亂，亂則離，離則弱，弱則不能勝物；故宮室不可得而居也，不可少頃舍禮義之謂也。能以事親謂之孝，能以事兄謂之弟，能以事上謂之順，能以使下謂之君。
> 〔註9〕（《荀子・王制》）

荀子這種「即群言禮」的思想，從倫理學的意義上，明顯折射出一種看待道德的社會學視角。這種道德觀似乎顯得有些與眾不同：「如果我們把倫理設想為具有這樣一種功能：以一種使得每個人目標和欲望都盡可能相容地得到實現之方式來調節我們的感覺和行為。那麼，我們可以說『禮』具有一種與眾不同的倫理的或者道德的功能」。〔註10〕簡言之，在荀子，與其道德遠景中的理想主義形成鮮明對比的是其建立在基本的社會狀態理解下的現實主義，而這種社會狀態正是其道德理想的起點。荀子顯然深諳「維齊非齊」的道理，出於對一種和諧有序的社會狀態之建立的需要，他作出了情理之中的推論——每一個行為個體都必須使自己的言行遵循一套客觀、權威之規範的制約，這種制約在自身的利欲與他人的利欲發生衝突的情境下顯得尤為必要。所以荀子反覆強調「人無禮則不生，事無禮則不成，國家無禮則不寧」，〔註11〕「禮

〔註8〕　〔清〕王先謙：《荀子集解》，中華書局，1988 年版，第 346 頁。

〔註9〕　同上書，第 164～165 頁。

〔註10〕　Antonio S. Cua：Human Nature, Ritual, and History－Studies in Xunzi and Chinese Philosophy, Washington, D.C.：THE CATHOLIC UNIVERSITY OF AMERICA PRESS.2005. p44.

〔註11〕　〔清〕王先謙：《荀子集解》，中華書局，1988 年版，第 23 頁。

者，所以正身也」，〔註 12〕「無禮，何以正身」，〔註 13〕透出了禮之價值的人文關懷意義。

就荀子的道德哲學思想而言，他與同時期的古希臘哲學家伊壁鳩魯著名的快樂論倫理思想有著相切合的層面。這個相切合的層面即道德的基本問題不是「要求於我的是什麼」，而是「我必須怎樣生活才能幸福」〔註 14〕。這種倫理思想基源於「趨樂避苦」是人的本性，而道德正是這種趨樂避苦的個人欲望衝突的產物。如若人倫生活毫無衝突，則各種道德及規範就會缺失其存在的必要性。換言之，道德並非最終目的，或可權且作爲實現欲望、利益的條件總和。但我們也萬萬不能簡單的認爲道德僅是一種手段，因爲手段具有極強的工具性，它可以爲了目的之實現而隨時變換其內容。在荀子，功利的長久、永恒實現必須建立在道德的層面。道德規定了人的功利自身之成就，是人的功利實現其自身的規律，因而它是唯一的，是不變的。邏輯上它先於功利，性質上它顯然也是比作爲目的的功利更爲本質和重要的東西。在荀子看來，「道德」身肩的責任不是讓人達到某種崇高的境界就戛然而止，其更現實的意義是建立一種「群居和一」的共同生活之秩序，以制約和引導相互間的衝突與鬥爭。也因此，道德意識的確立並不是源自對人之本有內在德性的自覺與體認，而是來自於對「禮」之道德及其規範的認知，這種「禮」正是恰當的實現主體自然欲望的規律性及必然性。如荀子所言，道德意識的這一確立過程是沿著一條確然進路完成的：「知道」——「然後可道」——「可道然後能守道以禁非道」。〔註 15〕

就人的普遍倫理生活而言，毋庸置疑，無涉功利的道德是必要的，但又不是充分必要的。基於人之與生俱來的生理需求之滿足乃是其生命存在與發展的基礎，在道德原則上，如若一味要求功利的完全捨棄，只全然踐行高遠無欲的道德本心，顯然是不合情理的，因而從現實的角度講也是不可能的。以此推論，對於行爲主體而言，最基本、最常態、最合理的道德應該是基於如何調節、引導主體自身及主體之間正常的欲望及利益。「廣而言之，社會的凝聚和秩序的維繫需要一般的規範，行爲要達到最低限度的正當性，也離不

〔註 12〕 〔清〕王先謙：《荀子集解》，中華書局，1988 年版，第 33 頁。
〔註 13〕 同上。
〔註 14〕 石里克：《倫理學問題》，商務印書館，1997 年版，第 77 頁。
〔註 15〕 〔清〕王先謙：《荀子集解》，中華書局，1988 年版，第 395 頁。

開普遍的當然之則。一般的規範既對行爲具有普遍的範導意義，又爲行爲的評價提供了基本的準則，它在道德實踐中往往更接近可操作的層面，因而有其不可忽視的意義」。〔註16〕在現實生活中，我們經常面臨這樣的境遇：在滿足自身正當欲求的同時，並不會損害他人的利益，因而不必因尊重他人利益而舍己無欲。即使在精神上沒有達到崇高的終極境界，在現實行爲中卻能夠因遵循「群居」的原則和規範而「和一」，達到真正的、可以共享的和諧。而這，也正是荀子所言說的道德內涵——雖然確證主觀上的「由仁義行」，但在客觀上合道德的「行仁義」卻在真實地體現著應有的價值。

　　如此看來，在荀子那裏，道德從根本意義上非但不與功利對立，相反，從某種意義上道德是因功利而存在。道德不是虛幻的、縹緲的境界要求，它是日用人倫真正合規律的發展的必要保證，「道德要有明顯的社會效力，不能只是抽象的原則，必須使其變爲明確具體的行爲準則」。〔註17〕故荀子曰：「禮者，養也」，「禮者，人道之極也。」道德是「養人之欲，給人之求」〔註18〕。經道德給養的欲求既可滿足人之本然需求，又不會妨害「類」、「群」之共同生活秩序。總之，在荀子看來，道德的作用和目的就是要建立起一種「正理平治」的群居秩序，從而保證在這種正當恰切的秩序中和諧地實現行爲主體各行其事、各得其宜的功利需求。

4.1.2 修身之禮

　　就儒家而言，「修己」與「治人」是其價值關懷的兩個主要方向，〔註19〕「好的社會秩序不僅由聖人宣告誕生。如果說它還要依靠『禮義』，就必須繼續依賴於精英的品質，因爲『禮』是這樣的一種法律，只有當人們能在自身的生活中使其實現，才能使其在社會中得到實現」。〔註20〕《論語・憲問》中孔子答子路「君子」之問即是一處絕好的體現：

〔註16〕 楊國榮：《德性與規範》，《思想・理論・教育》，2001 年，第 9 期。

〔註17〕 苑媛：《道德與制度結合的內在基礎》，《學習與探索》，2000 年，第 2 期。

〔註18〕 〔清〕王先謙：《荀子集解》，中華書局，1988 年版，第 346 頁。

〔註19〕 只是在不同的歷史發展階段，或在不同的思想家那裏，對這兩個方面有著不同的側重與發揮，從而呈現出不同的理論特色與路徑，但這種不同的側重也只是相對意義上的。

〔註20〕 〔美〕本傑明・史華茲：《古代中國的思想世界》，程鋼譯，江蘇人民出版社，2004 年，第 306 頁。

> 子路問君子。子曰：「修己以敬。」曰：「如斯而已乎？」曰：「修己
> 以安人。」曰：「如斯而已乎？」曰：「修己以安百姓。修己以安百
> 姓，堯舜其猶病諸？」〔註21〕

從這一段問答中我們可以管窺儒家一向價值關懷的基本精神，個體道德人格
之完善（修己）與社會政治責任之擔當（治人）是其價值關懷中彼此相連的
兩個層面。梁任公有言：「質言之，則儒家舍人生哲學外無哲學，舍人格主義
外無人生哲學也。」〔註22〕落實荀子這裏，則如馮友蘭先生所指出的：「荀子
的哲學，可以說是教養的哲學。」〔註23〕綜觀長期以來的荀學研究，我們不
得不承認一直存在著這樣一種偏頗：學界更多地是把注意力放置於從政治哲
學、社會哲學之角度展開的闡釋，對於荀子以德性人格為中心關切的修身哲
學則沒有給予足夠的重視，套用荀子本人的話說，即有見於其「治人」，無見
於其「修己」；抑或曰蔽於其「治人」，而不知其「修己」，沒有形成一種從道
德哲學意義切入的荀子研究之意識情懷。當然，這也是由於荀子哲學的自身
特點所決定的，正如李澤厚先生所說：

> 同樣是所謂「修身」，與孟子大講「仁義」偏重內在心理的發掘不同，
> 荀子重新強調了外在規範的約束。『禮』本來就是一種外在的規定、
> 約束和要求，……孔孟荀的共同處是，充分注意了作為群體的人類
> 社會的秩序規範（外）與作為個體人性的主觀心理結構（內）相互
> 適應這個重大問題，也即是所謂人性論問題。他們的差異處是，孔
> 子只提出仁學的文化心理結構，孟子發展了這個結構中的心理和個
> 體人格價值的方面，它由內而外。荀子則強調發揮了治國平天下的
> 群體秩序規範的方面，亦即強調闡解「禮」作為準繩尺度的方面，
> 它由外而內。〔註24〕

荀子的這種以「禮」為準繩，由外而內的修身之道是適應當時的社會歷史現
實的，禮雖由外開始，但最終是要落實到內心的。在荀子看來，「禮」引導著
人們恰當地表達內心之情感。他曾指出，文飾與粗惡、聲樂與哭泣、恬愉與
憂戚在一般情況下是相互對立的，但「禮」能夠依據不同的情境對其交替採

〔註21〕〔宋〕朱熹：《四書章句集注》，中華書局，1983年版，第159頁。
〔註22〕梁啟超：《先秦政治思想史》，東方出版社，1996年版，第84頁。
〔註23〕馮友蘭：《中國哲學簡史》，北京大學出版社，1985年版，第172頁。
〔註24〕李澤厚：《中國思想史論》，天津社會科學院出版社，2004年版，第100頁。

用，以文飾、聲樂、恬愉表達歡樂、吉祥的感情和氛圍，以粗惡、哭泣、憂戚營造悲傷、淒慘的心情與境遇：

> 故說豫婉澤，憂戚萃惡，是吉凶憂愉之情發於顏色者也。歌謠謷笑、哭泣諦號，是吉凶憂愉之情發於聲音者也。芻豢、稻粱、酒醴，飯豢、魚肉、菽藿、酒漿，是吉凶憂愉之情發於食飲者也。卑絻、黼黻、文織，資麤、衰絰、菲繐、菅屨，是吉凶憂愉之情發於衣服者也。疏房、檖貌、越席、床笫、几筵，屬茨、倚廬、席薪、枕塊，是吉凶憂愉之情發於居處者也。兩情者，人生固有端焉。若夫斷之繼之，博之淺之，益之損之，類之盡之，盛之美之，使本末終始莫不順比，足以爲萬世則，則是禮也。〔註25〕（《荀子·禮論》）

吉、凶、憂、愉是人生固有的欲望情感，這些欲望情感由內心而外發，就需要通過人之表情、聲音、飲食甚至服飾來傳達。表情的喜悅潤澤抑或悲戚憔悴，聲音的歡歌笑語抑或哭泣哀啼，飲食的豐盛精純抑或菲薄粗糙，衣服的錦繡華美抑或粗劣襤褸，連及居室的卓越舒適抑或鄙陋局促，都是人們表達吉、凶、憂、愉之情的方式和手段。若沒有「禮」對種種情境的規定，人們便不能恰當的表達內心的不同情感。又如對於祭祀之禮，荀子也是從人情的角度給與了恰當的解釋，正如陳來先生所說：「禮之人情說，從荀子對喪祭之禮的解釋來看，表示喪祭之禮的隆重安排與其說是對鬼魂世界的敬畏，不如說是爲了滿足生人對死人的感情，表達生人對生活的珍視，是生人面對死亡時的一種感情的表達方式」〔註26〕。喪禮和祭禮的外在儀式之表現，正是爲了表達參禮之人的感情。「因此，對精英和上層智識階層來說，禮制中保留的宗教性內容，不過是發揚『人道』的一種體現。……西周的禮樂文化的整體功能指向是人間性的秩序，而不是超世間的賜福」。〔註27〕所以說，無論禮的表現形式如何，其本質都是對人之喜悲、敬慕等情感的一種抒發。

　　「禮」既是情感之表達的保證，同時這一過程又是對人之欲望的合理節制。人的本性要求人之內心情感需要表達出來，但置身於群體中的個體之情感的表達則需有一定的節制，而不能唯順本性，放任自流。「故其立文飾也，不至於窕

〔註25〕〔清〕王先謙：《荀子集解》，中華書局，1988 年版，第 364～366 頁。
〔註26〕陳來：《古代宗教與倫理——儒家思想的根源》，生活·讀書·新知三聯書店，1996 年 3 月版，第 271 頁。
〔註27〕同上書，第 272 頁。

冶；其立粗惡也，不至於瘠棄；其立聲樂恬愉也，不至於流淫惰慢；其立哭泣哀戚也，不至於隘懾傷生，是禮之中流也」。〔註28〕荀子還依據情感的不同程度制定相應的禮節，情感愈深則禮節愈重，但再重的禮節終究會有一種節制，而這種節制正是情感最好表達的保證。他對喪禮的評價即可說明這一點：「創巨者其日久，痛甚者其愈遲。三年之喪，稱情而立文，所以爲至痛極也。齊衰、苴杖、居廬、食粥、席薪、枕塊、所以爲至痛飾也。三年之喪，二十五月而畢，哀痛未盡，思慕未忘，然而禮以是斷之者，豈不以送死有已，復生有節也哉！」〔註29〕失去親生父母乃人生最大之不幸，所以一定要用「三年之喪」來表達哀思之情，非「三年之喪」就不足以表達與父母的這份情感。但三年理應而止，這並不意味著三年之後哀思之情即不存在，而是因爲再繼續沉痛哀思就會影響到生者之身心，這就是不合「禮」的了。多麼深厚的情感也要適可而止。喜怒哀樂是對內心情感的一種釋放，而「禮」可以讓人理性地使這種情感的釋放恰到好處的停留在無損身心的範圍內。對主體自身如此，對整個群體而言，「禮」同樣起著節制過度欲望的作用。對於多種階層並存的社會群體而言，荀子之「禮」規定了不同階層應當享受的不同物質待遇，通過這種物質待遇上的差異彰顯其長幼之序，貴賤之別，從而限制群體之原本無止境的欲望，而這種欲望之全體必然超過自然界的負荷。所以荀子說：

> 埶位齊而欲惡同，物不澹則必爭，爭則必亂，亂則窮矣。先王惡其亂也，故制禮義以分之，使有貧富貴賤之等，是以相兼臨者，是養天下之本也。〔註30〕（《荀子·王制》）

> 故天子袾裷衣冕，諸侯玄裷衣冕，大夫裨冕，士皮弁服。德必稱位，位必稱祿，祿必稱用。〔註31〕（《荀子·富國》）

欲望最初產生於人的生理需要，但人的欲望並不僅限於最基本的生理需要，而是具有無限的開放性，「夫貴爲天子，富有天下，是人情之所同欲也」。同樣的欲望要求，對某一階層的人來說是合理的和必要的，對另一階層的人來說可能就是僭越。在荀子看來，肯定或否定人之欲望，與欲望本身的多寡無關，而關鍵在於其是否合理，合理的欲望雖多無害，不合理的欲望少而無益，

〔註28〕〔清〕王先謙：《荀子集解》，中華書局，1988 年版，第 364 頁。
〔註29〕同上書，第 372 頁。
〔註30〕同上書，第 152 頁。
〔註31〕同上書，第 178 頁。

「心之所可中理，則欲雖多，奚傷於治！欲不及而動過之，心使之也。心之所可失理，則欲雖寡，奚止於亂！故治亂在於心之所可，亡於情之所欲」。〔註32〕而欲望的合理與否，主要取決於在禮的層面上所規定的「名分」，這種以一個外在標準明確的社會性尺度之界分，使得各階層的人們各守其禮，以追求合理的欲望，就不會產生「越界」的非分之想，從而可以避免群體社會的爭奪混亂，達到和諧共處的理想狀態。如果不顧禮義，主體行為完全為欲望所掌控，則會適得其反，「故人苟生之為見，若者必死；苟利之為見，若者必害；苟怠惰愉儒之為安，若者必危；苟情說之為樂，若者必滅。故人一之於禮義，則兩得之矣；一之於情性，則兩喪之矣」。〔註33〕可見，若以禮義為本而追求欲望，則既遵守了禮義又節養了欲望，若以欲望為本而追求無節失範，則既失禮義又難實現欲望。總之，「禮」在恰當的滿足人的欲望的同時，又合理地對其進行限制和調節，通過外在之「禮」使人理性地克服了內在衝突，完成了人之自然屬性與道德屬性的統一，實現了人之為人的價值意義。

　　既然荀子之「禮」不是僅從提高少數貴族的個體修養之立場出發，而是為了達到一種更廣泛意義上的「群善」，則荀子「禮」之道德性的外在表現主要是指與倫理相關的規範，並且這一規範的實行標準適用於一切社會成員而非僅僅面向社會精英。荀子的禮「幾乎囊括了人們日常生活的各個方面，並且規定得細而又細」〔註34〕：「禮者，人主之所以為群臣寸尺尋丈檢式也。人倫盡矣」；〔註35〕「國無禮則不正。禮之所以正國也，譬之猶衡之於輕重也，猶繩墨之於曲直也，猶規矩之於方圓也，既錯之而人莫之能誣也」；〔註36〕「水行者表深，使人無陷；治民者表亂，使人無失。禮者，其表也，先王以禮表天下之亂。今廢禮者，是去表也，故民迷惑而陷禍患，此刑罰之所以繁也」；〔註37〕「程者，物之準也；禮者，節之準也。程以立數，禮以定倫」。〔註38〕由這些表述可見，荀子之「禮」是一種建立在人倫社會普遍層面上的規範，與孔子之「禮」相比，其適用性無疑更加寬泛。孔子時處禮崩樂壞的春秋末

〔註32〕〔清〕王先謙：《荀子集解》，中華書局，1988 年版，第 428 頁。
〔註33〕同上書，第 349 頁。
〔註34〕方爾加：《荀子新論》，中國和平出版社，1993 年版，第 143 頁。
〔註35〕〔清〕王先謙：《荀子集解》，中華書局，1988 年版，第 145～146 頁。
〔註36〕同上書，第 209～210 頁。
〔註37〕同上書，第 488 頁。
〔註38〕同上書，第 262 頁。

期，周朝原有權威之「禮」逐漸喪失其曾經的力量和作用，孔子用內心體認之「仁」來界說、規定「禮」的思想便應運而生，實際上是希望把復興「周禮」的重任直接交給氏族貴族的「君子」，依靠他們來承擔這一「歷史重任」，自覺、主動、積極地去完成這一至高無上的目標。孔子曾以「克己復禮」來界定「仁」，其「禮」體現的也是一種規範，是對「仁」的節度。但究其本質，依然是「仁」，也就是說，在孔子那裏，「禮」是以道德情感及道德心理為基礎的，是人心的內在要求。因之，「仁」在孔子思想中就獲得了層次上高於「禮」的地位。而在荀子，禮是由外而內的對人起到修身養性的作用，本身就是最高的道的自性奠立，無須借助「仁」等其它範疇來彰顯其自身的價值。無論是修身抑或治人，「禮」的功效是無可替代的。

荀子以「禮」為準繩，由外而內的修身之道是適應當時的社會歷史現實的。禮雖由外開始，但最終是要落實到內心的。在荀子看來，「禮」引導著人們恰當地表達內心之情感。並且，荀子之「禮」不是僅從提高少數貴族的個體修養之立場出發，而是為了達到一種更廣泛的「群善」。因而荀子「禮」之道德性的外在表現主要是指與倫理相關的規範，並且這一規範的實行標準適用於一切社會成員，而非僅僅面向社會精英，其目標是真正意義上的「群善」。

4.2 禮者，節之準也

倚賴於對當時社會狀況的深刻洞悉及對諸子思想的批判吸收，荀子最終形成了深化孔孟禮學的致思方向。荀子試圖從另外一個角度，即以理論的實際效用為進路對儒家的價值體系展開新的論證，相應地，他的關注點就必然放在整個社會群體上，來考慮理論的現實性、具體實施措施等問題。而對這些問題的一一解答，也正是荀子的理論特點之所在。荀子始終沿著這一進路繼承和發展儒家思想，對儒家思想從現實性上展開新的解釋和論證，其最終的良苦用心也是力圖使儒家的崇高價值理想能夠在現實倫理社會中得到體現和落實，而不再僅僅是少數君子聖人心中的理想境界而已。

4.2.1 應時而生之禮

從相關文獻中可以看出，孔孟的道德倫理學說主要定位於「德」的層面，而荀子的倫理思想則更關注於「倫」的層面。他並非是忽視個人修養問題，

在他的思想中也處處閃現德性、修養、理想之光，只是其所處的歷史時期及特定環境讓他看到整個社會倫理之和諧更爲切實和重要，於是其筆墨多著於規範、現實、實踐層面。

三代的歷史文化遺存，特別是西周社會禮制的建構對先秦儒家思想產生過重要的影響。西周初年，周公的制禮作樂奠定了周朝典章制度的規模基礎。作爲儒家的創始人，孔子畢其一生都以恢復莊嚴宏大的周禮爲己任。他說：「周監於二代，郁郁乎文哉！吾從周」。〔註39〕又說：「周之德，其可謂至德也已矣」。〔註40〕《中庸》亦有孔子類似的言論：「吾說夏禮，杞不足徵也；吾學殷禮，有宋存焉；吾學周禮，今用之，吾從周」。〔註41〕面對亂世，孔孟在三代歷史遺存的基礎上試圖挽救日漸衰微的禮樂，提出忠、孝、仁、義等道德觀念來充實、修正舊有的道德觀，並且主張舉賢才、重教化、愼刑法，薄賦斂等具有明顯歷史進步性的思想。然而，從孔子到孟子，儒家的道德發展進路基本上始終是朝向超功利的理想主義，他們所提倡、向往的政治方式是「德治」。孔孟的這種道德理想主義「通常對人的道德倫理境界提出相當高的要求，即要求人們對自己的心理與行爲有自覺的認識與反思，並且力圖通過這種本來只是歷史建構起來的倫理規範的自覺與倫理觀念的重視，在普遍認同的基礎上，不通過國家法制的強制性約束，便確立一種符合理想的社會秩序」。〔註42〕正如許紀霖先生所說：「先秦儒家所面臨的是由於社會大變革所帶來的禮崩樂壞的局面，孔孟上承周文教化，並通過自己的損益創造，把禮樂法規轉化爲人自覺的道德實踐，從而奠定了儒家內聖之學的基調」。〔註43〕但孔孟的這種提升人之內在道德心性的努力似乎並沒有挽救周禮岌岌可危的處境，到了荀子所處的戰國末期，情況更加嚴重，舊有的倫理秩序漸已土崩瓦解，生產力的發展帶來社會等級矛盾的激化，在一定意義上表現爲舊秩序的失範，導致政治野心膨脹，民眾唯利是圖的風氣大盛。顧炎武對這個時代也有精闢的描述：

春秋時，猶尊禮重信，而七國則絕不言禮與信矣；春秋時，猶宗周王，而七國則絕不言王矣；春秋時，猶嚴祭祀，重聘享，而七國則

〔註39〕〔宋〕朱熹：《四書章句集注》，中華書局，1983年版，第65頁。
〔註40〕同上書，第108頁。
〔註41〕同上書，第36頁。
〔註42〕葛兆光：《中國思想史》（第一卷），復旦大學出版社，2002年版，第164頁。
〔註43〕許紀霖編：《二十世紀中國思想史論》（下卷），東方出版中心，2000年版，第191頁。

> 無其事矣：春秋時，猶論宗姓氏族，而七國則無一言及之矣；春秋
> 時，猶宴會賦詩，而七國則不聞矣；春秋時，猶有赴告策書，而七
> 國則無有矣。邦無定交，士無定主，此皆變於一百三十三年之間。
> 史之闕文，而後人可以意推者也。不待始皇之併天下，而文武之道
> 盡矣。〔註44〕

這一描述全面、形象地說明了當時社會舊有的道德淪喪、倫理無序的混亂狀
況。無論是上層階級社會，還是下層普通民眾，對於原本備受推崇的道德觀
念變得極其淡漠，社會道德每況愈下，「利」成了人們行動的主要目的。而這
樣一個亂世也就成為荀子的倫理思想得以建立的社會前提。

為了重建對整個群體都具有約束力的規範體系，荀子表現出了對「禮」
之範疇的空前重視。例如對於最能體現個人修養論的「君子小人」，孔孟與荀
子都給予了界定與評價，但荀子的「君子小人」之辨顯然與孔孟有所不同，
荀子以「禮」為其衡量尺度而非「仁」：「然而不法禮，不足禮，謂之無方之
民；法禮足禮，謂之有方之士」。〔註45〕「今之人，化師法，積文學，道禮義
者為君子；縱性情，安恣睢，而違禮義者為小人」；〔註46〕「孰知夫出死要節
之所以養生也！孰知夫出費用之所以養財也！孰知夫恭敬辭讓之所以養安
也！孰知夫禮義文理之所以養情也！故人苟生之為見，若者必死；苟利之為
見，若者必害；苟怠惰偷儒之為安，若者必危；苟情說之為樂，若者必滅。
故人一之於禮義，則兩得之矣；一之於情性，則兩喪之矣。〔註47〕可見荀子
認為「道禮義者為君子」，「違禮義者為小人」。「禮」即規範，即倫理。衡量
「君子」、「小人」之別的尺度即倫理規範之禮。或者更通俗地說，是以基本
的人之為人的基本標準，即禮為衡量尺度。比起並不具備普遍性的高遠境界，
這種標準是可能、可行的，同時也是必要的。荀子在「君子小人」等問題上
凡此種種在更大範圍內符合大眾而非精英的看法，充分體現了其在價值取向
上的調整。這樣一種調整發端於荀子所處的特殊歷史時代和社會狀況。但我
們更應該看到的是，這直接源於荀子深刻而現實的思考。所謂現實，是指荀
子已經將道德價值的主體從上層貴族社會落實到社會的底層；所謂深刻，是

〔註44〕〔清〕黃汝成：《日知錄集釋》（卷13），上海古籍出版社，1985年版，第1005
～1006頁。
〔註45〕〔清〕王先謙：《荀子集解》，中華書局，1988年版，第354頁。
〔註46〕同上書，第435頁。
〔註47〕同上書，第348～349頁。

指荀子顯然已經清醒地意識到，只有「現實的」才是合理的、有價值的。相對於孤芳自賞的精英道德，大眾倫理的普遍性和深入性才能夠真正使「獨善」擴充為「群善」。

荀子重「禮」的道德倫理思想除了立足於當時的社會現實之外，還受到了同時期諸子如法家思想的影響。應該說，對於始終追求道德秩序與社會秩序一致的儒家而言，在道德與欲望之關係日趨緊張，甚至發展到極端化的戰國時代，如何以儒家之「禮」對抗法家之「法」，已成為擺在荀子等當時儒家學者面前的一個根本性的學理問題。相對孔孟的道德理想主義，法家的治世觀點在有效性和實用性上顯然更佔優勢。如我們所知，法家以重「法」而著稱於世，他們代表當時新興封建地主階級的利益，明確提出了「法治」思想，並進行了大膽的社會實踐。法家的這種治世主張在短時間內取得了較明顯的社會效果，因而得到當時諸侯國的認同，很多法家人物也為各諸侯國所重用。《史記‧孟子荀卿列傳》載：「當是之時，秦用商鞅，富國強兵；楚、魏用吳起，戰勝弱敵；齊威王、宣王用孫子、田忌之徒，而諸侯東面朝齊。天下方務於合縱連衡，以攻伐為賢。而孟軻乃述唐、虞、三代之德，是以所如者不合」。〔註48〕可見法家思想在當時社會中受重視的程度。

在荀子之前，儒法兩家代表了「德治」與「法治」兩種不同的治國理念。以孔孟為代表的儒家強調「德治」，注重內在心性修養；而商鞅、申不害為代表的法家則強調「法治」，外在的規範和懲戒是其主要手段，他們的思想幾乎達到完全對立的程度。荀子正是在這樣一個社會理論背景之下，透過對社會的獨到觀察及對諸子思想的批判吸收，從而形成了自己的治世思想。他把對過去的懷戀與向往埋在心底，站在新興地主階級的立場上，以積極、務實的態度從理論上設計未來的政治大一統方案。作為儒家，他繼承、改造了孔孟德治思想中的「禮」，突出了「禮」的客觀性、制度性，把「禮」上升為社會秩序、倫理規範的最高準則。「如果說孔子，尤其是孟子，主要是從內在精神追求的角度，通過創造性的發揮發展了本是作為歷史文化的禮，……那麼荀子則有所不同，他更重視的可以說是如何通過發展禮之作為外在社會規範結構的存在這個層面，來恢復禮的實踐操作功能」。〔註49〕另一方面，荀子並沒

〔註48〕〔漢〕司馬遷：《史記‧孟子荀卿列傳》，中華書局，1973 年版，第 3288～3289 頁。
〔註49〕韓德民：《荀子與儒家的社會理想》，齊魯書社，2001 年版，第 218～219 頁。

有完全排斥法家思想，他深刻地認識到了法治思想中蘊含的合理因素及現實
意義，進而將「法」的思想引入到自己的道德倫理思想體系之中，以保障其
對社會群體的道德倫理規範的設計在現實層面得以實現，而不僅僅停留於理
論當中，這一點在《荀子》的很多篇章中都有體現。

　　總言之，倚賴於對當時社會狀況的深刻洞悉及對諸子思想的批判吸收，
荀子最終形成了不同於前人的致思方向。他以孔門後學自居，但又勇於面對
當時儒家思想的問題，認爲一種正確的理論應該以現實爲基點，在現實的社
會倫理生活中得到檢驗。眞正合理的理論不應僅僅只局限於滿足純理論自身
的證明之中，使宏大的理想目標最終只淪爲一種單純的呼籲和召喚，而是應
該找到明確的外化途徑，通過具體的制度建構使其有效地體現出來，並最終
得以在現實層面落實。如他的屢遭非議的「性惡論」就是基於對當下社會現
實中的人進行觀察、思考、總結而得出的結論。因此，荀子試圖從另外一個
角度，即以理論的實際效用爲進路對儒家的價值體系展開新的論證，相應地，
他的關注點就必然放在整個社會群體上，來考慮理論的現實性、具體實施措
施等問題。而對這些問題的一一解答，也正是荀子的理論特點之所在。荀子
始終沿著這一進路繼承和發展儒家思想，對儒家思想從現實性上展開新的解
釋和論證，其最終的良苦用心也是力圖使儒家的崇高價值理想能夠在現實倫
理社會中得到體現和落實，而不再僅僅是少數君子聖人心中的理想境界而
已。雖然，荀子終其一生，也未能將這種理論的可能性轉化爲現實，但這至
少已經爲儒學自身的理論做好了基本的準備。兩漢以降，儒家學說取代黃老
法家思想，迅速融入到國家的意識形態之中，並敦促了所謂「儒法國家」的
出現。對於此，我們顯然可以上溯至荀子。

4.2.2　以禮定分

　　孔子，特別是孟子在對周禮傳統的繼承上，側重於「禮之爲禮」的內在
意識形態功能，並由此出發形成了「仁學」、「仁政」理論。荀子則不同，他
對於禮之傳統的繼承，側重於「禮之爲禮」的外在規範制度。在孟子的道德
倫理思想中，義務與要求呈現爲主要特徵。而在荀子那裏，欲望及其實現成
了其道德倫理思想的主要特徵。所以不同於孔孟多從主體內在的心性修養方
面，從精神追求的超越性意義上談禮，荀子更願意把目光投向於一種現實制
度意義上的禮。這種禮對於社會個體成員有著規範、約束的功效。在荀子這

種倫理觀念體系中，道德不再是目的，而是實現個人欲望和利益的條件、規律；道德的任務不再是達到某種崇高的境界——雖然客觀上「守禮」的行為主體會不斷向這種境界靠近——而是建立一種共同的生活秩序以避免可能的衝突和鬥爭。這種道德觀從表面上看起來似乎不如孔孟倡導之「道德」那麼崇高偉大，但顯然現實的人倫生活更為需要前者。因為將「禮之為禮」的重心放在主體的內在心性修養上，固然為身處亂世的生命提供了一種精神上的超越，但「克己復禮」的努力，如若僅落實在一己的內在心性上，就未免流於空疏與虛幻。或許是看到這種努力的弊端，荀子在孟子仁學之後，將主要的注意力轉移到社會人倫制度之層面，達到超越與實事皆具，這一努力使儒傢具有批判品格的理想主義精神在現實操作層面得到了極大的加強。

李澤厚在《中國古代思想史論》中有一段對於荀子的評價，對於揭示荀子與孔孟的差異以及歷史地位頗有見地：「孟子固然有其光輝的一面，但如果完全遵循孟子的路線發展下去，儒家很可能早已走進神秘主義和宗教裏去了。正是荀子強調人為，並以改造自然的性惡論與孟子追求先驗的性善論鮮明對立，才克服和沖淡了這種神秘方向；同時由於盡量吸取了墨家、道家、法家中冷靜理智和重實際經驗的歷史因素，使儒學的重人為、重社會的傳統得到了很大的擴充……正是這一觀念，為儒家由孔孟的道德論過渡到易庸的世界觀再到漢儒的宇宙論，提供了一個不可或缺的中間環節」。〔註 50〕在荀子那裏，「禮」體現的是一種基本的社會倫理道德觀念，其功能在於確定社會階級名分及各種協調人際關係。

如我們所知，荀子重「群」，社會關懷意識極為強烈。在荀子的視域中，人本質上是一種社會的存在，「禮」確定不同行為主體在社會中的名分，進而按「名」分配有限的自然社會資源，也即荀子所謂的「維齊非齊」〔註 51〕——通過合理的等差結構達致整個社會的和諧、有序。應該說，荀子這種體現在社會層面的道德論證顯明了力圖追求道德秩序與社會秩序，尤其是政治秩序相統一的儒家一貫傳統。在荀子這裏，禮義道德對於人倫生活之所以是必要的，其深刻的、本質的，原因在於它能夠確保人類不會因欲望的衝突而相互侵犯，從而使這一類群能夠擁有一種超出一般物種水平之上的更好的生活

〔註 50〕李澤厚：《中國古代思想史論》，人民出版社，1986 年版，第 120 頁。
〔註 51〕〔清〕王先謙：《荀子集解》，中華書局，1988 年版，第 152 頁。

狀態。「在道德行爲領域，荀子的標準術語是『禮義』，這一詞語的次序並非隨意爲之的。將『正確』的行爲『內化』到習慣中，是『禮』的規定」。〔註52〕在荀子看來，「禮」爲社會倫理和諧的保障提供了基本框架。「禮」的作用當然不僅僅在於引導和制約單個社會主體的自然本性，更爲重要地是，從更廣泛的社會角度看，它還是「群」得以「分」的根據。「分」然後个同的社會成員的基本責任義務得以確立，複雜的社會關係得以協調，社會衝突得以化解。「在他（荀子）看來，……禮的作用正在於通過『分』，來明確每個人的欲求分界，從而『養人之欲，給人之求』，使得人們的需求與資源的分配實現良性運作，以此建立一個合理的現實政治秩序」。〔註53〕

從人欲來講，「人生而有欲，欲而不得則不能無求，求而無度量分界則不能不爭，爭則亂，亂則窮。先王惡其亂，故制禮義以節之」。〔註54〕社會群體由天生具有不同的需要和利益的眾多個體組成，而人之本性是必然會對這些欲望有求，自然條件的限制使得不可能同時滿足所有人的欲望，因此如果不對不同階級群體的需要和欲望加以限制和界定，個體間及階級層級間的紛爭就必然難免。紛爭就會帶來社會的混亂無序。當這種混亂與無序超出了社會本身的承載力時，最終可能會帶來社會的崩潰甚至人類自身的毀滅。所以，「禮」的作用就凸顯出來：制定度量分界。在限制人超越部分的欲望時恰當地滿足各階層人的「份內」欲望，從而達到倫理社會的和諧安定。作爲一個社會，被動地強制限制社會成員的欲望對期待一個和諧社會的出現是遠遠不夠的，要想從根本上獲得一種井然有序的社會狀態，就必須建立起不同社會階層成員在道德倫理角度能夠理解和接受的、有「禮」可循的行爲規範和倫理制度。這樣才能真正有效地治理社會。「沒有倫理制度，就無法展示具體的、明確的、系統的道德要求，社會道德就會成爲抽象的存在，從而喪失其可操作性」。〔註55〕荀子深刻地意識到了這一點：「夫貴爲天子，富有天下，是人情之所同欲也；然則夫人之欲則執不能容，物不能贍也。故先王案爲之制禮義人分之，使有貴賤之等，長幼之差，智愚、能不能之分，皆使人載其事而各得人宜，然後使穀祿多少厚薄之稱。是

〔註52〕〔美〕本傑明・史華茲：《古代中國的思想世界》程鋼譯，江蘇人民出版社，2004年版，第305頁。

〔註53〕張路園：《「群分」視野下的「治道」──荀子政治哲學解讀》，《管子學刊》，2006年，第2期。

〔註54〕〔清〕王先謙：《荀子集解》，中華書局，1988年版，第152頁。

〔註55〕呂懷讓：《制度倫理與倫理制度》，《社會科學動態》，1999年版，第10期。

夫群居和一之道也」；〔註56〕「禮者，貴賤有等，長幼有差，貧富、輕重皆有稱
者也。」〔註57〕「禮」明確了不同階層的貴賤、長幼、貧富等，使整個倫理社
會確立起一種嚴格規範的等級秩序。這種等級制度要求處於倫埋社會中的成員
履行相應的職責和義務，以確保「禮」之作用的眞正發揮。荀子對不同社會角
色的行爲規范進行了詳細的梳理：

> 請問爲人君？曰：人禮分施，均遍而不偏。請問爲人臣？曰：人禮
> 待君，忠順而不懈。請問爲人父？曰：寬惠而有禮。請問爲人子。
> 曰：敬愛而致文。請問爲人兄？曰：慈愛而見友。請問爲人弟？曰：
> 敬詘而不苟。請問爲人夫？曰：致功而不流，致臨而有辨。請問爲
> 人妻。曰：夫有禮，則柔夫聽侍；夫無禮，則恐懼而自竦也。此道
> 也，偏立而亂，俱立而治，其足以稽矣。請問兼能之奈何？曰：審
> 之禮也。〔註58〕（《荀子‧君道》）

小至家庭中的父子、夫婦、兄弟的貴賤長幼之別，大到國家權力機構中君臣、
士大夫的權責等級之分，都由「禮」明確地規定出來，使行爲主體各行其責，
進而各得其宜。但即便強調社會整體的和諧有序，荀子也看到，在不同的社
會等級中，權力的上層對社會秩序仍然起著關鍵作用：「朝廷必將隆禮義而審
貴賤，若是，則士大夫莫不務節死制者矣；百官則將齊其制度，重其官秩，
若是，則百吏莫不畏法而遵繩矣；關市幾而不征，質律禁止而不偏」；〔註59〕
「禮樂則修，分義則明，舉錯則時，愛利則形。如是，百姓貴之如帝，高之
如天，親之如父母，畏之如神明」。〔註60〕在這裏，最高的權力機構「朝廷」
只要整飭禮樂，明確職分，措施得當，則士大夫就會守其節，百官就會齊制
度，百吏就會畏法而遵法，影響到百姓就會「貴之如帝，高之如天，親之如
父母，畏之如神明」。如此，處於社會中的每一階層的人都充分發揮了自己應
有的作用，進而實現了其相應的存在價值。在整體範圍內的社會之群也就在
個體的「各得其宜」中合理地構建了其穩定的秩序，齊家治國平天下的藍圖
因此得以展開。

〔註56〕〔清〕王先謙：《荀子集解》，中華書局，1988 年版，第 70～71 頁。
〔註57〕同上書，第 178 頁。
〔註58〕同上書，第 232～233 頁。
〔註59〕同上書，第 228 頁。
〔註60〕同上書，第 292 頁。

　　此外，我們還應看到，荀子以「禮」定「分」，將全體社會成員劃分為不同的等級，承擔相應的責任並享受固定的權力，等級之間的劃分嚴格有序，不得僭越，以確保良好的社會秩序不被擾亂。但這樣一來，社會等級就會變得保守僵死，而貌似井然有序的社會也會失去其應有的生機與活力，不利於社會的發展與長治久安。這當然不是荀子的初衷，因此在制定「禮」的度量分界時，荀子就已經使其涵蓋了更深的一層含義，即一旦言行合乎一定的「禮」，實際上便進入了與之相應的等級。「雖王公士大夫之子孫也，不能屬於禮義，則歸於庶人；雖庶人之子孫也，積文學，正身行，能屬於禮義，則歸之於卿相士大夫」。〔註61〕這是荀子思想的進步與敏銳之處。雖然「禮」本身有等差和多樣性，但對全體社會成員的衡量標準之「禮」卻有其穩定性與一致性，沒有任何偏袒，一視同仁，達到了當時的歷史社會條件下最大的公平與公正。公正首先涉及的是外在的社會聯繫，「禮」所蘊含的公正要求從外在層面上普遍地肯定人之為人的社會價值，荀子力圖通過禮的這種公正性而確保社會等級分界的合理性及最終的「群居和一」。

　　當然，我們應當看到，無論是修內性還是定外分，「禮」之所以能夠發揮出其修身治人的功效，本質都在於荀子「禮」的內在道德性。從邏輯上看，在道德內化為人之德性後，其價值已不再局限於具用性的層面，而道德本身恰恰成了道德的最終目的。這表現為如下的規律：隨著外在道德的不斷積纍於內，人的內在修養逐漸提升，「長遷而不返其初」，〔註62〕內在之德性逐步擴充，「若性命肌膚之不可易也」〔註63〕。如若必要，人即可為道德而獻身。在這個意義上荀子完全切合了孔子「志士仁人，無求生以害仁，有殺身以成仁」〔註64〕的道義論精神。因此，我們可以這樣說，荀子是從社會層面的功利主義出發，到人格的層面的道義論落腳，這是一種在道德論證的進路上從「知者利仁」到「仁者安仁」之轉換。正如倪德衛所說：「荀子為『採納』一種道義論的道德主張而提供了一種結果主義論辯。」〔註65〕

〔註61〕〔清〕王先謙：《荀子集解》，中華書局，1988 年版，第 148～149 頁。

〔註62〕同上書，第 48 頁。

〔註63〕同上書，第 540 頁。

〔註64〕〔宋〕朱熹：《四書章句集注》，中華書局，1983 年版，第 163 頁。

〔註65〕〔美〕倪德衛：《儒家之道——中國哲學之探討》，〔美〕萬白安編，周熾成譯，鳳凰出版傳媒集團，江蘇人民出版社，2006 年版，第 256 頁。

第 5 章　荀子的樂論思想

　　一直以來，學術界對於儒家樂論思想的研究，一般的思路都是將其置於禮學的框架之下，然後對其做一種附帶性的、補充性的討論。我們應該看到，儒家禮樂思想文化自身的特色決定了這種整體的處理確實具有其合理和必要的一面。然而，如果現在及將來所有的樂論思想研究都在這一進路下發展的話，就不能不說是一種缺憾了。在倫理學的視域中，如果說我們通常是在道德規範意義上討論儒家之「禮」的話，那麼在面對「樂」之研究時，我們更適於透過道德情感的角度加以討論。這裏，值得注意的是，道德規範與道德情感的關係不能簡單地理解爲一方統攝另一方。因而，對於儒家的禮樂關係給予充分的關注是必要的，正確的對待和處理禮樂關係顯然是更爲重要的。

5.1　樂者，樂也

　　春秋以降，儒家就一直秉承重視經典教育之傳統，可以說經典的學習和傳承過程本身就已經從側面反映了儒家學說的形態。而正是這種特質，一直深刻地影響著歷來的儒學研究形態。就早期的經典文獻而言，儒家文獻分爲《詩》、《書》、《禮》、《易》、《樂》、《春秋》等六經之學。後來，《樂經》亡佚。〔註 1〕總之，漢代尊儒術時，只是設立了另外五經的博士。與此相應的，儒家的這種經典傳承方式，也反映在以後直至現代的儒學思想研究中——有關「樂」的思想研究一直未能獲得應有的重視與高度。實際上，在荀子那裏，

〔註 1〕或者照學界的另一種說法，樂本無經。

樂就已經得到了很高的重視,《樂論》開篇就提出:「夫樂者、樂也,人情之所必不免也」。〔註2〕

5.1.1 樂之內涵

　　中華民族關於「樂」的思想傳統可謂源遠流長。「我們甚至可以這樣說,我國古代最早的文藝理論,主要是樂論,我國古代最早的美學思想,主要是音樂美學思想」。〔註3〕早期的樂論思想雖然沒有形成一定的思想體系,但從現存的古典文獻典籍來看,「樂」的思想已經滲透到政治、文化以及人倫日用的生活當中,其重要性甚至位於「教民治本」——近人劉師培曾言「古人以禮爲教民之本,列於六藝之首。豈知上古教民,六藝之中,樂最爲崇,因以樂教爲教民之本哉!」〔註4〕

　　夏、商時代的天命思想和神權壟斷,使「樂」成爲巫史溝通神靈的精神手段。「樂」之神秘和神聖性、不僅可從夏啓獻美女於天神,從而於天上得到了《九辯》和《九歌》兩部樂舞〔註5〕的傳說中略窺一斑,而且可從三代所有著名樂舞都同聖王、天神有精神聯繫中獲知,「樂」是崇高宗教意識中生命精神的體現。因此,先秦「樂」的最重要特徵有「唯樂不可以爲僞」〔註6〕的說法。因爲言詞可以飾僞違心,音聲難容造作矯情。樂產生於人心情感,發自於肺腑,「感於物而動」。故《樂記》云:「德者,性之端也。樂者,德之華也。金石絲竹,樂之器也。詩言其志也,歌詠其聲也,舞動其容也。三者本於心,然後樂器從之」。〔註7〕所以,「致樂,以治心者也」,〔註8〕「正教者皆始於音;音正而行正」。〔註9〕因而,先秦之「樂」作爲一種宗教文化藝術形態,不僅具有形而上學的哲學意義,而且其樂官、樂教更有一種支撐政教的社會功能,負著樂以載「道」之作用。這正如《樂記》謂:「先王之制禮樂也,非以極耳目口腹之欲也,將以教民平好惡,而反人道之政也」。〔註10〕

〔註2〕〔清〕王先謙:《荀子集解》,中華書局,1988年版,第379頁。
〔註3〕蔣孔陽:《先秦音樂美學思想論稿》,人民文學出版,1986年版,第3頁。
〔註4〕劉師培:《劉師培辛亥前文選》,三聯書店1998年版,第437頁。
〔註5〕袁珂:《山海經校譯》,上海古籍出版社,1985年版,大荒西經卷十六。
〔註6〕楊天宇:《禮記譯注》,上海古籍出版社,2004年7月版,第487頁。
〔註7〕同上書,第487頁。
〔註8〕〔漢〕司馬遷:《史記》,中華書局,2006年版,第130頁。
〔註9〕同上書,第134頁。
〔註10〕楊天宇:《禮記譯注》,上海古籍出版社,2004年7月版,第470頁。

到周代時，教育的目的逐漸明確，基本都以「冑子」爲對象，培養、提升他們的人格素養，以符合其貴族及領導者的身份。這時教育的內容大致以後世儒家所承襲的禮、樂、射、御、書、數之「六藝」爲主要內容。《史記·孔子世家》記載：「孔子以詩書禮樂教，弟子蓋三千焉，身通六藝者七十有二人」。〔註11〕清人阮元也指出：「師以德行教民，儒以六藝教民，分合同異，周初已然矣。數百年後，周禮在魯，儒術爲盛，孔子以王法作述，道與藝合，兼備師儒。顏曾所傳，以道兼藝。游夏之徒，以藝兼道」。〔註12〕孔子向來道藝並重，但實際早在周代的教育就已經重視德行、道藝的兼修，並且，周代的六藝教育已經表現出了明顯的以「道藝」育「德行」之傾向。因之，在早期「六藝」的教育中，各「藝」的地位及重要性實際上是有所不同的，清人俞正燮在論述上古貴族教育時，曾有「通檢三代以上書，樂之外，無所謂學」之說：

> 《論語》：「子之武城，聞絃歌之聲。……子游曰：『聞諸夫子：君子學道則愛人，小人學道則易使。』」所謂學道、絃歌、虞命教冑子，止屬其樂。周成均之教，大司成、小司成、樂胥皆主樂，《周官》大司樂、樂師、大胥、小胥皆主學。古人學有師，師名出於學。……子路曰：「何必讀書然後爲學？」古者背文爲頌，冬讀《書》，爲春頌夏馳地，亦讀樂書。《周語》召穆公云：「矇頌、瞽史教誨」。《檀弓》云：「大功廢業」，「大功頌」。通檢三代以上書，樂之外，無所謂學。《內則》學義，亦止如此；漢人所造《王制》《學記》，亦止如此。……然絃歌之道，六經之義，合是聖人告子游本義也。〔註13〕

俞正燮的這一看法，亦被後來的劉師培所承襲。後者曾以「禮」、「樂」對言，認爲上古教民之道，重樂教更甚於禮教，「六藝之中，樂爲最崇」，「固以樂教爲教民之本」。在周代的教育中，鄉學有「六德」、「六行」，小學有「三德」、「三行」，都與「樂語」、「樂舞」存在著甚爲緊密的聯繫，大學中亦有「樂德」之稱。由此觀之，俞、劉二氏所提及的周代「教冑子」於六藝中尤重樂教之論是有史料依據的。

根據一些學者的考證，先秦時代主要有三種音樂。〔註14〕一種是以《詩經·

〔註11〕〔漢〕司馬遷：《史記》，中華書局，2006 年版，第 329 頁。

〔註12〕轉引自劉伯驥：《六藝通論》，臺灣中華書局，1977 年版，第 22 頁。

〔註13〕俞正燮：《癸巳存稿》卷四，王先謙：《清經解續編》第 3 冊，上海書店，1988 年版，第 1360 頁。

〔註14〕三種音樂的提法參考了金尚理：《禮宜樂和的文化理想》，巴蜀書社。

國風》為代表的地方民間歌謠，此類音樂在相當廣泛的範圍內反映了社會生活
的各個方面，情感真摯，風格質樸。有所謂「饑者歌其食，勞者歌其事」的特
點，但還不能稱之為「樂」。二是與王道教化關係密切的廟堂音樂及士大夫階
級所享用的音樂，這類音樂以《詩經》中的《大雅》、《頌》等為代表。還有一
種可能是後起的被稱為新聲的俗樂，其特點是僅追求耳目聲色之娛。這三類音
樂中，第二類顯然是周代的正統音樂，也即儒家推崇的音樂，與周公「制禮作
樂」之「樂」最為接近。根據《禮記·樂記》及鄭玄的說法為：單出的音素稱
為「聲」，不同的聲連綴而成旋律，稱為「音」，音與舞相配合，才稱為「樂」。
〔註15〕由此可見，在西周至春秋時期的禮樂範疇中，「樂」通常是涵蓋了詩、
樂、舞的三位一體之藝術形態，而非僅局限於後世所理解的音樂之「樂」。唐
孔穎達對《禮記·經解》篇的正義中指出：「《詩》為樂章，《詩》、《樂》是一，
而教別者，若以聲音、干戚以教人，是《樂》教也；若以《詩》辭美刺、諷諭
以教人，是《詩》教也」。〔註16〕如果以「聲音」、「干戚」論樂教，則這裏與
「詩」相對的「樂」就是包含了「樂」、「舞」二者而言的。荀子論及「先王立
樂之術」時嘗云：「故聽其《雅》《頌》之聲，而志意得廣焉；執其干戚，習其
俯仰屈伸，而容貌得莊焉；行其綴兆，要其節奏，而行列得正焉，進退得齊焉」。
〔註17〕「《雅》《頌》之聲」，樂也；「執其干戚，習其俯仰屈伸」，「行其綴兆，
要其節奏」，舞也。郭沫若也說，「中國舊時的所謂樂，它的內容包含很廣。音
樂、詩歌、舞蹈，本是三位一體可不用說，繪畫、雕鏤、建築等造型美術也被
包含著」。〔註18〕可見，儒家話語系統中的「樂」及樂教之範疇是要遠遠大於
後世所理解的「樂」的。《禮記·樂記》亦嘗載：「故歌之為言也，長言之也。
說之，故言之；言之不足，故長言之；長言之不足，故嗟歎之；嗟歎之不足，
故不知手之舞之，足之蹈之也」。〔註19〕情之所至，則「不知手之舞之，足之
蹈之」。《樂記》的這種論述使我們可以體認到由「樂」及「舞」體現的是個體
情感之發生、表達的自然而然的過程，亦可說明周代樂教合詩、樂、舞三者為

〔註15〕鄭注：「宮、商、角、徵、羽、雜比曰音，單出曰聲」。「比音而樂音，及干戚
　　　　羽毛謂之樂。」見孫希旦《禮記集解》，中華書局，1989 年版，第 976 頁。
〔註16〕李學勤主編：《禮記正義》〔漢〕鄭玄注，〔唐〕孔穎達正義，北京大學出版社，
　　　　1999 年版，第 1369 頁。
〔註17〕〔清〕王先謙：《荀子集解》，中華書局，1988 年版，第 380 頁。
〔註18〕《公孫尼子與其音樂理論》，《沫若文集》十六卷，人民文學出版社，1962 年
　　　　版，186 頁。
〔註19〕楊天宇：《禮記譯注》，上海古籍出版社，2004 年 7 月版，第 508 頁。

一的特點有著人性論上的堅實依據，並非主觀、刻意之規定。因而，作爲一種背景性知識的瞭解，我們必須認識到這樣一點，即對周代的「樂」及樂教的理解與研究不應與現代語境中的「樂」完全對應起來。這對於儒家樂論思想的研究是非常必要且重要的認識前提，完全有理由引起我們充分的重視，唯有如此，我們對儒家樂教的理解和認知也才不會因時代的懸隔而太過失之於疏離、隔膜和誤解，並且，「樂」在很多時候都是與「禮」密切相關的，正如陳來先生所說：「樂本是樂舞、樂曲、樂歌的統稱。……『樂』的使用若不合規定，與儀式制度不合規定一樣，就要被批評爲『非禮』」。「古代中國文化的一大發明是以樂輔禮。中國古人早就意識到必須有一種方式緩解等級制度的內在緊張，這樣一種方式必須以與『禮』不同的特性來補充禮，必須是一種能夠增益親和關係的東西，他們認爲這個東西就是『樂』。這是中國文化自上古以來即有的一種辯證智慧的體現」。〔註20〕

　　簡單地說，樂教在當時被廣泛的重視，與周代的教育特性是密不可分的。「由於『樂感文化』所追求的『樂』並非動物式的自然產物，而是後天修養的某種成果。他作爲所謂人生最高境界，乃是教育的功效」。〔註21〕從文獻中可知，周代的教育可稱得上是一種人格教育——儘管與孔子之後的儒家意義上的人格教育含義還不盡相同。西周至春秋時，相對於禮，樂與德的關係似乎受到更多的關注與強調。《周語》載：「服物昭庸，採飾顯明，文章比象，周旋序順，容貌有崇，威儀有則，五味實氣，五色精心，五聲昭德，五義紀宜，飲食可饗，和同可觀，財用可嘉，則順而德建。古之善禮者，將焉用全焉？」〔註22〕這段文字提到了五味、五色、五聲、五義等，可見「古之善禮者」之「禮」是就廣義而言的，包括「五聲」之樂在內。《郭店楚簡‧語叢一》亦有所謂「禮生樂」的提法，認爲「樂」本於「禮」，生於「禮」〔註23〕，但樂與德之間有著更爲密切的聯繫，《禮記‧樂記》所言「樂者，所以象德也」〔註24〕。在廣義的禮之範疇下，相對於「五味」、「五色」、「五義」，「五聲昭德」的提法顯然更加突出了「樂」與「德」的內在關係。從儒家的思想發展

〔註20〕陳來：《古代宗教與倫理——儒家思想的根源》，生活‧讀書‧新知三聯書店，1996 年版，第 275～276 頁。

〔註21〕李澤厚：《中國古代思想史論》，人民出版社，1985 年版，第 312 頁。

〔註22〕徐元誥：《國語集解》，中華書局，2002 年版，第 61 頁。

〔註23〕李零：《郭店楚簡校讀記》，中國人民大學出版社，2007 年版，第 208 頁。

〔註24〕楊天宇：《禮記譯注》，上海古籍出版社，2004 年 7 月版，第 481 頁。

史看，這種「以樂昭德」的思想也深刻地影響了對後世儒家的德行論、禮樂論，《郭店楚簡・五行》對於道德修養的不同境界曾有金聲、玉音之喻：「〔君〕子之爲善也，有與始也，有與終也。君子之爲德也，〔有與始，有與〕終也。金聲而玉振之，有德者也。金聲，善也。玉音，聖也。善，人道也。德，天〔道也〕。唯有德者，然後能金聲而玉振之」。〔註25〕《五行》這種以「金聲」喻「善」，以「玉音」喻「聖」的講法，依據《禮記・樂記》中「樂者，所以象德也」來推論，即以樂象德。這種「以樂象德」的思維方式可以視爲「五聲昭德」思想的進一步發展。實際上，不止是《五行》時代，這種「以樂象德」的金玉之喻同樣也無獨有偶的出現在孟子思想中，後者曾以「聖之時者」、「集大成者」論孔子：「集大成也者，金聲而玉振之也。金聲也者，始條理也；玉振之也，終條理也。始條理者，智之事也，終條理者，聖之事也」。〔註26〕事實上，孔子本人也極爲重視樂的功用，徐復觀先生曾指出：「禮樂並重，並把樂安放在禮的上位，認定樂才是一個人人格完成的境界，這是孔子立教的宗旨」。〔註27〕

　　總的來說，從三代到荀子之前，「樂」的含義在變化中不斷豐富和發展。從宗教意識的體現到以樂昭德之思維，「樂」在中國古代哲學思維中的重要性逐漸得到彰顯。

5.1.2 樂的情感特質

　　在荀子看來，人類所有的社會理念及社會體制，幾乎都是圍繞著「人情」建構起來的，「人情」可以說是整個社會的基石，更是整個社會文化系統的核心。「故千人萬人之情，一人之情也」。〔註28〕在荀子所建立的整個理論體系中，禮以節情，樂以和情，美以娛情，「情」成爲社會成員之間，甚至是社會上下等級之間溝通的橋梁和渠道。

一、樂者，樂也，人情所必不免也

　　《樂論》開篇就提出：「夫樂者、樂也，人情之所必不免也。」在這裏，第一個「樂」，指的是音樂、樂舞的樂。第二個「樂」（音 le ﹀），則指人們快

〔註25〕李零：《郭店楚簡校讀記》，中國人民大學出版社，2007年版，第101頁。

〔註26〕〔宋〕朱熹：《四書章句集注》，中華書局，1983年版，第315頁。

〔註27〕徐復觀：《中國藝術精神》，春風文藝出版社，1987年版，第4頁。

〔註28〕〔清〕王先謙：《荀子集解》，中華書局，1988年版，第48頁。

樂、愉悅的內心情感。由此可見，音樂的產生是人們快樂情感的外在表現。「樂」
與「人情」的關係極爲密切，可以說，人之情感是樂得以產生的前提和基礎。
「『樂』在先秦時代有極寬泛的含義，既可以指一般的器樂曲調，又可以指歌
樂舞等綜合性的藝術活動，還特指配合力的歌舞音樂，進而還指由音樂藝術
而生的快樂之情」〔註29〕可見，荀子視域中的合乎禮義的「樂」，是一種「由
音樂藝術而生的快樂之情」。

　　《樂論》中的「情」有其特定的內涵。首先，情是一種關涉心性的特質，
是心性發於外的表達。「性者，天之就也；情者，性之質也；欲者，情之應也」，
〔註30〕「性之好、惡、喜、怒、哀、樂謂之情」。〔註31〕「文理、情用相爲內
外表裏，並行而雜，是禮之中流也」，〔註32〕文理是外表，情用是內裏，荀子
認爲制禮要「稱情而立文」〔註33〕，依據人的情性建立符合文之禮，因而「情」
在荀子那裏是備受重視的。另一方面，並非所有「情」之表達方式都是恰當
的，合乎情理的。如果不加以引導，「情」有可能失去控制，引起不應有的衝
突，從而造成社會的不穩定。這就需要對「情」進行適當的節制與調適，促
使其向理性的方向復歸。《樂論》說：「夫民有好惡之情而無喜怒之應則亂；
先王惡其亂也，故修其行，正其樂，而天下順焉」。〔註34〕在荀子看來，樂的
產生，是出於人性的必然，是人的情感欲望得以表達的正當需要，因而對「情」
應加以引導，而不能武斷的「絕情」。

　　荀子一方面肯定了音樂所具有的情感特質，同時也論述了「情」所具有
的重要社會地位。人之情感雖然只是內心世界的一種精神活動，但「千人萬
人之情，一人之情也」，因而它又具有普遍的社會性，人類現有的社會理念及
社會體制都是圍繞「人情」而建構起來的，它是整個社會政治及文化的基石。
因此，「樂」就不僅僅是人的心理情感的一種需求，從更深的層面上說，它還
具有重要的社會意義，這種社會意義就體現在對普遍的倫理道德意識的培養
上。徐復觀先生說：「道德之心，亦須由情欲的支持而始發生力量，所以道德

〔註29〕陳炎主編，廖群著：《中國審美文化史・先秦卷》，山東畫報出版社，2000 年
　　　　版，第 292 頁。
〔註30〕〔清〕王先謙：《荀子集解》，中華書局，1988 年版，第 428 頁。
〔註31〕同上書，第 312 頁。
〔註32〕同上書，第 357 頁。
〔註33〕同上書，第 372 頁。
〔註34〕同上書，第 381 頁。

本來就帶有一種情緒的性格在裏面」。〔註35〕總之，荀子的《樂論》思想極爲重視「情」，它認可了情感表達的合理性，認可了恰當的「情」在社會倫理道德中的重要地位，以及在維繫社會等級關係，保持社會凝聚力、親和力等方面的重要作用。

質言之，荀子以情論樂，繼承了前人的思想。郭店楚簡《性自命出》篇嘗云：「道始於情，情生於性。始者近情，終者近義。知情〔者能〕出之，知義者能入之」。〔註36〕「道始於情」之「道」者，也即「唯人道爲可道」之「人道」。就現實的倫理社會層面而言，「人道」以禮樂爲主要內容。《性自命出》極爲崇尚「至情」，「用情之至者，哀、樂爲甚」，「凡至樂必悲，哭亦悲，皆至情也。哀、樂，其性相近也，是故其心不遠」，〔註37〕《性自命出》還認爲只有情感自然眞實，「樂」才能眞正發揮其感化人心的作用。「凡聲其出於情也信，然後其入撥人心也厚」〔註38〕。心是眞誠無欺的，既求其心，貴矣。「凡學者求其心爲難，從其所爲，近得之矣，不如以樂之速也。雖能其事，不能其心，不貴。求其心有僞也，弗得之矣。人之不能以僞也，可知也」。〔註39〕與前人相比，荀子更是將樂的情感特質發揮到了極致。荀子的這一思想，對於其後的樂論思想史有著深遠的影響，直接奠定了漢代「詩言志」等藝術起源的傳統；而漢代成書的《樂記》在論述樂的產生時指出「情動於中，故形於聲」，也無疑是受到荀子樂論思想的啓發。陸機的《文賦》曾強調「詩緣情」，直指詩即是情感在文學上的表達。魏晉時劉韶的《文心雕龍・風骨》更是注重一「情」字，「夫音律所始，本於人聲音也」，並且強調情乃是「化感之本源」。荀子樂論思想的貢獻，由此可見一斑。

二、樂者，所以道樂也

在荀子，樂的情感特質是樂之教化作用得以實現的前提和理論依據。荀子指出「窮本極變，樂之情也」，樂乃「人情所必不免也」。人的情感離不開音樂的疏導，並且音樂又反過來感育教化人的感性，「夫聲樂之入人也深，其化人也速」〔註40〕。一方面，荀子看到了人之情感的感性層面，認爲「情」

〔註35〕徐復觀：《中國藝術精神》，上海三聯書店，2001年版，第17頁。
〔註36〕李零：《郭店楚簡校讀記》，中國人民大學出版社，2007年版，第136頁。
〔註37〕同上書，第137頁。
〔註38〕同上。
〔註39〕同上書，第138頁。
〔註40〕〔清〕王先謙：《荀子集解》，中華書局，1988年版，第380頁。

之自然如同耳目之好聲色的「性」之自然，從而對人的心理情感需求給予充分的重視。同時，在一定意義上，荀子又敏銳地看到了心智對於情感的節制引導作用，因而強調「以理節情」、「以理節欲」，並認為這才是樂之教化作用得以實現的正途。

在荀子看來，「樂」在表達「情」時應當「養情」，而不能一味地「順情」。「人不能無樂，樂則不能無形，形而不為道，則不能無亂。先王惡其亂也，故制雅頌之聲以道之」。〔註41〕對於人之自然情感的需要，應當予以滿足，但也決不能任其發展，否則就會出現「淫亂生而禮義文理亡焉」〔註42〕的後果。因此，必須以禮節情，以樂導情，「孰知夫禮義文理之所以養情也」〔註43〕，從而「感動人之善心」，以符合社會的普遍倫理規範。這實際上涉及的是社會教化的層面。「人不能無樂」的「樂」，是指人之快樂情感的需要，社會成員都有表達這種快樂情感的權利。並且這種情感需求只有表現於外，才能夠實現。但是，一旦外顯的情感不合於「道」，就會生亂，社會的穩定就會受到挑戰。所以要通過樂來「養情」，但並不是所有的樂都能起到這一積極作用。雅樂可以「感人」、「化人」，而「奸聲」則會害人心，亂人性。所以荀子認為，要想使「樂」真正發揮其「化性起偽」的作用，必須「制雅頌之聲以道之」，「導之以禮樂」，把人之自然的愉悅情感導向具有普遍意義的禮義之道。正如其所言：「樂者，樂也。君子樂得其道，小人樂得其欲。以道制欲，則樂而不亂；以欲忘道，則惑而不樂。故樂者所以道樂也」。〔註44〕這也與郭店楚簡中重視以禮樂「導」民的觀點是相通的，同時也是其「禮者，養也」觀點的反映。所以荀子強調要「導之以禮樂」，以「善民心」，「移風易俗」。因而最理想的狀態即「樂而不流」——既滿足了情感愉悅的需要，而又不至於流於淫亂。而這一目標的實現需要先王加以引導：「古者聖王以人之性惡，以為偏險而不正，悖亂而不治，是以為之起禮義，製法度，以矯飾人之情性而正之，以擾化人之情性而導之也」。〔註45〕可見，作為「情」之載體的「禮」、「樂」承擔著「養情」的重要功能，它能夠對人的自然情感加以適當的節制和引導，從而與「禮義文理」相融合協調，也即「修其行，正其樂，而天下順焉」，「先

〔註41〕〔清〕王先謙：《荀子集解》，中華書局，1988 年版，第 379 頁。
〔註42〕同上書，第 435 頁。
〔註43〕同上書，第 349 頁。
〔註44〕同上書，第 382 頁。
〔註45〕同上書，第 435 頁。

王導之以禮樂，而民和睦」。這樣，內在情感的需要及表達就上升為社會的感育教化，即通過「樂教」來陶冶人的性情，使本來的內在自然情感獲得普遍的社會倫理要求：「故樂行而志清，禮修而行成，耳目聰明，血氣和平，移風易俗，天下皆寧，美善相樂」。〔註 46〕在荀子看來，「先王之樂」最能發揮教化功能。

因此他積極提倡樂教，而堅決反對墨子的「非樂」主張。所謂的「美善相樂」，即審美需求與道德原則恰當的結合，從而達到「天下皆寧」的理想社會效果。荀子認為，作樂的根本原則是「合同」、「中和」，亦即和諧之原則。只有符合這一原則的「雅樂」、「正音」，才能既滿足個體的情感需要，又可以感化性情，進而實現社會的整體和諧。這在荀子看來，或許才是真正的快樂。

當然，荀子也看到，道德原則的生成並不能強加於人。要使這種禮樂之道最終轉化為人之內的情感體驗，還要經過心的認知過程，「故心不可以不知道」〔註 47〕，只有心認可了道，道才能真正發揮其應有的作用。在荀子看來，樂的好壞對人心的善惡會產生直接的影響，因此他很重視對「樂」的選擇。「性之好、惡、喜、怒、哀、樂，謂之情，情然而心為之擇謂之慮，心慮而能為之動，謂之偽」。〔註 48〕這一心抉擇的過程是充分發揮主觀能動性的自覺過程，要想辨別好惡善惡，主體必須通過心智的指引，運用心智思慮「習偽」，對於體現善的「禮義文理」加以認同和實踐。這樣，就實現了「化性起偽」、「積善成德」的過程，這一過程同時也是「樂得其道」的愉悅體驗。「無偽則性不能自美」〔註 49〕，由此可見，將人內心的自然情感，通過「心為之擇」的心理機制，引導其向禮義道德規範靠攏，最終實現個體情感和倫理道德的完美融合，這也是荀子對「樂」之積極意義的充分肯定。

綜而上所述，在荀子的樂論思想中，人之情感因素是樂得以產生的直接原因，而情感是人的自然之性的多種外在表現。其中快樂、愉悅是樂的本質特徵。在荀子看來，人類所有的社會理念及社會體制，幾乎都是圍繞著「人情」建構起來的，「人情」可以說是整個社會的基石，更是整個社會文化系統的核心。因此，「樂」就不僅僅是人的心理情感的一種需求，從更深的層面上

〔註 46〕〔清〕王先謙：《荀子集解》，中華書局，1988 年版，第 382 頁。
〔註 47〕同上書，第 394 頁。
〔註 48〕同上書，第 412 頁。
〔註 49〕同上書，第 366 頁。

說，它還具有重要的社會意義。總之，荀子的《樂論》思想極爲重視「情」，它認可了情感表達的合理性，認可了恰當的「情」在社會中倫理道德中的重要地位。這種情感與理性相統一的哲學思想，以及對樂的教育感化作用之闡述，深深地影響了之後的學術思想。

5.1.3 樂言是其和也

樂能夠「入人也深」，直接訴諸於人之內在的心性情感，能夠「化人也速」，自然地改變性情，移易氣質，化性起僞，使人外發的衝動願望得到合理的實現及疏導，從而符合社會倫理對個體成員的期許要求。因此，以「和」爲特點的樂感教育之必要性，很早就成爲思想家、政治家們探討的課題。以下《國語》所載州鴻的這段話可以代表春秋時人的普遍看法：

> 夫政象樂，樂從和，和從平。聲以和樂，律以平聲。金、石以動之，絲、竹以行之，詩以道之，歌以詠之，匏以宣之，瓦以贊之，草木以節之。物得其常曰樂極，……於是乎氣無滯陰，亦無散陽，陰陽序次，風雨時至，嘉生繁祉，人民龢利，物備而樂成，上下不罷，故曰樂正。……夫有和平之聲，則有蓄技之時。於是乎道之以中德，詠之以中音，德音不愆，以合神人，神是以寧，民是以聽。〔註50〕
>
> (《國語・周語下》)

古代的陰陽學說認爲，整個宇宙就是一個由陰陽對立統一所組成的和諧整體，具有「和」之特性的「樂」正是宇宙本體之「和」的象徵體現，這被認爲是「樂」具有神妙效用的根本原因。古人對「樂」的認識，由感官層面的「和」，進而達於心理、精神層面的「和」，最終落實到社會制度倫理層面的「和」，這樣的和，不僅是藝術層面最高的美，亦是倫理層面最高的善。

在道德修養這一視域下討論樂與情之關係，則樂的意義不僅在於能夠引導不同的情感之顯發，對於實際已發的情感，樂亦有文飾、調節的作用，從而使情感恰當地、適當地表達出來，借用《中庸》的講法，即是在性情的修養上使喜怒哀樂「發而皆中節」。如我們所知，宋明理學對「已發」、「未發」問題的討論多集中在「未發之中」，這在很大程度上是一個形而上層面的問題。相對「未發之中」而言，「已發之和」則是一個更多地體現在經驗層面的

〔註50〕徐元誥：《國語集解》，中華書局，2002 年版，第 111～112 頁。

問題。由此推之，荀子學說中的道德修養主要是就「已發之和」而論的。在荀子看來，欲使喜怒哀樂「發而皆中節」，在情感的陶冶和訓練上就要訴諸於禮樂之修養：

> 故聽其《雅》、《頌》之聲，而志意得齊廣焉；執其干戚，習其俯仰屈伸，而容貌得莊焉；行其級兆，要其節奏，而行列得正焉，進退得齊焉……且樂者、先王之所以飾喜也；軍旅斧鉞者，先王之所以飾怒也。先王喜怒皆得其齊焉。是故喜而天下和之，怒而暴亂畏之。先王之道，禮樂正其盛者也。〔註51〕（《荀子·樂論》）

由此可見，樂對於情感的陶冶及塑造是一個全面的、完整的修養功夫。而情感的陶冶和塑造是儒家道德修養內容的主要方面，從這個意義上講，荀子的樂論確乎爲儒家道德修養理論的發展提供了一種甚爲豐富的思想資源。

　　若向上追溯歷史，我們會發現，「樂」實際上在我國的思想史上很早就顯示出其重要的地位和意義。隨著樂在現實生活中的需要和發展，關於樂的理論也在不斷地深入與發展，這其中，「中和」的思想尤爲引人注意。「追求中和之美，是中國古代藝術的一個基本精神，從先王之樂到近代西方藝術精神傳入華夏大地之前，一直都以中和爲藝術的最高境界」。〔註52〕「在漢人眼裏樂的最高境界是和，和的最根本功能是合天地之和，調社會倫理之和及平人心之和。而這一基本思想在中國美學萌芽的時候，也就產生了，甚至還可以說，在它一產生的時候就表現得很深刻，很辯證」。〔註53〕早在《尚書》中就有「八音克諧」、「神人以和」的思想萌芽。醫和的「煩手淫聲，慆堙心耳，乃忘平和，君子弗聽也」〔註54〕及晏子的「和如羹焉。……先王之濟五味，和五聲也，以平其心成其政也」〔註55〕思想也同樣體現了對「和」的重視。季札在魯國觀樂時所發表的音樂評論則反映出了較爲深刻的音樂審美意識，從「樂而不淫，哀而不愁」〔註56〕中反映出的「和」的價值評價，體現了在音樂審美過程中對音樂的哲學價值之抽象提煉。這些思想的共同特點是，都

〔註51〕〔清〕王先謙：《荀子集解》，中華書局，1988年版，第380頁。
〔註52〕聶振斌：《中國美育思想探源》，《安徽師範大學學報》，1995年版，第2期。
〔註53〕同上書，第2期。
〔註54〕文化部文學藝術研究院音樂研究所編：《中國古代樂論選輯》，人民音樂出版社1981，第3頁。
〔註55〕同上。
〔註56〕〔清〕洪亮吉：《春秋左傳詁》，中華書局，1987年版，第610頁。

看到了和諧的音樂對於提高人的道德修養及促進社會政治穩定具有積極意義，這些思想家們試圖把人的自然心理需求逐漸導向深入的倫理道德層面。但社會環境及思想發展的局限使得前儒家時期的中和樂論思想並沒有形成完整、系統的理論形態或體系，因此從整個思想史看還不具有規範和準則的意義。後來的荀子繼承的正是這樣一種中和的樂論傳統。

在荀子看來，音樂的「中和」與人類社會的「中和」甚至宇宙的大「中和」都是同構一致的，彼此相互感應。「故樂者，天下之大齊也，中和之紀，人情之所必不免也」〔註57〕；「樂中平則民和而不流」〔註58〕；「樂言是，其和也」〔註59〕；「恭敬，禮也；調和，樂也」。〔註60〕「樂」之中和所追求的是人之身心到社會群體，再到宇宙萬物的和諧相融存在。中和之樂能夠使人自覺地約束本能情感欲求的不合理泛濫，從而調節人際之間群體性的情感需求，從人文關懷的視域尋求整個社會的和諧一統。

荀子認為好的音樂本身就具有中和的特質，他說：「大樂與天地同和。」樂之所以具有「中和」的特質，這與古人對於樂的認識關係密切。關於樂，素有「五聲八音之和」的說法。所謂「五聲之和」，是指「宮」、「商」、「角」、「徵」、「羽」五音相互搭配，從而形成和諧的旋律；而「八音之和」，是指金、石、絲、竹、匏、土、革、木八種材料組成的不同樂器，它們之間在演奏時既要各有分工，各司其職，又要注重整體的和諧與協調。正因如此，樂向來具有和諧的象徵意義。並且，中正平和，嚴肅莊重的音樂旋律又能對人的情感起到規範引導的功用。《呂氏春秋》就有「聲出於和，和出於適。和、適，先王定樂，由此而生」〔註61〕的記載。可見「和」、「適」被認為是先王作樂時的重要依據。荀子更是看到了中和之樂的重要社會功能：「樂中平，則民和而不流，樂肅莊，則民齊而不亂。民和齊則兵勁城固，敵國不敢嬰也。如是，則百姓莫不安其處，樂其鄉，以至足其上矣」。〔註62〕平和的旋律，中正的曲調，能夠起到抒發情感，安定人心，進而和諧社會的作用。也正如後來的《樂記》所載：「四暢交於中而發作於外，皆安其位而不相奪也……使親疏、貴賤、

〔註57〕〔清〕王先謙：《荀子集解》，中華書局，1988 年版，第 380 頁。

〔註58〕同上。

〔註59〕同上書，第 133 頁。

〔註60〕同上書，第 256 頁。

〔註61〕廖名春、陳興安：《呂氏春秋全譯》，巴蜀書社，2004 年版，第 400 頁。

〔註62〕〔清〕王先謙：《荀子集解》，中華書局，1988 年版，第 380 頁。

長幼、男女之理，皆形見於樂。故曰：『樂觀其深矣』」〔註63〕。樂的這一功能與禮形成了良性的互補，禮注重的是「分」「別」，區分上下等級親疏貴賤，注重人的外在行爲的規範，而「樂」則注重「和」「平」，力圖從內在情感上平衡禮所帶來的緊張與隔閡。據此，荀子在《樂論》中用大段的文字描述樂的和諧功用：

> 吾觀於鄉，而知王道之易易也。主人親速賓及介，而眾賓皆從之。至於門外，主人拜賓及介而眾賓皆入，貴賤之義別矣。三揖至於階，三讓以賓升。拜至，獻酬，辭讓之節繁。及介省矣。至於眾賓，升受，坐祭，立飲，不酢而降。隆殺之義辨矣。工入，升歌三終，主人獻之；笙入三終，主人獻；間歌在終，合樂三終，工告樂備，遂出。二人揚觶，乃立司正。焉知其能和樂而不流也。賓酬主人，主人酬介，介酬眾賓，少長以齒，終於沃洗者焉，知其能弟長而無遺也。降，說屨，升坐，修爵無數。飲酒之節，朝不廢朝，莫不廢夕。賓出，主人拜送，節文終遂。焉知其能安燕而不亂也。貴賤明，隆殺辨，和樂而不流，弟長而無遺，安燕而不亂：此五行者，足以正身安國矣。彼國安而天下安。故曰：吾觀於鄉，而知王道之易易也。〔註64〕

從禮的方面講，明貴賤，辨隆殺，揖讓進退，有禮有節；同時，在樂方面配合以升歌三終，笙入三終，間歌在終，合樂三終。「和樂而不流，弟長而無遺，安燕而不亂」，正是樂得舒緩引導，使人民在情感上認同、接納禮的不同等級區分。這樣，禮樂結合，有節有和，有別有同，從而保證了社會整體的和諧有序。

當然，能夠「入人也深，其化人也速」的必須是雅正之聲，因此荀子堅定地奉行「貴禮樂而賤邪音」的原則。只有雅樂才可「足以感動人之善心，使夫邪污之氣無由得接焉」。〔註65〕平和中正之聲足以感動人之善心，使人血氣和平，耳目聰明，體態凝重，志意廣博，「故聽其雅頌之聲，而志意得廣焉」〔註66〕。在享受雅樂的過程中，不同的人得到了不同的滿足，「君子樂得其道，小人樂得其欲」〔註67〕。對君子而言，會因得「道」而滿足，對小人而言，

〔註63〕楊天宇：《禮記譯注》，上海古籍出版社，2004年7月版，第483頁。

〔註64〕〔清〕王先謙：《荀子集解》，中華書局，1988年版，第384頁。

〔註65〕同上書，第379頁。

〔註66〕同上書，第380頁。

〔註67〕同上書，第382頁。

則會因得欲而欣喜。在個體因雅樂的教化而得到內心的安定滿足之後，這種和諧愉悅的效果會逐漸擴充到整個社會，也就是「移風易俗，天下皆寧」。《毛詩大序》云：「故正得失，動天地，感鬼神莫近於詩，先王以是（詩－樂）經夫婦，成孝敬，厚人倫，美教化，移風俗」。〔註68〕樂教的平和之功效有助於一個國家在對內的社會管理中，在宗廟之中，君臣上下保持忠孝敬畏，在父子兄弟，鄉里族長間保持和親和順。而在對外的征誅揖讓中，使兵勁城固，敵國不敢嬰。「足以率一道，足以治可變」〔註69〕。對於一個國家而言，如果統治者在樂的制定上選擇中和之音，則表明這個國家真正採取了禮樂並舉的有效措施。相應地，這個國家自然就會和諧、安寧，實現最終的長治久安。散發中和之美的音樂不僅有獨特的社會政治功效，其所體現的最高境界可以說是與天地之和直接相貫通。中和之樂因此而具有了調和天人、生養萬物的神奇力量，體現出本體之和的特質。《樂論》說：「故樂者，天下之大齊也，中和之紀也」〔註70〕。《禮記・中庸》中說：「喜怒哀樂之未發謂之中，發而皆中節謂之和。中也者，天下之大本也；和也者，天下之達道也。致中和，天地位焉，萬物育焉」〔註71〕，都揭示出中和的本體意義。

　　《樂論》說：「樂在宗廟之中，君臣上下同聽之，則莫不和敬；閨門之內，父子兄弟同聽之，則莫不和親；鄉里族長之中，長少同聽之，則莫不和順」〔註72〕。當一個族群、社群的成員聚集在一起，在禮樂活動中以其彼此都認同的聲音、服飾、動作等符號表達他們共同的觀念和情感意識時，這個族群、社群實際上就已經集結成一個穩固而強有力的社會群體了。這也體現出樂對於群體內部凝聚力之增強的重要作用。可以說，這種樂的形成、表達本身，就已經構成了一種共同的信仰體系、文化傳統、社會倫理道德結構的完美體現。正是這種共同的文化心態，才使得處於同一社會群體的成員緊密結合在一起。這時，樂對於人的影響就遠遠超過了審美的層面，而引申到道德情操、社會倫理觀念等更深入的方面。「故樂者，審一以定和者也，比物以飾節者也，合奏以成文者也，足以率一道，足以治萬變。」〔註73〕「審一以定和」是荀

〔註68〕霍松林：《古代文論名篇詳注》，上海古籍出版社，1986 年版，第 40 頁。
〔註69〕〔清〕王先謙：《荀子集解》，中華書局，1988 年版，第 380 頁。
〔註70〕同上書，第 381 頁。
〔註71〕〔宋〕朱熹：《四書章句集注》，中華書局，1983 年版，第 18 頁。
〔註72〕〔清〕王先謙：《荀子集解》，中華書局，1988 年版，第 379 頁。
〔註73〕同上書，第 379～380 頁。

子樂論思想的鮮明特徵，「『樂』追求的是整體結構的和諧，這種和諧必須建立在確定的中音作為結構核心的基礎上，各種樂器的伴奏參與，都應自覺地服務於這種總體結構的和諧，所謂『成文』。只有具備了這樣的結構特徵，才有可能體現出人群生活中一以貫之的『道』，才有可能在因應千變萬化的具體思想感情上，對人們進行立足於『道』的調整」。〔註74〕

5.2 樂者，所以象德也

　　荀子重視建構禮儀制度，直接目的是規範社會秩序，而最終目的則是由禮儀制度之建設促成主體個人品格的提升，為「群居和一」的理想社會尋求內在的穩固基礎。事實證明，他的這一思想進路對之後漢代政治實踐的影響，是偏於心性的思孟學派所難以企及的。荀子理想中的秩序狀態，既能保證不同名分、不同職責的社會成員間應有的禮儀界限，同時又不失成員間的和睦慈愛。這也是他重視禮樂的原因，因為禮的功能之實現可以滿足前種需要，而理想的樂則正是社會之「和」所需要的。禮與樂構成了兩種互補的社會組織原則：且樂也者，和之不可變者也；禮也者，理之不可易者也。樂和同，禮別異；禮樂之統，管乎人心矣。〔註75〕因此，在《禮論》之外，荀子又專門撰寫了《樂論》。通過與禮的相互對比，荀子系統闡述了樂對和諧有序的社會秩序以及主體人格培養的作用。

5.2.1 以樂成德

　　繼孔子之後，在七十子及其後學的時代，儒家關於禮樂問題明顯有了更加豐富的理論思考，從《郭店楚簡》的儒家文獻中，我們就可以清楚地看到這一點。在《郭店楚簡》中有這樣一段關於「教」之思想的討論：「詩書禮樂，其始出皆生於人。詩，有為為之也。書，有為言之也。禮樂，有為舉之也。聖人比其類而論會之，觀其先後而逆順之，體其義而節聞之，理其情而出入之，然後復以教。教所以生德於中者也」。〔註76〕可見，「教」在人格修養的意義上在於「生德於中」，而詩、書、禮、樂則都是「教」的不同方式而已。

〔註74〕韓德民：《荀子與儒家的社會理想》，齊魯書社，2001年版，第412頁。
〔註75〕〔清〕王先謙：《荀子集解》，中華書局，1988年版，第382頁。
〔註76〕李零：《郭店楚簡校讀記》，中國人民大學，2997年版，第136～137頁。

由此推知，「詩書禮樂」之教授的最根本意義亦在於「生德於中」。若以樂而論，其在修身養性的功用方面，最根本的意義即在於「以樂成德」。隨後的孟子，其思想特點在於擅長將儒家所肯定的種種理論進行一種內在化的處理，從而使這種理論更具有內在價值依據。孟子嘗云：「惻隱之心，仁之端也；羞惡之心，義之端也；辭讓之心，禮之端也；是非之心，智之端也。人之有四端也，猶其有四體也」。〔註 77〕

　　孟子的這種對「禮樂」價值的肯定是以其性善論為理論基石的。而眾所周知，這一人性論基石本身並不為理論超脫的道家所接受。因而二者對於「禮樂」問題的種種爭論在某種意義上，並沒有構成在共同理論基礎上的真正辯論與回應。而荀子則不同，從問題的邏輯起點看，荀子及道家對人性均採取了一種自然主義的理解，這就為他們之間的對話搭建了一個共同的平臺。當然，荀子的自然人性論作為其整體學說中的有機組成部分，目的指向非常明確，是為了論證儒家理論的基本宗旨及價值取向。在這一邏輯前提下，荀子的禮樂思想也集中地體現了這一目的。他繼承了儒家傳統禮樂價值觀並對其進行了進一步的論證及闡發，強調「禮樂之統，管乎人心」，套用道家批判的語言，即謂「明禮樂」、「知人心」。綜觀先秦禮樂思想發展史，在道家的發問之後，之所以說荀子的回應是深刻的，就在於其能將「禮樂」與人的心志自然聯繫起來，從而凸顯了禮樂對於個體人格之修養，尤其是精神境界提升的意義，這也引導了禮樂思想在哲學層面的深入發展。

　　由於「樂」之表現形式的特殊性，其對主體人格的培養有著獨到的特殊作用，如荀子所說：「故聽其稚頌之聲，而志意得廣焉；執其干戚，習其俯仰屈伸，而容貌得莊焉；行其綴兆，要其節奏，而行列得正焉，進退得齊焉」。〔註 78〕即所謂的藝術能「通過個體的天性去實現全體的意志」。〔註 79〕「樂」正是以一種感性的方式，激發著人們的性情。但我們應該看到，這種激發不是一種散漫的、無方向的激發，它指向的是人類的內心。荀子與其他儒家一樣，認為「樂」所喚起的人之快樂情感應該「樂得其道」，即通往仁義之道，而不能「樂得其欲」，放縱無度的欲望。「以道制欲，則樂而不亂，以欲忘道，

〔註 77〕　〔宋〕朱熹：《四書章句集注》，中華書局，1983 年版，第 238 頁。

〔註 78〕　〔清〕王先謙：《荀子集解》，中華書局，1988 年版，第 380 頁。

〔註 79〕　席勒：《審養教育書簡》，轉引自《西方美學家論美和美感》，商務印書館，1980
　　　　　年版，第 179 頁。

則惑而不樂。」事實上,古人所謂的「美」很多情況下都是兼具「善」的。而「美」與「善」正是統一在「和」的基礎上,如若人與自然、個人與社會之間失去了這種和諧,那麼善與美就無從談起。

荀子對樂之重要功用的反覆強調表明,他堅信只要通過恰當的努力,人的內在心性的外在表現是完全可以與倫理道德之要求取得一致的,所謂「和樂之聲,步中武、象,趨中韶、護,君子聽律習容而後士」〔註80〕。實際上,「樂」在發生作用時,並不是僅訴諸於人的道德理智一端或情感欲望一端,而是訴諸於整個圓融完整的生命中。因此,在「樂教」的過程中,人的道德理智與情感欲望之間本有的分離與衝突可以得到消解。正如徐復觀先生所說:「由心所發的樂,在其所自發的根源之地,已把道德與情欲,融合在一起;情欲因此而得到了安頓,道德也因此而得到了支持;此時情欲與道德,圓融不分,於是道德便以情緒的形態而流出」〔註81〕。經過最初他律的約束,主體在現實中的努力使他律的內容最終以自律的形式發揮其應有的影響。通過樂教這類方式,主體善之德性表現就如同植根於本性之中,是情感的自然要求。

前文我們已經指出,早在春秋時期,人們在探討「五味」、「五色」、「五聲」等審美對象之調和、構建規律時,就已經發現了體現藝術魅力的「和」與政治、社會教化之間的微妙關係。史伯、子產、晏嬰直到孔子等人關於審美問題的探討和感發都有一個共同的特點,那就是以「和」為美。不管「五味」、「五色」,還是「五聲」,他們之所以能夠給人們帶來感官的愉悅,其本質都在於統一的整體之中蘊含了多種不同的,甚至是相互對立的因素。由此,和而不同的審美結論應運而生。具有「和」之特點的「樂」,能夠喚起主體的相應的和諧之情,因而與上述的社會倫理要求是一致的。「透過有規律性的舞蹈動作,再配合積極的儀式典禮詩歌等活動,在廟堂,在鄉間,在家庭,是人的身心和諧,彼此融洽,迅速達到和善的境界,這些都是樂教的正面的化善人心的功用」。〔註82〕通過樂教的長期陶冶,造就主體的穩定的、和的性格特點和心理素質,將有助於社會道德化目標的最終實現。由於樂的這種特點及獨特功能,哲學家們開始給本來只涉及個體情感的、愉悅性的「樂」,施加上了各種理性的道德限制,以期能夠更好地實現「樂」的社會功能。在儒家

〔註80〕〔清〕王先謙:《荀子集解》,中華書局,1988年版,第495〜496頁。
〔註81〕徐復觀:《中國藝術精神》,春風文藝出版社,1987年版,第24頁。
〔註82〕吳文璋:《荀子的音樂哲學》,臺灣文津出版社,1994年版,第76頁。

看來，眞正的藝術不僅應該爲人們提供感官上的愉悅，更重要的是其與倫理教化的善相統一的豐富的社會性內涵之特質的體現。但春秋伊始的教育主要仍是一種政治教育範疇下的人格培養教育，只有發展到孔子這裏，禮樂教育才眞正成爲具有普遍德性意義的道德人格教育，其對於倫理道德規範、人格修養提升之適普性價值和意義才眞正得以彰顯，並進而在儒家思想中發展成爲一種以「禮樂成德」爲基本和核心的精神傳統。

總之，春秋時的樂教及樂論尤爲強調政治標準相對於藝術標準的至上性和優先性。在政治尺度下樂與德就有了密切的聯繫：積極的樂，也即「昭令德」之樂，其時又被稱爲「德音」，《毛詩》有「威儀抑抑，德音秩秩」〔註83〕的說法，《禮記·文王世子》亦云：「言父子、君臣、長幼之道，合德音之致，禮之大者也」〔註84〕；而消極的樂，因其在政治影響中的負面性，則成爲諸思想家及政治家摒棄的對象，《周禮》嘗云：「凡建國，禁其淫聲、過聲、凶聲、慢聲」〔註85〕，此亦孔子「放鄭聲」〔註86〕之緣由。關於樂與德的關係，一方面，樂之生發是德的表現，「樂者，所以象德也」〔註87〕；另一方面，「君子之聽音，非聽其鏗鏘而已也，彼亦有所合之也」〔註88〕，君子必須確保自身的德行與「樂」相合，這就意味著「樂」不僅是德性的表現，更反過來對人的道德修養、人格提升發生著深刻影響，二者之間是雙向統一、互爲影響的過程。

可以看到，春秋時論「樂德」主要還是在政治領域內而言的，這也反映出了前儒家的有關樂論思想發展的歷史局限性。但這並不意味著著眼於特定政治領域的樂論毫不具備道德關懷及人格關懷的適普精神。這一點陳來先生有明確表述：「雖然古代有關德的觀念的提出，往往通過政治領域來表達，但這決不表示被古人作爲政治有關而提出的道德觀念，其意義僅僅現於政治領域」，〔註89〕「早期德性人格的觀念，是首先在政治領域作爲對社會管理者的

〔註83〕 李學勤主編：《毛詩正義》，〔漢〕毛亨傳，〔漢〕鄭玄箋，〔唐〕孔穎達疏，北京大學出版社，1999 年版，第 1108 頁。

〔註84〕 楊天宇：《禮記譯注》，上海古籍出版社，2004 年 7 月版，第 261～262 頁。

〔註85〕 李學勤主編：《周禮注疏》，〔漢〕鄭玄注，〔唐〕賈公彥疏，北京大學版社，1999 年版，第 594 頁。

〔註86〕 〔宋〕朱熹：《四書章句集注》，中華書局，1983 年版，第 164 頁。

〔註87〕 楊天宇：《禮記譯注》，上海古籍出版社，2004 年 7 月版，第 481 頁。

〔註88〕 同上書，第 496 頁。

〔註89〕 陳來：《古代宗教與倫理——儒家思想的根源》，三聯書店，1996 年版，第 322 頁。

要求提出來的，任何普遍性的東西總是要通過特殊的具體的路徑來表現，尤其在開始生長的階段」。〔註90〕正因此，儘管春秋樂論中所涉及的德行大多都是就政治領域而言的，但我們仍不難從中發現適普性的倫理道德及個體人格修養層面的關懷向度。春秋樂論中的這一思想傾向，在後世儒家那裏得到了充分的發展，並使其更加理性化，進而構成儒家樂論思想中一種基本的、核心的「以樂成德」之精神傳統。

總之，從孔子到七十子，進而再到孟子，作爲道德修養提升的一種重要方式和途徑，「以樂成德」確已成爲儒家樂論思想中的一種基本和核心的精神傳統，並且這一精神傳統在隨後的荀子那裏又獲得了一次集大成式的充分發展，使其成爲儒家樂論思想中的一個完整的、典型的理論範式。「先王之道，禮樂正其盛者也」，「禮樂之統，管乎人心矣。窮本極變，樂之情也；著誠去僞，禮之經也」，荀子強調以禮樂修身的關鍵就在於「管乎人心」，即禮樂對人心的陶冶、培養。從道德修養的角度看，人們知樂、明樂的意義就在於樂能夠於人心上做功夫，通過對人之內在情感的陶冶、淨化及疏導以培養其良好的德性品格。正如荀子所言：「故樂者，所以道樂者。金石絲竹，所以道德也」。〔註91〕正是因爲樂的這種特性，決定了其能夠訴諸於人的心志，從而調節、引導人的自然性情朝向倫理道德之進路發展。

然而，「樂」之存在的意義並不僅僅是與禮相反相成、配合禮的功用得以更好的實現，作爲一種修養與教化的重要方式，樂還有其更爲深切的關懷意義，正如有的學者所指出的：

> 在社會交往領域，貴賤之間的差別並不能必然地反映道德差別。理想地說，所有榮譽的社會地位對所有的人都是開放的，並且只有道德上配得上這些地位的人才能夠佔有它們。然而，在現實生活中，情形不是如此。有些人不能夠利用道德努力與道德成就獲得相應的社會地位，或者做得不夠成功。而那些成功地獲得了榮譽或者公眾讚譽的人也許在道德上並配不上這些榮譽或者公眾讚譽。即使他們配得上，許多人類生命仍然要遭受變化無常的運氣，比如道德上的運氣，或者其他的運氣，可能會經驗許多能夠影響道德行爲的情感。

〔註90〕 陳來：《古代宗教與倫理——儒家思想的根源》，三聯書店，1996年版，第325頁。

〔註91〕 〔清〕王先謙：《荀子集解》，中華書局，1988年版，第382頁。

　　　　這些可能經驗到的情感更多的會是憤怒、恥辱、挫折、嫉妒、憎恨、

　　憤慨，特別是怨恨，而不是天真的自足和自尊。〔註92〕

事實上，在儒家的政治理想中，一直都有一種內在的君子理想，力求「修己」
以「治人」，由「德」而致「位」。然而，這也僅僅是一種理想。「德」與「位」
二者之間在現實中由於種種因素的作用，其不一致、不對應的情況總是難免
的。而這種「德」、「位」之間的非對應性，反映到個體的心理層面，便會引
起諸如「憤怒、恥辱、挫折、嫉妒、憎恨、憤慨，特別是怨恨」等消極、敵
對情感的產生。而這些消極、敵對的情感又會作用於人的心理機制，進而傳
導到人的行為中，對人的道德實踐的完成和道德修養的提升發起了極大的挑
戰。於是，如何應對這些消極的、敵對的情感就成為哲學家們解決道德修養
問題的重要一步。

　　在荀子看來，要想從這種消極情感中超脫出來，使內心得到慰藉，保持
心態平和、心理健康，就要訴諸於樂，實行樂教。從現存的文獻可以看出，
儒家的樂論思想發展到荀子這裏，不僅是內容上更加豐富，而且相關問題的
討論更加全面、系統，尤為重要的是，整個樂論思想從理論形態上在荀子這
裏也更加哲學化了。如果說荀子之前的學者在這一問題上的討論，其哲學理
論基礎相對單薄、孤立的話，到了荀子這裏，樂論思想已經成為其整個哲學
體系中的一個重要理論環節，與他的自然人性論及倫理道德學說是緊密聯
繫，融為一體的。從這個意義上講，早期儒家「以樂成德」的精神在荀子這
裏可謂是集大成的。

　　綜而言之，在人的情感方面，荀子是倡導以樂教來感動人之善心，「以樂
成德」而象於天地、四時、萬物。但荀子所處之亂世又使他不得不感慨道：「君
子明樂，乃其德也。亂世惡善，不此聽也。於乎哀哉！不得成也」。〔註93〕一
言以蔽之，荀子「以樂成德」的理論進路，究其實質而言即在於化人之自然
情感為道德情感，是一個從自然情感昇華為道德情感的過程。而這一過程，
因需要以樂為基本的修養教化功夫，進而擴展為即審美即倫理，融美育、德
育為一體的形態。

〔註92〕　Antonio S. Cua：Moral Cultivation and Music in the Liji, see Human Nature, Ritual,
　　　　and History－Studies in Xunzi and Chinese Philosophy, Washington, D.C.：THE
　　　　CATHOLIC UNIVERSITY OF AMERICA PRESS.2005, p70.
〔註93〕　〔清〕王先謙：《荀子集解》，中華書局，1988 年版，第 382 頁。

5.2.2 善民心，移風易俗

　　荀子思想的隆禮重法之特徵，使其區別於孔孟以主體人格的內在仁性爲社會政治理論的內在支撐。他對外在的制度性建設似乎情有獨鍾，極力肯定其對於社會秩序的規範意義，這一點若不深究，似乎可以認爲他與法家思想有著相通之處，但實際上二者有本質區別。在對社會秩序以及對社會等級差別的理解上，荀子都帶有明顯的源於儒家宗法血緣氏族傳統——親子之愛的色彩，這一特點使他鮮明的區別於單純建立在力的征服基礎上的法家。實際上，荀子並不贊同法家的理論，他認爲法家推崇的所謂的社會秩序，缺少具有價值合理性的內在根據，因而即便是能夠得以建立，也必然是不穩固的。他曾言：「賤禮義而貴勇力，貧則爲盜，富則爲賊，治世反是也」。〔註 94〕相反，荀子重視建構禮儀制度，直接目的是規範社會秩序，而最終目的則是由禮儀制度之建設促成主體個人品格的提升，爲「群居和一」的理想社會尋求內在的穩固基礎。事實證明，他的這一思想進路對之後漢代政治實踐的影響，是偏於心性的思孟學派所難以企及的。荀子理想中的秩序狀態，既能保證不同名分、不同職責的社會成員間應有的禮儀界限，同時又不失成員間的和睦慈愛。這也是他重視禮樂的原因，因爲禮的功能之實現可以滿足前種需要，而理想的樂則正是社會之「和」所需要的。禮與樂構成了兩種互補的社會組織原則。因此，在《禮論》之外，荀子又專門撰寫了《樂論》。通過與禮的相互對比，荀子系統闡述了樂對和諧有序的社會秩序以及主體人格培養的作用：

> 故樂在宗廟之中，君臣上下同聽之，則莫不和敬；閨門之內，父子兄弟同聽之，則莫不和親；鄉里族長之中，長少同聽之，則莫不和順。故樂者，審一以定和者也，比物以飾節者也，合奏以成文者也；足以率一道，足以治萬變：是先王立樂之術也……〔註95〕（《荀子·樂論》）

樂之發用，感動人心，心有感於物而後動，動而後「心術形焉」，於是便有了爲善、爲惡之分，在使得君臣父子長少和敬、和親、和順之後，進而能夠「審一以定和」，可見樂對於人之德行修養的深切影響，「是故先王慎其所以感之者」。但荀子也看到了不同的「樂」則能引發人心之不同的「感」，對此荀子曾說：

〔註94〕〔清〕王先謙：《荀子集解》，中華書局，1988 年版，第 385 頁。
〔註95〕同上書，第 379～380 頁。

故齊衰之服，哭泣之聲，使人之心悲。帶甲嬰胄，歌於行伍，使人之心傷；姚冶之容，鄭衛之音，使人之心淫；紳端章甫，舞《韶》歌《武》，使人之心莊。故君子耳不聽淫聲，目不視女色，口不出惡言。此三者，君子慎之。〔註96〕（《荀子‧樂論》）

《禮記‧樂記》中亦有類似的表述：

是故志微、噍殺之音作，而民思憂；嘽諧、慢易、繁文、簡節之音作，而民康樂；粗厲、猛起、奮末、廣賁之音作，而民剛毅；廉直、勁正、莊誠之音作，而民肅敬；寬裕、肉好、順成、和動之音作，而民慈愛；流辟、邪散、狄成、滌濫之音作，而民淫亂。〔註97〕

這都體現了樂在當時廣泛深刻的社會影響力，也表明只有選擇合適的雅頌之聲，才能達到善民心的效果。其實，從源頭上看，中國文化傳統中的「樂」從來都不是所謂的純藝術，它常常是與政教民生、人倫日用密切相關的。在荀子看來，人們對於美的追求乃出自於本能之欲望，「夫人之情，目欲綦色，耳欲綦聲，口欲綦味，鼻欲綦臭，心欲綦佚。此五綦者，人情之所必不免也」。〔註98〕欲乃人情所不能免也，而欲之滿足即爲快樂。這種快樂情感的外在表現形式不外乎聲音及形體動作。通過聲音及形體動作，人的快樂情感得以抒發和表達，從而獲得精神上的愉悅及滿足。但是，荀子考慮到人的群居性，認爲這種「樂」之表達應限定在合「禮」的範圍內。如果沒有適當的制約與引導，放任情感無度的宣泄，就有可能違背禮義、陷入悖亂，導致負面的後果出現。

具有藝術特質的「樂」之所以必要，不僅在於其能夠愉悅人之情感，更在於它能夠幫助、引導人們，使人在樂的濡染之下，滿足自然性欲望，得到快樂的同時又符合於社會的倫理道德，即「禮」的要求。「如果說按照現代學術的觀點，樂之功能主要是審美，是滿足人的情感需要，而按照荀子之論，樂之功能主要在導人向善，是倫理而不是審美，是爲了『善民心』、『移風易俗』之教化的需要，而不是滿足人的情感享受的需要。」〔註99〕在中國傳統的禮樂文化中，「禮」實際上起著與「法」一樣整合社會的作用。但二者亦有

〔註96〕〔清〕王先謙：《荀子集解》，中華書局，1988 年版，第 381 頁。

〔註97〕楊天宇：《禮記譯注》，上海古籍出版社，2004 年 7 月版，第 482 頁。

〔註98〕〔清〕王先謙：《荀子集解》，中華書局，1988 年版，第 211 頁。

〔註99〕張立文主編，陸玉林著：《中國學術通史‧先秦卷》，人民出版社，2004 年版，第 174 頁。

很大的不同，借用亞里士多德的話說，「法」是「不帶感情的智慧」，而「禮」卻是「常帶感情的智慧」，既然有情感的成份，就需要借助於「教化」的手段，於是以攻心為上的「樂」便顯出其特有的優勢。可以說，在中國傳統的禮樂文化中的「樂」雖非宗教，卻起到了與「宗教」同樣的合乎人心性情智的作用。「禮」以致「和」，「樂」以成「和」，禮樂共同構成了內省、立身、達道的基本載體。

「樂」的功用體現在「窮本極變」上。所謂「本」，即人的生命之根源所在，涵蓋性、情、欲等；所謂「變」，性、情、欲之精微複雜的變化生滅；窮究人的生命之根源，使性情之變化得到完全無遺的表現。「窮本極變，樂之情也」〔註100〕，即「樂」的獨到之意義就在於通過樂、歌、舞等多種能夠「合於文」的因素的相互作用，把人之性情及其複雜精微之變化完全地表現出來。換言之，「樂」以其特有的方式使人性得以自然生發、生命力量得以自由表現，從而疏導、轉化、昇華人之情欲，由此而使主體在生命過程中自然而然地淘汰種種雜念及欲望，而呈現出清明的狀態。這就是《樂論》所謂「樂行而志清」。李澤厚先生也曾說過：「樂」在中國哲學中實際具有本體的意義，它正是一種「天人合一」的成果和表現。就「天」來說，它是「生生」，是「天行健」。就人遵循這種「天道」說，他是孟子和《中庸》講的「誠」，所以，「誠者，天之道也；誠之者，人之道也」，而「反身而誠，樂莫大焉」。……人與整個宇宙自然和一，即所謂盡性知天、窮神達化，從而得到最大快樂的人生極致。可見這個機制並非宗教性的而毋寧是審美型的。〔註101〕

在荀子看來，樂的「善民心」作用主要表現在以下三個方面：首先，樂能夠表達出人的共同情感，是「人情之所必不免也」的。由於樂的本質即「和」，所以人們在享受「樂」的過程中，內在心性之意向便朝著和諧一致的方向彙聚，而這又可以在現實上造成和諧的主體性交互關係的持續。其次，樂具有教化功能，可以在涓涓細流中培育主體的德性，進而有利於建構一個群居和一的社會氛圍。由於樂之「和」的審美特徵本身就蘊涵著道德教化的功能，因而單個的主體，無論是統治者還是普通百姓，都可以由對樂的欣賞進而獲得修養的提高和道德的昇華，從而在現實中達到君德、民善的優良效果，這也正是荀子的禮樂思想所致力達到的理想社會狀態。所以荀子說：「耳目聰

〔註100〕〔清〕王先謙：《荀子集解》，中華書局，1988年版，第382頁。
〔註101〕李澤厚：《中國古代思想史論》，人民出版社，1985年版，第312頁。

明，血氣平和，移風易俗，天下皆寧，莫善於樂」〔註102〕，「君子樂得其道」，就是因爲「可以善其民心」。再次，樂具有溝通心靈的功能，樂的藝術表現力在某種意義上超越了等級差別，它可以使不同階級地位的人在相同樂的欣賞中，跨越等級界限，從而實現思想的交流和統一，這一功能是「禮」所不能取代的。這也正是「禮別異，樂合同」的意義之所在。

除「善民心」外，從社會的角度看，荀子還強調了樂的「移風易俗」的教化作用。他認爲作爲君主，要有通過禮樂去感化人民的意識和能力，才能夠取得民心，使國家安定、強盛：「且樂者，先王之所以飾喜也；軍旅斧鉞者，先王之所以飾怒也。先王喜怒皆得其齊焉。是故喜而天下和之，怒而暴亂畏之」。〔註103〕正如徐復觀先生所說：「儒家的政治，首重教化禮樂正是教化的具體內容。由禮樂所發生的教化作用，是要人民以自己的力量完成自己的人格，達到社會風俗的諧和。由此可以瞭解禮樂之治，何以成爲儒家在政治上永恒的鄉愁」。〔註104〕

風俗，從宏觀上來說，應該屬於一個文化形態的範疇，其基本的表現同處於某一地域的人口具有群體上的意識、習慣等的共通性。作爲一個文化範疇，風俗在形態上是統一的，不涉及個體的自由、特殊的發展，而是將具有共通性的個體統統納入整體的意識形態當中，予以民族亦或國家的稱號。風俗所代表的群體人格的特性也決定了其所蘊含及表達的情感意識也將是群體性、民族性的。作爲文化的一種風俗因其固有的穩定性和保守性，往往會在面對異族文化時不自覺地採取抵禦，甚至吸納、消化的方式以尋求自我生存。正因如此，在文化風俗上根基強固、底蘊深厚、意識先進的民族（國家）往往能以移風易俗的方式出其不意地解決戰爭所不能解決的問題。荀子的「移風易俗」主張正是基於風俗的此種特性。他說：「性也者，吾所不能爲也，然而可化也；情也者，非吾所有也，然而可爲也。注錯習俗，所以化性也；並一而不二，所以成積也。習俗移志，安久移質。並一而不二則通於神明，參於天地矣」。〔註105〕這樣，「移風易俗」就在潛移默化中形成對群體情感的指向性引導和改變，使之在個體的美善中融會貫通，達至社會的和諧。正如徐

〔註102〕〔清〕王先謙：《荀子集解》，中華書局，1988 年版，第 382 頁。

〔註103〕同上書，第 380 頁。

〔註104〕徐復觀：《中國藝術精神》，華東師大出版社，2001 年版，第 14 頁。

〔註105〕〔清〕王先謙：《荀子集解》，中華書局，1988 年版，第 143～144 頁。

復觀所說：「荀子主張性惡，因此特別重視禮。並且把禮原有的半藝術性的『禮之敬文也』，進一步轉變爲嚴格的規範意義，而是其與法相接近。但荀子雖然認定性是惡的，因而情也是惡的。但他瞭解，性與情，是人生命中的一股強大力量，不能僅靠『制之於外』的禮的制約力，而須要由雅頌之聲的功用，對性、情加以疏導、轉化，使其能自然而然的發生與禮互相配合的作用，這便可以減輕禮的強迫性，而地與法家劃定一條鴻溝」，〔註106〕這也正是荀子「樂論」思想超越法家的高明之處。

可見，移風易俗的本質簡單來說就是文化上的一體化。移風易俗所形成的是一種有個體的美善所達到整體會通的感性群體，從點來看，對個體的情感意識起到了引導善化的作用，從面來看，對於社會的和諧、民族凝聚力的提高又是極爲有利的。關鍵在於，這一切向善的變化都是在自然而然的潛移默化中完成的。這對於荀子一直強調的遵禮之持守與敬畏正好形成了奇妙的互補。其實，通觀荀子的思想，我們不難發現，荀子反覆強調教化的手段有兩種。一種是通過禮、法等硬性態度，使人產生敬畏之感而遵從制度規範；另一種則是通過音樂、詩歌、舞蹈等感性、愉悅的方式來感化人，教導人。這一理性與感性的兩手舉措使得禮樂在教化中的功用相互融合彌補，從而達到最理想的效果。這裏應該注意的是，《樂論》中「移風易俗」的主張與法家的鐵腕政策有著本質的不同，「移」、「易」二字體現的是意識形態上的改變與遷移，而不是政治法律體制上的強制推行。荀子說：「取天下者，非負其土地而從之之謂也，道足以壹人而已矣」。〔註107〕在經過了歷時彌久的戰爭之後，荀子看到了爭取人心的重要性，因而試圖通過移風易俗來感化萬民，聚合群體，最終形成牢固的社會形態，雖然其過程沒有直接的戰爭迅速，但其最終的影響力將是無比堅固的，持久的。在戰國末期，荀子提出並反覆強調的「移風易俗」這一主張，眞實地反映出了封建社會形態急需集權、渴望統一、穩固的現實需要。

由此，荀子認爲，「樂」和「禮」在功效上是相輔相成的。一方面，不能離開「樂」而談「禮」，應當以樂配禮，使界限嚴明的規範在和諧的氛圍中得以接納和遵守，惟有如此，「禮」才能夠長久地、穩定地在社會及個體間發揮其應有的功效，才能做到「異而不離」。另一方面，也不能使「樂」放任自流，

〔註106〕徐復觀：《中國藝術精神》，華東師大出版社，2001年版，第13頁。
〔註107〕〔清〕王先謙：《荀子集解》，中華書局，1988年版，第214頁。

而必須接受禮的制約，應當以樂合禮。放任自流的淫樂是不能被接受的，因為它對人有害而無利，只有在禮之規範下的樂才能恰到好處的展現其對於「化性起偽」之獨到的優勢。荀子主張「樂而不流」，反對鄭衛之音、奸險之樂，提倡雅頌之聲、正善之樂，原因正在於此。只有禮、樂的互補互融，充分發揮其各自的功效，社會群體才能真正實現和諧與穩定。

　　總之，從「樂」對社會國家及個人的功用來看，可以說較鮮明的體現出了荀子濃厚的功利色彩。關於這一點我們需要辯證地看待，過分強調「樂」的社會教化作用，往往容易走向另一個極端而忽視「樂」自身的藝術特點，使其喪失獨立性，淪為政治的附庸。但從積極方面看，這種思維進路拉近了思想家與現實的距離，使作品充滿了現實主義精神，文本內容也更加充實。儘管荀子的禮樂理想在當時並沒有得以實現，但其思想跨越千載仍有著頑強的生命力，其中對現實的深切關注無疑是一個重要原因。

5.3 《樂論》與《樂記》

　　荀子的樂論思想系統地闡釋了儒家的美育觀，對於後世的美育思想發展之影響可謂深刻而廣泛，在中國古代思想史上佔有極為重要的歷史地位。荀子從內在價值的層面高度肯定了人們對美和善的追求，肯定了美感之存在對於道德修養之提升的必然性和必要性，並把樂教作為一項重要的教育內容而極力提倡和推廣。這也對我們完善當代教育體系具有一定的啟示作用。從這個價值意義上講，荀子的禮論、樂論思想在中國哲學的發展史和美學史上，都有著不可忽視的意義。

5.3.1 成書年代之爭

　　《樂論》與《禮記》中的《樂記》篇因為內容上的很多相通之處，經常被學者們拿來比較而論。但因對《樂記》篇的成書年代看法不一，因而在學術繼承與影響等問題上也未成定論。從現代來看，從郭沫若的《公孫尼子及其音樂理論》一文發表伊始，學術界關於《樂論》與《樂記》的關係問題，包括作者、成書年代、思想脈絡、結構層次等問題就一直爭論不休。關於《樂記》的成書年代，目前主要有四種觀點。其一，認為《樂記》作者是七十子中的公孫尼子，成篇於戰國初期。南朝梁沈約、唐張守節先後提出此說，後

來的郭沫若、周柱銓、呂驥、沈文倬、錢玄、李學勤﹝註108﹞等也都持此種觀點。如郭沫若就說「《樂論》採集《樂記》及《鄉飲酒義》，這些都表明輯錄於門人弟子。……今存《樂記》取自《公孫尼了了》」﹝註109﹞。其二，認為《樂記》的作者是河間獻王劉德及其以毛生為代表的一批儒生，成書於西漢武帝時期。此說由宋人黃震首倡，後來任銘善、徐復觀、蔡仲德、張少康﹝註110﹞等均持此種觀點，如蔡仲德說：「《樂記》作者不是戰國初儒家公孫尼子，也不是『西漢雜家公孫尼』，而是西漢河間獻王劉德及其手下以毛生為代表的一批儒生。……其中有些文字來自《公孫尼子》，但更多則採自荀子《樂論》等」﹝註111﹞。持相同觀點的還有任繼愈先生，其主編的《中國哲學發展史》先秦卷中認為「西漢初年成書的封建經典《樂記》其中禮樂的重要思想即出自荀況的《樂論》」。其三，認為《樂記》是孔子以後到西漢中期以前儒家論樂的綜合性著作，只有在漢武大一統時代才能出現這種著作。這種觀點的代表人物是孫堯年。﹝註112﹞而張岱年先生在《中國哲學史史料學》中也說「今本《樂記》可能是雜抄《公孫尼子》、《荀子》相類的言論而成的」。李澤厚先生也認為《樂記》成書於西漢中期，其主要思想源於荀子學派。他說：「不論《樂記》作者為誰，從它的基本思想來看，屬於荀子學派。它的成書，不會在荀子之前，而應在荀子之後」﹝註113﹞。此外，臺灣學者吳文璋也認為：「樂記襲荀子之文而略加更動者，亦所在多有，蓋樂記乃成書於戰國至末期，舊傳有二十

﹝註108﹞分別見於郭沫若：《公孫尼子與其音樂理論》，原載《青銅時代》，上海新文藝出版社，1951年出版，又收入《(樂記)論辯》一書，人民音樂出版社，1983年版；周柱銓：《(樂記)考辨))，《北方論叢》，1979年第2期；《(樂記)續考——兼與蔡仲德同志商榷》二文具見《(樂記)論辨》；呂驥：《關於公孫尼子和(樂記)作者考》，《中國音樂學》，1988年第3期。呂驥：《樂記理論拾漸》，新華出版社，1993年版；沈文倬《宗周禮樂文明考論》，第48～49頁；錢玄：《三禮通論》，第46頁；李學勤：《公孫尼子與(易傳》的年代》，《文史》第35輯，中華書局，1992年6月出版。

﹝註109﹞郭沫若：《青銅時代·公孫尼子及其音樂理論》，《郭沫若全集》卷一，人民出版社，1982年版。

﹝註110﹞分別見於《(樂記)論辨》，第191頁；《禮記目錄後案》，第49頁；徐復觀：《(樂論)與(樂記)的若干考證》，《中國藝術的精神》，春風文藝出版社，1987年出版；蔡仲德：《(樂記)(聲無哀樂論)注譯與研究》，中國美術學院出版社，1997年5月出版；張少康、盧永璘：《先秦兩漢文論選》，第255頁。

﹝註111﹞蔡仲德：《中國音樂美學史論》，人民音樂出版社，1988年版，第158頁。

﹝註112﹞孫堯年：《(樂記)作者問題考辨》，《文史》第10輯，中華書局，1981年版。

﹝註113﹞李澤厚、劉綱紀：《中國美學史》，安徽文藝出版社，1999年版，第323頁。

三篇，以十一篇編入禮記，總結先秦之音樂思想，尤其後進轉精而創發者，然而樂記論樂之大旨則承襲於荀子，雖周洽而不免博雜，未若荀子樂論之精審而體系謹嚴也」〔註114〕其四，認為《樂記》是公孫尼所作，只不過這種觀點下的公孫尼是漢武帝時人。丘瓊蓀正是因《漢書·藝文志·雜家》有《公孫尼》一篇，故有此觀點。〔註115〕

雖然歷史上《樂論》《樂記》的作者及思想承襲等問題一直沒有定論，但《樂論》與《樂記》之間的內在聯繫仍然是不可否認的。正如徐復觀所言「《樂記》中前引《正義》『今《樂記》所斷曲十一篇』之語，若非通觀全文，即易使人發生誤解。其有與荀子的《樂論》相同的地方，蓋因其出於同一傳承」。〔註116〕《樂記》與《樂論》的關係甚為緊密，如在論述樂的產生及樂的本質上，《樂記》全文的開篇即言：

> 音之起，由人心生也。人心之動，物使之然也。感於物而動，故形於聲。聲相應，故生變，變成方，謂之音。比音而樂之，及干戚羽旄謂之樂。〔註117〕

> 樂者，音之所由生也，其本在人心之感於物也。……六者非性也，感於物而後動。是故先王慎所以感之者。故禮以道其志，樂以和其聲，政以一其行，刑以防其奸。禮、樂、刑、政，其極一也，所以同民心而出治道也。〔註118〕

> 凡音者，生人心者也。情動於中，故形於聲。聲成文，謂之音。〔註119〕

這幾段文字比較集中地論述了先王實施樂教的原因，從中我們可以看出荀子論樂「樂者，樂也，人心所必不免也」的蹤跡。《樂記》與《樂論》一樣認為「樂」在本質上是人之內在情感的流露與表現。所謂「凡音之起，由人心生也」，實際上就是「人心之動」後而「形於聲」，而「人心之動」也即「情動於中」。這與荀子的樂論思想顯然是一致的。正如有學者所指出的：「儒家從感情的表現出發去觀察藝術的本質，因而它認為藝術對人的作用也在於感化人們的感情，使人們的感情『反人道之正』，實現儒家『愛人』的理想，消除

〔註114〕吳文璋：《荀子「樂論」之研究》，臺灣宏大出版社，1992年版，第188頁。
〔註115〕丘瓊蓀：《歷代樂志律志校釋》第一分冊，中華書局，1981年版。
〔註116〕徐復觀：《中國藝術精神》，春風文藝出版社，1987年版，第6頁。
〔註117〕楊天宇：《禮記譯注》，上海古籍出版社，2004年7月版，第467頁。
〔註118〕同上書，第468頁。
〔註119〕同上。

各種動物性的粗野、狡詐、恃強凌弱等等感情。因此，儒家雖然極其重視倫理道德和藝術的關係，但他並不只把藝術看作是進行道德說教的工具，而是十分強調藝術對人的情感的陶冶感化作用」。〔註120〕

5.3.2 《樂論》《樂記》之關係

如前文所述，「德」歷來是中國古代禮樂教化的重要內容，早在《周禮‧春宮‧宗伯》中就有大司樂教國子以「樂德」的記載，郭店楚簡中更是對樂德有了更明確的表述：「金聲而玉振之，有德者也」。〔註121〕荀子進一步繼承和發揚了前人的樂德思想，而不是只停留在樂與情的關係上。美善相合一直是中國美學所崇尚的精神之一，這是一種中和、有節的理性法則和道德追求，也是荀子樂論思想所力圖體現的核心價值。荀子認為，人的本性好比一種原始、質樸的材料，而其所表現的禮義道德是後來人為的結果。如果沒有禮義道德的後天修飾，人的本性順勢發展則不會趨向善和美。荀子「性惡論」思想的提出，表明荀子把對美的追求看作是人性的本有欲望來加以思考，這也正是其樂論思想的出發點。由此出發，他理性地審視了個體的內在情感欲望與社會倫理道德之間的關係，審美藝術在人倫日用當中起到的作用等問題。而《樂記》也在「樂」與「德」的關係方面也有很多的相關論述：「樂者，所以象德也」〔註122〕，「德者，性之端也。樂者，德之華也」，〔註123〕「樂終而尊德，君子以好善，小人以聽過」，〔註124〕這些論述可以說是很好地總結和發展了儒家樂德關係方面的思想成果。

此外，《樂論》、《樂記》之間的影響還體現在禮樂的相互關係上。《樂論》指出，樂教的目的在於使「君臣上下」「和敬」，「長幼」「和順」，「父子兄弟」「和親」等，從滿足個體情感之愉悅延伸至社會群體倫理道德關係的和諧。而《樂記》也以「樂者，通倫理者也」〔註125〕以及「樂行而民鄉方，可以觀德矣」〔註126〕的論斷與《樂論》相呼應。無論是《樂論》還是《樂記》，都試

〔註120〕劉綱紀：《藝術哲學》，湖北人民出版社，1986年版，第596頁。
〔註121〕李零：《郭店楚簡校讀記》，中國人民大學出版社，2007年版，第101頁。
〔註122〕楊天宇：《禮記譯注》，上海古籍出版社，2004年7月版，第481頁。
〔註123〕同上書，第487頁。
〔註124〕同上。
〔註125〕同上書，第470頁。
〔註126〕同上書，第486頁。

圖論證禮樂對社會倫理道德體系之形成方面的重要意義。「先秦儒家中荀子首
先明確指出禮樂之差異，及其相成之關係，……其甚深入明瞭禮樂之關係，
斯有樂論篇之作以闡明之，而『禮樂之統』之構架，亦以禮樂爲其根源也」。
〔註 127〕而禮樂關係之論在《樂記》中無疑也是思想主幹：

> 君子曰：「禮樂不可斯須去身。」……故樂也者動於內者也，禮也者
> 動於外者也。樂極和，禮極順，內和而外順，則民瞻其顏色而弗與
> 爭也，望其容貌而民不生易慢焉。故德烽動於內，而民莫不承聽；
> 理髮諸外，而民莫不承順。故曰致禮樂之道，舉而錯之，天下無難
> 矣。〔註 128〕

> 禮者殊事，合敬者也。樂者異文，合愛者也。禮樂之情同，故明王
> 以相沿也。〔註 129〕

並且，在《樂記》中，禮樂與天地達到了同一高度：「是故大人舉禮樂，則天
地將爲昭焉」；〔註 130〕「大樂與天地同和，大禮與天地同節。和，故百物不失
節，節故祀天祭地」；〔註 131〕「樂者，天地之和也；禮者，天地之序也。和，
故百物皆化；序，故群物皆別。樂由天作，禮以地制。過制則亂，過作則暴。
明於天地，然後能興禮樂也」。〔註 132〕由此可見禮樂的地位之重要。

　　總的來說，《樂論》與《樂記》共同使使儒家的樂教思想發展完善並得以
最終確立，從而成就了中國古代美學思想史的輝煌。有學者這樣評價道「荀
子的《樂論》和以荀子《樂論》爲基礎形成的《禮記‧樂記》，則成了可與亞
里士多德《詩學》比美的中國古代最早也是最重要的詩學與美學經典文本」。
〔註 133〕雖然不能確證《樂記》的成書晚於《樂論》，但至少說明二者都從哲學
的角度對於中國「樂」的思想給予了經典而深刻的闡釋。

　　一言以蔽之，荀子的樂論思想奠定了儒家乃至整個中國古代美學思想的
「中和論」基礎。「以儒家思想爲主體的中國古代美育思想的核心是『中和』

〔註 127〕吳文璋：《荀子「樂論」之研究》，臺灣宏大出版社，1992 年版，第 184 頁。
〔註 128〕楊天宇：《禮記譯注》，上海古籍出版社，2004 年 7 月版，第 502～503 頁。
〔註 129〕同上書，第 474～475 頁。
〔註 130〕同上書，第 490 頁。
〔註 131〕同上書，第 474 頁。
〔註 132〕同上書，第 476 頁。
〔註 133〕李衍柱：《世界軸心時代的詩學雙峰——與亞里士多德詩學並峙的荀子樂
論》，山東師範大學學報，2006 年第 6 期。

論，因此儒家以至整個中國古代美育思想可以稱之爲『中和論美育觀』」。〔註134〕荀子樂論思想的中和特質決定了其在感性層面保證了個體之感情的抒發和宣泄，同時在理性的層面又兼顧了倫理道德的需求。荀子的《樂論》篇可謂是中國歷史上具有完整意義的首篇樂論美學專著，其中所表現的中和思想影響了後世的美育思想發展，即使對現代的審美教育建設仍然具有的很高的現實意義。總之，荀子的樂論思想是中國禮樂文化建構中極爲重要的一環，更是當前道德文化建設不可或缺的重要資源，對我們當前推行必要的美育以及提高社會整體的道德素養都具有不凡的借鑒意義。

〔註134〕曾繁仁：《現代美育理論》，河南人民出版社，2005年版，第267頁。

第 6 章　美善相樂的禮樂之和

　　春秋以降，宗法廢馳，禮崩樂壞，社會歷史條件的巨大變動導致「天子失官，學在四夷」〔註1〕，並且，春秋戰國時期極爲寬容的學術氛圍使得諸子間能夠自由對話，自由辯論，自由競爭。漸形成諸子百家之學。他們從各自學術的不同立場對這一「禮崩樂壞」之社會現象進行不同層次的哲學反思，並做出了相應的解釋，希圖用自己的思想救治逐漸崩壞的禮樂。於是在這一時期產生了各種不同的禮樂思想，並且這些不同的思想之間爲了證明自身的「獨善」也經常相互駁辯。荀子更是以其高遠的理想和淵博的學識在這場論辯中起著重要的整合歸納作用。如張豈之先生所說：「（荀子）吸取道家『道法自然』的思想而否定其中的消極無爲成分；吸取墨家重視實踐經驗的思想而拋棄墨家『天志』『明鬼』的主張」。〔註2〕也正因爲如此，才使得完善後的「美善相樂」之禮樂思想在中國哲學的發展史上，具備了不可忽視的里程碑式的意義。

6.1　禮樂所遭遇的批判

　　儒家始終懷「周文」之理想，堅信禮樂在政治管理、人倫社會及個人修養等方面都有著不可取代的價值和意義，肯定了禮樂文化正面的、積極的影響，代表了禮樂文化的理性發展方向。面對禮樂對社會秩序漸漸失去權威及效用的社會事實，儒家這種積極肯定的禮樂觀也自然遭受了其他諸子的各種批判和非難。實際上，在儒家學說豐富的思想中，禮樂思想所受到的批判相

〔註1〕〔清〕洪亮吉：《春秋左傳詁》，中華書局，1987 年版，第 728 頁。
〔註2〕張豈之主編：《中國思想史》，西北大學出版社，1993 年版，第 73 頁。

比其他思想尤為激烈。從大量先秦諸子間的對話中，我們就可以較清晰地體認到這一事實。若以荀子為斷，此前，最大的挑戰來自墨家和道家。此後，崛起的法家則體現了對儒家正統禮樂觀的主要批判。面對這樣的挑戰，美國學者本傑明·史華茲就指出：「如果說孟子只是在他信仰堡壘的內部深處開展工作，那麼，自他之後登場的主角荀子，則是在與來自四面八方的敵人的酣戰中工作的。荀子熟悉他那個時代的思想潮流，……他敏銳的覺察到其他思想潮流的存在，於是也就毫不猶豫的學習其他學派的長處」。〔註 3〕如果從儒家樂教思想的發展來說，先秦諸子的非樂思潮對於儒家的音樂理論不僅僅是批判和否定，它所產生的更重要的結果是如同一面明鏡，反映出儒家禮樂思想所存在的問題，從對立方面不斷促進其禮樂思想的改進和完善。

6.1.1 對墨子「非樂」的回應

《樂論》的一個顯著特徵是，常常於一段正面的、肯定的論述之後以「而墨子非之，奈何！」作結，從中我們管窺荀子的樂論思想實際上具有甚為明確的針對性。同時從荀子這種堅定、嚴厲的口吻也能推知當時儒家的禮樂思想在各學說話語競爭中的嚴峻處境。

墨家思想認為，在人倫社會生活中，自然生命個體的各種生理需求無疑是最為基礎的。在基礎性需求得不到充分的、全面的滿足時，諸如「禮」、「樂」這種高層次的精神需求在某種意義上就意味著跨越基礎需求的奢侈。並且，在社會資源明顯匱乏的情境之下，滿足某一部分人的奢侈需求，就意味著剝奪了另一部分人的基本生活需求，從墨家所倡導的平等的價值訴求來看，這顯然是不盡合理的，也不能容忍的。墨子嘗云：

> 子墨子之所以非樂者，非以大鐘、鳴鼓、琴、瑟、竽、笙之聲，以為不樂也；非以刻鏤華文章之色，以為不美也；非以犓豢煎炙之味，以為不甘也；非以高臺、厚榭、邃野之居，以為不安也。雖身知其安也，口知其甘也，目之其美也，耳知其樂也，然上考之不中聖王之事；下度之，不中萬民之利，是故子墨子曰：為樂非也。〔註 4〕
>
> (《墨子·非樂上》)

〔註 3〕 〔美〕本傑明·史華茲：《古代中國的思想世界》，程鋼譯，江蘇人民出版社，2004 年版，第 301 頁。

〔註 4〕 〔清〕孫貽讓：《墨子閒詁》，中華書局，2001 年版，第 251 頁。

　　　　食必常飽，然後求美；衣必常暖，然後求麗；居必常安，然後求樂。
　　　　爲可長，行可久，先質而後文。〔註5〕（《墨子閒詁・佚文》）

從這些表述中可以看出，墨子並不是徹底地否定了樂，只是認爲享受「樂」的前提是物質生活極大的富足，而現實的社會狀況顯然離這一目標相差甚遠。墨子直指當時的社會現實：「今王公大人雖無造爲樂器，以爲事乎國家，非直掊潦水、拆壞垣而爲之也，將必厚措斂乎萬民，以爲大鐘鳴鼓，琴瑟竽笙之聲」〔註6〕。並且說民有三患：「饑者不得食，寒者不得衣，勞者不得食，三者民之巨患也」〔註7〕。在墨子看來，當時混亂的、殘酷的社會現實與高調宣揚禮樂的儒家不無關係。「且夫繁飾禮樂以淫人，久喪僞哀以謾親，立命緩貧而高浩居，倍本棄親而安怠傲，貪於飲食，惰於作務，陷於飢寒，危於凍餒，無以違之」。〔註8〕爲了緩解這種社會危機，重新恢復社會的繁榮穩定，墨子摒棄了長期以來的貴族階級統治思想，取代以平民化的解決思路：利用從事體力生產勞動的百姓間的「兼愛」以及由此而產生的「互利」之方式來解決當時的社會問題。墨子的節用及節葬的主張也正是在這種社會政治背景下產生的。

　　在《非樂》篇中，墨子強調欣賞音樂的過錯在於與天下百姓的利益不相符，進而更與爲天下百姓操勞的仁者聖王之道不相符。墨子的哲學思想旨在追求一種能爲天下百姓謀福利的生活，但是他在現實中看到的只是僅爲王公大臣的娛樂需要而產生的音樂，且其製作過程要花費一筆巨大的國家預算。此種作僞只會威脅到百姓的生存，絲毫不能體現禮樂之義，也與聖王之道相差甚遠。墨子尖銳地批判說，如此不顧百姓的民生而大肆流行的音樂，對於國家社會的穩定、繁榮、發展是有百害而無一利的。根據墨子的觀點，社會群體中所有的人都有自己的本分與職責──一國的君與臣應該在朝廷中處理攸關國家利益的大事，農夫應當下地種田，婦女應當織布。但如果社會成員都一味的沉緬於浮華的音樂，全然不顧自己應該做的事情，那整個社會又會變成什麼樣呢？據此，墨子主張廢除音樂：「今天下士君子，請將欲求於天下之利，除天下之害，當在樂之爲物，將不可不禁而止也」。〔註9〕荀子對此駁

〔註5〕〔清〕孫詒讓：《墨子閒詁》，中華書局，2001 年版，第 656 頁。
〔註6〕同上書，第 252～252 頁。
〔註7〕同上書，第 253 頁。
〔註8〕同上書，第 291 頁。
〔註9〕同上書，第 263 頁。

辯曰：「天下之公患，亂傷之也。胡不嘗試相與求亂之者誰也。我以墨子之『非樂』也，則使天下亂也。墨子之『節用』也，則使天下貧。非將墮之也，說不免焉。墨子大有天下，小有一國，將蹙然衣粗食惡，憂戚而非樂」〔註10〕荀子認為，正是墨子的非樂、節用才使得天下混亂貧困。不能否認，墨子對人的最基本需要的理解是相當純良質樸的，他從社會整體資源配置的合理性這一視角看待禮樂問題，試圖克服其消極的社會影響，反映了一種底層匠人庶民真實的社會觀。春秋戰國時期諸侯爭霸，戰爭頻繁，民生困苦，生活艱辛，因而，墨家的這種禮樂觀在現實意義上確實具有相當程度的歷史合理性。「隨著春秋末期以來愈演愈烈的『禮壞樂崩』，一直承擔著政治、道德教化功能的西周禮樂已經越來越形式化，完全成為上層社會奢侈享樂的根據，禮樂的政治、道德包括宗教功能逐漸消解、淡化，而其審美愉悅功能越來越凸現出來。同時，這種批判也觸及了儒家所一直漠視的審美與社會功利問題，也顯示出儒家注重社會政治、道德教化和個體心性修養，而對如何促進國家富強、如何解決民生疾苦缺乏關注的片面性」〔註11〕墨子鮮明而強烈的「非樂」思想就是對當時禮樂逐漸趨於異化之功用的一種正面回應。

綜觀《墨子》全篇的論述，其理論的出發點和落腳點幾乎都停留在現實直觀的層面上。然而，作為一種哲學思想，這種禮樂觀的弱點也是較為明顯的，荀子論諸家學說之蔽，嘗以「蔽於用而不知文」來評判墨子，大抵就是針對其樸素鄙陋的禮樂觀而發的。客觀地看，荀子此論可謂一語中的。墨子對於儒家禮樂的批判與其說是對禮樂本質的批判，不如說是對僵化後的禮樂刻板的繁文褥節所招致的後果的批判。

與墨家相比，法家則肯定了在歷史上先王確有「制禮作樂」之事，但他們認為「禮法以時而定」〔註12〕和「聖人不期修古，不法常可。論世之事，因為之備」〔註13〕，因而傳統的禮樂已不再具有教化民心，穩定社會的價值，「美堯、舜、湯、武、禹之道於當今之世者，必為新聖笑矣」〔註14〕。鑑於此，他們主張廢棄儒家所一直倡導的禮樂，而全面推行強權之法：「國彊而不戰，毒輸於內，禮樂虱官生必削。國遂戰，毒輸於敵，國無禮樂虱官，必彊」；

〔註10〕〔清〕王先謙：《荀子集解》，中華書局，1988年版，第185～186頁。
〔註11〕祁海文：《儒家樂教論》，河南人民出版社，2004年版，第170頁。
〔註12〕蔣禮鴻：《商君書錐指》，中華書局，1986年版，第4頁。
〔註13〕〔清〕王先慎：《韓非子集解》，中華書局，1998年版，第442頁。
〔註14〕同上。

〔註 15〕「禮樂，淫佚之征也」；〔註 16〕「樂則淫，淫則生佚」。〔註 17〕在法家看來，儒家所極力倡導的傳統禮樂以其所表現出的僵化和虛華，說明已經完全不符合當時社會發展的需要，甚至是阻礙了社會的進步。這在當時的社會歷史條件下看無疑具有大膽的進步意義，秦國正是採納了法家的學說而富國強兵並最終一統天下，就是一個有力的證明。但是從另一方面看，法家對「樂」的幾乎全盤否定的批判，認為施禮樂則敗，棄禮樂則強的極端功利的強權專制思想，也具有致命的缺陷。強秦之後二世的迅速滅亡，表明了法家理論在治國安天下方面的明顯缺陷。

6.1.2 道家「天樂」的啟發

　　從哲學角度看，荀子嘗以墨子為批評對象所闡發的樂論，實際上在同一理論層面上更好地回應了另一學派——道家對儒家禮樂思想的批判。就整體而言，真正對儒家禮樂思想在哲學層面所構成的挑戰，更多地是來自道家而非墨子。或許可以這樣說，道家相對於墨家及後來的法家，對儒家禮樂思想的批判事實上表現出了更強的「解構」力量。與墨家主要從社會資源配置合理性的角度來批判儒家的禮樂觀不同，道家更多地是試圖預先通過對人性做出一種特定的解釋，進而論證「禮樂」本身存在價值論意義的不合理性，即「禮樂」的存在實與人性相違背，有損人性的純真，使人離質尚文。老子有言：「故失道而后德，失德而後仁，失仁而後義，失義而後禮」〔註 18〕；「前識者，道之華，而愚之始」〔註 19〕。范應元注曰：「前識者，猶言先見也。謂制禮之人，自謂有先見，故為節文，以為人事之儀則，然使人離質尚文。」在儒家那裏備受推崇的仁義禮樂，從老子的視角來看，反倒成為了人與其本然純真之性相背離的直接原因。老子對儒家禮樂觀的這種直接的、毫不掩飾的批判，到了莊子有了進一步的發展。莊子認為，人性本來質樸無欺，「其民愚而樸，少私而寡欲，知作而不知藏，與而不求其報，不知義之所適，不知禮之所將。猖狂妄行，乃蹈乎大方」。〔註 20〕儒家引導世人離「質」而尚「文」，

〔註 15〕蔣禮鴻：《商君書錐指》，中華書局，1986 年版，第 29 頁。

〔註 16〕同上書，第 35 頁。

〔註 17〕同上書，第 56 頁。

〔註 18〕朱謙之：《老子校釋》，中華書局，1984 年版，第 152 頁。

〔註 19〕同上書，第 153 頁。

〔註 20〕〔清〕王先謙：《莊子集解》，中華書局，1987 年版，第 168～169 頁。

則猶如「使民離實學偽」，結果只能是欲治而亂，欲益反損。由此，莊子感慨道：故純樸不殘，孰爲犧尊！白玉不毀，孰爲珪璋！道德不廢，安取仁義！性情不離，安用禮樂！五色不亂，孰爲文采！五聲不亂，孰應六律！夫殘樸以爲器，工匠之罪也；毀道德以爲仁義，聖人之過也」；〔註 21〕又曰：「且夫待鈞繩規矩而正者，是削其性者也；待繩約膠漆而固者，是侵其德者也；屈折禮樂，呴俞仁義，以慰天下之心者，此失其常然也」。〔註 22〕

　　這裏所謂「失其常然」，也即「失其性命之情」〔註 23〕，亦即「淫其性」、「遷其德」〔註 24〕。性命之情既失，性既淫，德既遷，卻仍欲追求好的德行，這在莊子看來只能歸於主體之造作、勉強了。老子云：「上禮爲之而莫之應，則攘臂而扔之」，〔註 25〕對這句話林希逸注曰：「扔，引也。民不從，強以手引之，強掣拽之也。只是形容強民之意。」若民不從，禮則強民從之，這既是一種造作、勉強。莊子稱之爲偽（爲）：「道不可致，德不可至。仁可爲也，義可虧也，禮相偽爲」，〔註 26〕「禮者，世俗之所爲也；眞者，所以受於天也，自然不可易也。故聖人法天貴眞，不拘於俗」。〔註 27〕所謂「法天貴眞」，即老子所言說的「道」、「德」之不失。道之爲道也，「齊萬物而不爲義，澤及萬世而不爲仁」〔註 28〕。若人能存守住道，則他一定具有這樣的品格：「端正而不知以爲義，相愛而不知以爲仁，實而不知以爲忠，當而不知以爲信」。〔註 29〕人的各種品德、行爲乃完全出自其本性的自然流露，不造作、不勉強，「莫之爲而常自然」，一如「道」之自然無爲。而儒家所推崇的仁義道德在老莊看來不僅背離了「道」的這種自然無爲原則，而且是對人性的扭曲和戕害：「夫孝悌仁義、忠信貞廉，此皆自勉以役其德者也，不足多也〔註 30〕」。當然，莊子並沒有否定音樂本身的價值和意義，只是他對於「樂」的定義與儒家完全不同，莊子所崇尚的是「天樂」，「與人和者，謂之人樂；與天和者，謂之天

〔註 21〕〔清〕王先謙：《莊子集解》，中華書局，1987 年版，第 83 頁。

〔註 22〕同上書，第 79 頁。

〔註 23〕同上書，第 78 頁。

〔註 24〕同上書，第 90 頁。

〔註 25〕朱謙之：《老子校釋》，中華書局，1984 年版，第 151 頁。

〔註 26〕同上書，第 185 頁。

〔註 27〕同上書，第 276 頁。

〔註 28〕同上書，第 68 頁。

〔註 29〕同上書，第 109 頁。

〔註 30〕同上書，第 123 頁。

樂」〔註31〕。「能夠順應自然,『與天和』,也就通乎道了。這時,人就可以達到『天樂』。『天樂』是莊周最高的音樂境界,也是他最理想的人生的幸福境界。〔註32〕

簡言之,與儒家的禮樂觀完全相反,道家在這一問題上表現出明顯的「退仁義」、「賓禮樂」的解構傾向。道家對儒家禮樂觀的批判,從方法論上可歸結爲一點,即《莊子》中借溫伯雪子之口所說的「吾聞中國之君子,明乎禮義而陋於知人心」〔註33〕。這一「明乎禮樂而陋乎知人心」的犀利非難,顯現了道家思想的獨特理論依據:在道家的視域中,禮樂作爲一種文化存在,出於後天人爲,而正是由於禮樂的這種外在人爲性,與人之純眞的自然本性形成了一種對抗,是對自然本性的一種違背、疏離。借用現代西方哲學的術語,禮樂在道家哲學思想中顯然已被視爲一種人之本性的異化。

自周代的禮樂文化體系建立以來,儒家一向對禮教、樂教在政事治理、人倫教化、個人修養等方面作具有的價值意義極爲肯定和推崇。而道家如上發問則表明,如果禮樂本身眞的與個體生命的特性相背離,那麼它們在政治、社會及個體層面的禮樂教化功用將是懸空的、無所依的。從這個意義上說,道家的這一發問和質疑顯然是深刻的。甚至可以說,正是通過道家的這種尖銳的發問,先秦的禮樂思想才有了在哲學層面上得以充分發展的可能。「明乎禮樂而陋乎知人心」的提法至少表明了這樣一點:較之對禮樂社會教化進路上的充分肯定,我們不得不承認,早期儒家對於禮樂之個體生命進路的哲學思考及理論建構是相對薄弱的。道家學者憑藉其極具哲學思維深度的問題,刺激了儒家在禮樂問題上進行更深刻的哲學思考,以回應道家的辯難。

如果從儒家樂教思想的發展來說,先秦諸子的非樂思潮對於儒家的音樂理論不僅僅是批判和否定,它所產生的更重要的結果是如同一面明鏡,反映出儒家禮樂思想所存在的問題,從對立方面不斷促進其禮樂思想的改進和完善。諸子的禮樂批判建立在對儒家禮樂思想的一定認識的基礎上,因而較深刻的揭示了先王樂教及儒家樂論思想的固有弊端。道家在理論上深切地批判了儒家禮樂的形式化以及對人性自由發展的壓抑和扭曲,墨家的批判則觸及

〔註31〕〔清〕王先謙:《莊子集解》,中華書局,1987年版,第114頁。
〔註32〕蔣孔陽:《先秦諸子音樂美學思想論稿》,人民文學出版社,1986年版,第129頁。
〔註33〕〔清〕王先謙:《莊子集解》,中華書局,1987年版,第176頁。

到了儒家先前所一直忽略的禮樂之審美性及社會功利問題。而法家的批判對於儒家禮樂思想因循保守、不切實際等弊端也有所揭示。諸子的這些批判得到了儒家的積極回應。

　　儒家學派的學者們並沒有一味的守護固有的理論，而是能夠正視諸子所提出的尖銳的問題，從而不斷完善對禮樂教化的認識，尋找解決的突破口，使自身學派的思想不斷鞏固完善。這一工作在先秦的最終完成，就是荀子。荀子之所以能夠在其哲學思想中系統的論述禮樂教化思想，在很大程度上來自於他對諸子批判的反思。其「夫樂者，樂也」的觀點充分肯定了人之自然情感、欲望的合理性和必要性，在一定程度上可以說是對道家充分尊重人的自然本性觀點的吸收和改造。而強調禮樂的修身養性、治國平天下的教化作用，雖然以內在的道德境界之提升為出發點和落腳點，但表面上依然具有比較明顯的功利和實用色彩，這顯然是受到了法家思想的薰染。而以回應墨子「非樂」為目的的《樂論》篇實際上在反駁墨子的同時也已經看到了墨子所揭示的一些實質問題。因此，先秦時期以道、墨、法諸家為代表的這一強大的「非樂」思潮雖然是以批判甚至否定儒家禮樂思想的面目出現，但實際上對於儒家禮樂思想的發展則產生了非常重要的影響，使得以荀子為代表的儒家學者在不斷修正已有禮樂思想的過程中使其得到新生。

6.2　志清行成的禮樂之和

　　荀子所說的禮具有廣義與狹義之分。廣義的禮包括樂在內，樂是禮的組成部分，「禮者，養也」，即涵蓋了「鐘鼓、管磬、琴瑟、竽笙」等所謂「養情」所指的「禮義文理」。而荀子在禮樂並舉時則顯然指的是狹義的「禮」，是承擔「別」、「異」功能的維護社會階級秩序之「禮」。總的來說，「禮」與「樂」都是在面對社會政治、倫理規範逐漸失序的歷史背景下得以產生的。「先王惡其亂也，故制雅頌之聲以道之」；「先王惡其亂也，故制禮義以分之」。雖然其功用不盡相同，但禮樂所最終指向的目標都是美善相樂的和諧社會。

6.2.1　美善相樂

　　周革殷命後，周公為穩固政治、安定民心、美善風俗而制禮作樂，由此初立「周文」之規模，為之後的禮樂文明發展奠定了厚實的基礎。受這種禮樂文明影響最為直接和深刻的當屬儒家，其思想先天地稟賦了「周文」的基

本精神和氣質。這種精神和氣質在荀子那裏被推崇為「隆禮」、「明樂」。將儒家的禮樂思想放在整個思想史中看，我們會發現它從哲學角度對周代最初之禮樂文化進行了理性的反思及發展。從倫理學的角度切入儒家的禮樂思想，則不僅有社會教化的意義，更有個體之人格修養的意義。前者如《孝經》云：「移風易俗，莫善於樂；安上治民，莫善於禮」。〔註34〕兼言政教，旨在修明政治、教化民俗；後者則以主體自身為中心關切，指向情感的陶冶、性情的修為及德性的完美，如孔子云：「文之以禮樂，亦可以為成人矣」〔註35〕。當然，這兩者並不是截然相分的，社會性的禮樂教化之完成正是建立在個體的人格修養的提升之基礎上的。但無論禮樂功用的哪一種體現，都是極具現實性和可操作性的。正如李澤厚所言，「中國的實用理性使人們較少去空想地追求精神的『天國』；從幻想成仙到求神拜佛，都只是為了現實地保持或追求世間的幸福和快樂」。〔註36〕

　　荀子論修身養性時禮樂兼重，在極力倡導「禮」之功用的同時，對樂之能夠感人深、化人速之價值和意義也挖掘甚深。樂之發用在乎感動人心，心感於物而後動，動而後「心術形焉」，心形的外在表現即善惡之行為的外顯。可見，樂對於人德行修養的影響之深，「是故先王慎所以感之者」〔註37〕。從個體道德修養的意義上說，「樂的精神是和，樂，仁，愛，是自然，或是修養成自然；禮的精神是序，節，文，制，是人為，是修養所下的功夫」。〔註38〕然而，值得注意的是，禮與樂的這種目的和手段上的分別只是在研究方法上的相對意義而言的。在荀子這裏，禮樂作為基本的修身手段備受推崇，「禮樂之統，管乎人心矣。窮本極變，樂之情也；著誠去偽，禮之經也」。〔註39〕實際上，荀子特別重視禮樂在個體道德修養實踐中的相互協調和配合，通過個體「志清」、「行成」的道德修養之境界，最終達至「天下皆寧，美善相樂」的目標。可見，禮樂之於個體修養而言，在手段與最終的目的追求上融合而

〔註34〕　〔清〕阮元校刻：《十三經注疏》，中華書局，1980 年版，第 2556 頁。

〔註35〕　〔宋〕朱熹：《四書章句集注》，中華書局，1983 年版，第 151 頁。

〔註36〕　李澤厚：《中國古代思想史論》，人民出版社，1985 年版，第 308 頁。

〔註37〕　楊天宇：《禮記譯注》，上海古籍出版社，2004 年 7 月版，第 468 頁。

〔註38〕　朱光潛：《樂的精神與禮的精神——儒家思想系統的基礎》，見《儒家思想新論》，民國叢書第 4 編第 2 冊，上海書店據正中書局，1948 年版影印，第 51 頁。

〔註39〕　〔清〕王先謙：《荀子集解》，中華書局，1988 年版，第 382 頁。

統一互補的，正如朱光潛先生所言：

　　樂是情感的流露，意志的表現，用處在發揚宣洩，使人盡量地任生氣洋溢；禮是行為儀表的紀律，制度的條埋，用處在調整節制，使人於發揚宣洩之中不至於泛濫橫流。樂使人活躍，禮使人斂肅；樂使人任其自然，禮使人控制自然；樂是浪漫的精神，禮是古典的精神；……《樂記》以「春作夏長」喻樂，以「秋斂冬藏」喻禮，又說「禮主其減，樂主其盈」，都是這個道理。〔註40〕

　　禮與樂的一致性尤其體現二者通過「道欲」、「節欲」的實現途徑，共同實現社會禮樂教化，美善相樂的理想實現上。「樂合同，禮別異。禮樂之統，管乎人心矣」，音樂是人的情感愉悅的必然表現，情感愉悅根源於人的自然性情，它既表現在外在的聲音動靜，又體現著內在的心理狀態，即所謂「性術之變」。荀子認為，情感愉悅的表現雖然是必然的，但若不加以正確引導，就會陷於悖亂，所以要「制雅頌之聲以道之」，「導之以禮樂」。這說明在他看來，樂對人的自然性情的陶冶、教化是側重於「導」的方面，也就是把人的情感愉悅自然而然引向禮義之道。這與郭店楚簡論禮樂教化重視以禮樂「導」民的觀點是一脈相承的，也是其「禮者，養也」的觀點的反映。與禮以「分」為養，側重於「節欲」不同，樂則以「導」為養，側重於「道樂」，從而使人「以道制欲」、「樂得其道」。荀子對音樂的感人至深的作用有深切體會，他說：「夫聲樂之入人也深，其化人也速，故先王謹為之文。樂中平則民和而不流，樂肅莊則民齊而不亂。……凡奸聲感人而逆氣應之，逆氣成象而亂生焉；正聲感人而順氣應之，順氣成象而治生焉。唱和有應，善惡相像，故君子慎其所去就也」。〔註41〕正因為音樂可以「感人」、「化人」，而「奸聲」、「正聲」作用各不相同，所以荀子強調要「導之以禮樂」，以「善民心」，「移風易俗」。具體來說，荀子認為，對於人的自然性情，「雅頌之聲」可以達到「使其聲足以樂而不流，使其文足以辨而不諰，使其曲直、繁省、廉肉、節奏足以感動人之善心，使夫邪污之氣無由得接焉」〔註42〕的效用。這就是說，樂可以給人的自然性情的表現以審美的藝術形式，使其「樂而不流」、「辨而不諰」，從而與「樂」所體現的「禮」符合一致，達到「感動人之善心」、「善民心」的目的。

〔註40〕　朱光潛：《樂的精神與禮的精神——儒家思想系統的基礎》，見《儒家思想新論》，民國叢書第 4 編第 2 冊，上海書店據正中書局，1948 年版影印，第 51頁。

〔註41〕　〔清〕王先謙：《荀子集解》，中華書局，1988 年版，第 380～381 頁。

〔註42〕　同上書，第 379 頁。

　　禮樂對於個體具有如此深切之影響，以致最終指向「美善相樂」的理想群體境界，並不是由其外在的形式決定的。實際上，禮樂之外在內容和形式隨著不同的歷史時代及社會背景而不斷變化的，眞正決定禮樂功用之持久影響的是其內在的精神，龐樸先生對此有精闢的揭示：「在儒家看來，玉帛鐘鼓、揖讓律呂，都只不過是些禮之儀和樂之表，遠非禮樂之原。據說弟子林放曾向孔子問過『禮之本』，孔子特別誇獎了一句『大哉問！』然後才回答道：『禮，與其奢也寧儉；喪，與其易也寧戚』。就是說，與其追求儀式上的浮華（『奢』）與完備（『易』），不如提倡情感上的質樸與本眞，這才是禮樂的本原之所在」。〔註 43〕禮樂的表達需要外在的載體，但載體畢竟是形而下者，旨在傳達禮樂的精神本質，本身並不能直接涵蓋禮樂之道。「玉帛鐘鼓能以傳達出行禮作樂者的志（所謂『鐘鼓之聲，怒而擊之則武，憂而擊之則悲』之類），這個志，卻又已不是禮樂，而是禮樂之道，形而上者也。這個禮樂之器和禮樂之道統合在一起，亦實亦虛，有形有神，組成爲禮樂之氣，方才是我們通常籠而統之所謂的禮樂，或禮樂本身」。〔註 44〕「禮樂之器」因其物態之特徵，並不能持久存在，而只是暫存的，相對的，有待超越的。「樂聲再響，能繞梁三日，也終有盡時；禮儀雖盛，呈文章七彩，亦難得永存。於是他們相信，唯有那藏在諸有背後的決定著諸有的靈魂，那個無，或曰那個氣志，才能無遠不屆，無時不存，塞於天地，充於四海」。〔註 45〕

　　作爲一種文本的解釋，在先秦相對原始的語境而言，荀子所說的「美善相樂」，無非是說禮樂的相互協調一致從而達到的一種人格修養的較高境界。在這種境界下的群體社會必定會和諧安樂。所謂「美」者，應當是就「禮修而行成」而言，因美而有文章、有條理；所謂「善」者，應當是就「樂行而志清」而言，因善而有感動、有和睦。美善相合而言，即是說在禮樂教化的作用下，主體的修養功夫不斷提升的過程中，人之內在的自然情感、欲望與外在的社會性道德倫理規範之間，也即荀子所謂的「以道制欲」，感性與理性之間達到了一種完美的融合統一，故曰「美善相樂」。因而，我們可以說荀子的「美善相樂」思想，代表的是一種通過禮樂教化修養所實現圓滿的情理交融之境界。就其外在形式而言，可以看作一種生活實踐當中的審美態式。而

〔註 43〕龐樸：《再說五至三無》，簡帛研究網站，2003 年 3 月 12 日。
〔註 44〕同上。
〔註 45〕同上。

就其內在層面而言，則表徵著內心情感欲望與外在倫理規範的和諧自由、交融一體之境界。質言之，作爲「修禮」、「行樂」的最終成果，「美善相樂」即代表著成德、成性的圓滿境界。

此外，在荀子的樂論思想中，「美善相樂」與「樂者，樂也」亦有一定意義上的貫通。「樂者，樂也」在其「始條理者」的層面而言，意爲樂在本質根源上是情感之宣泄與表達；在「終條理者」的層面而言，則意爲主體之感性與理性交融一體、自由和諧的愉悅之情，即外在倫理規範內化於主體的心理欲求之中，從而實現「美善相樂」，亦即成就成德、成性之樂。孟子亦曾將樂（音樂之樂）理解爲對「仁」、「義」二種德性之樂（快樂之樂），「仁之實，事親是也；義之實，從兄是也；智之實，知斯二者弗去是也；禮之實，節文斯二者是也；樂之實，樂斯二者是也。樂則生矣。生則惡可已也。惡可已，則不知足之蹈之，手之舞之」。〔註 46〕後儒王夫之讀《孟子》，將這一「樂之實，樂斯二者是也」辨析得極爲分明，他說：唯能以事親、從兄爲樂，而不復有苦難勉強之意，則心和而廣，氣和而順，即未嘗爲樂，而可以爲樂之道洋溢有餘。乃以之爲樂，則不知足蹈之，手之舞之。咸中於律者，斯以情益和樂，而歌詠俯仰，乃覺性情之充足，非徒侈志意以取悅於外物也。〔註 47〕無論是「美善相樂」之樂，抑或「樂者，樂也」之樂，其在哲學層面上都要歸之於「和」：「照古代禮家的看法，禮樂互補的文化體系是以和諧有序的宇宙觀爲基礎的，自然界既有群物種類的分別，又有化育自然的和諧。人類社會就是要仿傚自然過程，通過樂者敦和與禮者別宜的相互配合，達到『四海之內合敬同愛』的理想狀態」。〔註 48〕

6.2.2 禮以成和，樂以至和

在荀子哲學思想中，心與性是有所區別的，他雖有性惡之論，但綜觀其書可知，其所謂「性惡」是就性之可能的流弊而言。在荀子，倫理道德層面上的善惡只可言心，而不可言性。前文我們提到，樂之生長發用是直指人心的，因此它對個體道德修養的成長與提升有著深切的影響。朱光潛先生有言：

〔註 46〕〔宋〕朱熹：《四書章句集注》，中華書局，1983 年版，第 287 頁。

〔註 47〕〔清〕王夫之：《讀四書大全說》（下冊），中華書局，1975 年版，第 616 頁。

〔註 48〕陳來：《古代宗教與倫理——儒家思想的根源》，生活‧讀書‧新知三聯書店，1996 年 3 月版，第 276 頁。

「就『道』的意義而言，人的情欲需要發散，生機需要宣洩……道則暢，暢則和」。〔註49〕總之，荀子認為心理的健康會直接正面作用於人的言行，因而與人的善之德行是一致的。「以樂成德」的修養功夫在此意義上就落實為對主體情感的陶冶和疏導，使心態在樂之教化影響下趨於平和，進而確保情感之生發能夠合於恰當的節度。質而言之，樂之基本的、核心的精神即在於「和」，故荀子嘗定義樂以「和之不可變者也」，並時或以「和樂」言之。「樂順人民的感情將萌未萌之際，加以合理的鼓舞，在鼓舞中使其棄惡而向善，這是沒有形跡的積極的教化，所以荀子說『其感人深，其移風易俗易』。……由禮樂所發揮的教化作用，是要人民以自己的力量完成自己的人格，達到社會風俗的諧和」。〔註50〕

事實上，「和」不僅是樂的特性，《樂論》還反覆強調樂與禮之協調，認為這種協調應該是一種內在超越式的內心的體驗與修養。荀子說：「聖人縱其欲，兼其情，而制焉者理矣」。〔註51〕樂的功能在於「導」「情」，禮的功能則多偏向於「制」「欲」。「春秋時代人文主義的自覺，是行為規範意識的自覺。通過《堯典》和《周禮》看，音樂當然有規範的意義。但禮的規範性是表現為敬與節制，這是一般人所容易意識到的，也是容易實行的」〔註52〕。實際上，禮樂之內外功能是可以互動轉化的。通過樂的流行激發個體的情感和欲望，從而使人保持相對旺盛和積極的生命力，同時又要通過禮對本能的情感和欲望給予恰當的節制和引導，使之避免放任自流，以致引起對個體自身或群體的不良影響。「所以，禮樂二者以其相互交疊著『規範』（限制）與『藝術』（自由）而密不可分。在操作層面中，禮樂也往往互相結合，當時在朝聘會同的各種禮儀中，不僅禮與樂是合在一起；而且當時歌詩以道志的風氣，實際便是一種音樂的活動」。〔註53〕樂是感情的流露及意志的體現，在其張揚與宣泄的功能作用下，主體能夠得到生命意義之宏偉的體現，而禮是行為儀表的規範，在其調整節制的功能作用下，主體愉悅的生命歷程會因為得到正

〔註49〕 朱光潛：《樂的精神與禮的精神——儒家思想系統的基礎》，見《儒家思想新論》，民國叢書第 4 編第 2 冊，上海書店據正中書局，1948 年版影印，第 48 頁。
〔註50〕 徐復觀：《中國藝術精神》，春風文藝出版社，1987 年版，第 14 頁。
〔註51〕 〔清〕王先謙：《荀子集解》，中華書局，1988 年版，第 404 頁。
〔註52〕 徐復觀：《中國藝術精神》，春風文藝出版社，1987 年版，第 3～4 頁。
〔註53〕 同上。

確引導而安定持久。總之，樂使人活潑，禮使人肅斂；樂使人自然率性，禮使人沈穩理性。無論是「禮」抑或「樂」，都是追求內心與外在，現實與理想的調適融合；既是內在的超越，同時又是外在的健全。在禮以成和，樂以致和的期許中達致由個體到群體的和諧。

　　荀子非常強調樂與禮的一致性。他認為，樂與禮所面對的共同問題是「亂」，即政治秩序、倫理秩序的失範：「天地不理，禮義無統，上無君師，下無父子，夫是之謂至亂」〔註54〕；「樂姚冶以險，則民流慢鄙賤矣；流慢則亂，鄙賤則爭；亂爭則兵弱城犯，敵國危之。如是，則百姓不安其處，不樂其鄉，不足其上矣」。〔註55〕就主體自身來說，人生來就有好、惡等情感、欲望及理性、意志等，而每個個體的心理機能的生發及指向又各不相同，表現在現實生活中就會經常引起衝突。不僅僅情理可能會失控，即使是情志欲望趨於一致，「就是同一心理機構，未到豁然貫通的境界，理與理可以衝突；未到清明在躬的境界，情與情可以衝突，至於意志紛歧，欲念駁雜，尤其是常有之事」〔註56〕。而要解決這一問題，就必須依靠樂與禮兩種手段的結合，樂以道情，禮以制欲。禮樂在「管乎人心」的前提下，各自發揮其現實的功能。禮以「分」為本，以「別異」為主要的教化方式，在尊重人之合理需求的前提下確立「度量分界」，以規範和約束人之欲望的無度。而樂則以「情」為本，以「道情」為教化方式，陶冶、美化人之情感。正如有學者所說「他（荀子）理想中的秩序狀態，既保證各個成員不同名分不同職責不同地位相互間所應有的界限儀範，同時又保證所有這些不同的成員相互間的親和慈愛。他認為，禮的功能就在於體現出了前種需要，而理想的樂則應該是能體現出後一種需要的。樂和禮構成了兩種相互區別又相互補充的社會組織原則」。〔註57〕

　　禮樂在共同發揮其作用後，所期許出現的社會效果是「名聲於是白，光輝於是大，四海之民莫不願得以為師。是王者之始也」。〔註58〕當然，這種效

〔註54〕〔清〕王先謙：《荀子集解》，中華書局，1988年版，第163頁。

〔註55〕同上書，第380頁。

〔註56〕朱光潛：《樂的精神與禮的精神——儒家思想系統的基礎》，見《儒家思想新論》，民國叢書第4編第2冊，上海書店據正中書局，1948年版影印，第47頁。

〔註57〕韓德民：《荀子與儒家的社會理想》，齊魯書社，2001年版，第263頁。

〔註58〕〔清〕王先謙：《荀子集解》，中華書局，1988年版，第380頁。

用之發揮的外在表象下是禮樂所指向的德。樂與禮的價值決不僅在於它們的形式、工具，這些都只是一種載體，禮樂最根本、最核心的價值在於它們內在的體現高度道德境界的人文藝術精神。《樂論》說：「君子明樂，乃其德也」。〔註 59〕外在的種種規範最終轉化為內在的心靈愉悅和自覺，於是外在與內在、理想與現實得到了「德」的統一。

追求終極目標一致的禮與樂，實際上還是有所區別的。樂的特徵是「窮本極變」，此一「本」字即體現出樂要從內心闡發出人之情感。「聲音、動靜、性術之變盡是矣」。〔註 60〕「窮本極變」把樂的感性直觀這一審美特徵鮮明地凸顯出來。樂是人內心情感的體現，但這種體現不同於一般喜怒之情感體現，而是通過美感的形式表現出來，因此反過來又對個體情感起到陶冶淨化的美育作用。「窮本極變」的過程是一種「化」，「夫聲樂之入人也深，其化人也速」。樂不是一種外在的強制，而是一種內在的引導與感化，不是從外界來強制主宰制約人之感性及自然本能，而是在感性、自然本能的引導中建立起理性及社會性。可以說，從「自然的人化」這一視角來看，樂比禮的作用似乎更為直接和切中關鍵——樂通過陶冶、感化性情的方式直指人之內心，使人性在美感的作用下趨向平和，由此與禮協同一致，以達到社會整體和諧的最終目的。所以說，音樂的藝術審美是屬於情感領域的，其表現形式是超越功利、超越現實又落腳於現實的一種美育活動。正如卡西爾所說：「它（指藝術）是對實在的再解釋，不過不是靠概念而靠直觀，不是以思想為媒介而是以感性形式為媒介」。〔註 61〕

樂和禮就這樣分別從「合同」與「別異」兩個方面對個體情感教育及社會群體和諧起著至關重要的作用。樂是在衝突中求和諧，禮是混亂中求秩序；樂容易引起情感的同情與共鳴，使整個社會和諧，一致，團結。禮能夠分辨出上下等差、社會結構層次之別，使社會合理有序。樂使異者趨於同，禮使同者現其異。正如玄峻所說：「禮，是外在的，節貌的，等級秩序性極強的、以禁止爭鬥為務；樂是內在的，合情的，同化作用高於一切的、以消解怨恨為歸的。禮是一種制度化的（因而是外在的、節貌的等級制度）規範性文化，它主要涉及人們的行為方式，樂則是一種人情化的，因而是內在的、合情的

〔註 59〕　〔清〕王先謙：《荀子集解》，中華書局，1988 年版，第 382 頁。
〔註 60〕　同上書，第 379 頁。
〔註 61〕　〔德〕卡西爾：《人論》中譯本，上海譯文出版社，1985 年版，第 196 頁。

同化）調和性藝術，它主要涉及人的情感方式」。〔註62〕分而看之，禮是現實生活，是行爲規範；樂是理想藝術，是情感活動。但在荀子那裏，規範的禮也包含著藝術化的傾向，而藝術化的樂，又在追求規範化的過程中得以修正。樂融彙於日常生活中，使現實的平凡刻板生活藝術化，而禮則貫穿於樂的藝術活動中，在規範和約束下使其樂而不淫，哀而不傷，以眞正體現其和諧之本色。

　　樂與禮在其不同的功用中體現出了最終目標的一致性。它們的性質、功能不盡相同，但這種不同又不是毫無關聯的，而是互補的。樂與禮從不同的視角切入，用各自的不同功用對個體及社會群體起到相應的作用，產生積極的影響，最終共同指向建立和諧社會的共同目標。從本質上講，樂滲透著和，樂，仁，愛，體現出的是人之自然的內心情感，禮則包含著序，節，文，制，體現的是人爲修養的努力。借用西方哲學的術語，樂中蘊含的可以說是一種浪漫主義的精神，而禮則蘊含著古典主義的精神，兩者在相反相成中體現了出了中國哲學意境高遠的中和理想。「在禮樂關係上，重要的不是禮所體現的器物、裝飾和儀節，不是詩歌、樂器和樂舞，樂所代表的是『和諧原則』，禮所代表的是『秩序原則』，禮樂互補所體現的價值取向，即注重秩序與和諧的統一，才是禮樂文化的精華」。〔註63〕朱光潛先生對「和」亦有詳盡的剖析：「樂主和，禮主敬，內能和而後外能敬。樂是情之不可變，禮是理之不可易，合乎情然後當於理。樂是內涵，禮是外現，和順積中，而英華發外」。〔註64〕合乎情要求樂和，當理要求禮宜。內在的和是外在的宜之必要保證。「『樂不可以爲僞』，禮也不可以爲僞。內不和而外敬，其敬爲鄉愿；內不合乎情而外求當於理，其理爲殘酷寡恩；內無樂而外守禮，其禮必爲拘板的儀式，枯竭而無生命」。〔註65〕可見樂對於禮之重要。眞正的敬禮、守禮，達於不僞之禮，是一定要力求樂之和的。「和諧是個人修養的勝境。……未到豁然貫通的境界，理與理可以衝突；未到清明在躬的境界，情與情可以衝突，至於意志

〔註62〕玄峻：《聯想與印證：對中國思想的重新理解》，東方出版社，1994年版，第142～143頁。

〔註63〕陳來：《古代宗教與倫理——儒家思想的根源》，生活・讀書・新知三聯書店，1996年3月版，第278頁。

〔註64〕朱光潛：《樂的精神與禮的精神——儒家思想系統的基礎》，見《儒家思想新論》，民國叢書第4編第2冊，上海書店據正中書局，1948年版影印，第49頁。

〔註65〕同上。

紛歧，欲念駁雜，尤其是常有之事。」〔註66〕

　　正是由於「和諧是個人修養之勝境」，所以以「和」爲基本核心精神的「樂」就自然的成爲倫理道德修養中基本的內容和方式。有必要指出的是，儒家話語體系中的「和」從來就不是一種混沌的、毫無分別的和，而是處於條理與秩序之中的和。事實上，儒家向來認爲，理想的「和」是應該與社會倫理道德規範相一致的，對於社會與個體而言，都是一種穩定的、持久的心理結構，也即所謂的「發乎情，止乎禮義」。正是在這個意義上，孔子才有「《關雎》，樂而不淫，哀而不傷」〔註67〕，太史公有「國風好色而不淫，小雅怨誹而不亂」〔註68〕之感慨。荀子將禮、樂結合，眞正把握了「樂」之核心價値層面的最深刻意義。「道德充實了藝術的內容，藝術助長、安定了道德的力量」〔註69〕。荀子將樂與禮放在統一的視域中觀察，用樂的感性直接的審美自覺來關照禮的規範制約的社會道德，在禮的秩序中注入樂的審美情感，從而使這樣的禮樂文化成爲一種感性與理性、內在道德與外在規範融合爲一體的審美文化。這是荀子對禮樂文化的貢獻，具有特別的歷史與當代價値。

〔註66〕　朱光潛：《樂的精神與禮的精神——儒家思想系統的基礎》，見《儒家思想新論》，民國叢書第 4 編第 2 冊，上海書店據正中書局，1948 年版影印，第 47 頁。
〔註67〕　〔宋〕朱熹：《四書章句集注》，中華書局，1983 年版，第 66 頁。
〔註68〕　〔漢〕司馬遷：《史記》，中華書局，2006 年版，第 505 頁。
〔註69〕　徐復觀：《中國藝術精神》，春風文藝出版社，1987 年版，第 11 頁。

結　語

　　宋代理學家程伊川曾有言：「荀子極偏頗，只一句性惡，大本已失」。此所謂的「大本已失」，大概是說荀子思想已經偏離了儒家之本眞精神。這種荀子觀在宋之後一直延續著，直至近現代。尤其是新儒家認爲，在孔子之後，孟子重內仁，爲內聖之進路；荀子重外禮，爲外王之進路。在這種概述中，荀子的哲學思想往往被歸結爲維護政治的規範制度之學。然而，作爲儒家學派之正統，荀子這種外顯的政治教化也是以內在的人格修養作爲基礎的。如我們所知，儒學包含「修己」與「治人」兩方面。但無論是「修己」抑或是「治人」，都以高尚的人格理想作爲核心關切。因而，如果僅僅從政治教化的層面上理解荀子思想，就很容易走向片面，也無法準確地、完整地把握荀子思想的眞精神。在荀子那裏，「修己」與「治人」可以說是一體的兩面，以修身爲目的的學說本身就包含著深切的政治關懷。從個體人格修養完善的角度而言，「君子之學也，以美其身」〔註1〕；反過來，從政治關懷的角度而言，荀子則期望著由「美身」到「美俗」進而「美政」。〔註2〕

　　一、從美身、美俗到美政

　　馮友蘭先生早先曾將荀子的哲學總結爲「教養的哲學」。他認爲在早期儒學中，如果說孟子更接近於《中庸》，那麼，荀子則更接近於《大學》。〔註3〕《大學》中的「三綱領」、「八條目」，歸結爲一點，即「自天子以至於庶人，壹是皆以修身爲本」〔註4〕。而荀子亦有「聞修身，未嘗聞爲國也」〔註5〕之

〔註1〕〔清〕王先謙：《荀子集解》，中華書局，1988年版，第13頁。
〔註2〕同上書，第120頁。
〔註3〕參馮友蘭：《大學爲荀學說》，載《燕京學報》，第7卷，1930年。
〔註4〕〔宋〕朱熹：《四書章句集注》，中華書局，1983年版，第4頁。

表述，強調相對於治國，修身在邏輯上具有優先性。在此意義上，我們可以發現荀子的哲學思想理解爲一種以修身爲目的的道德哲學。在這裏，我們不妨借用西方倫理學的兩個範疇來進一步探討，即，以「我應當做什麼」爲問題中心的規範倫理學和以「我應當成爲什麼樣的人」爲問題中心的德性倫理學。西方學者對此有不少論述，有人認爲，規範倫理學是以道德、規範和行爲爲中心的倫理學，而德性倫理學則是以德性、品格和行爲者爲中心的倫理學。〔註 6〕還有人這樣劃分：「對於規範倫理學而言……其主要的、基本的目的與其說是成爲善良的人，毋寧說是做善良的事。在德性倫理學中，主要的、基本的目的則是成爲善良的人」。〔註 7〕如果說從政治教化的角度討論荀子的哲學思想主要體現的是規範倫理學的視角，那麼立足於修身討論荀子的哲學思想則更趨向於德性倫理學的視角。當然，規範倫理學與德性倫理學的劃分只是相對意義上的。尤其是當我們在中國哲學的話語系統下使用這兩個範疇討論儒家思想的時候，更不能過於依賴這種劃分。因爲在儒家這裏，「我應當成爲什麼樣的人」與「我應當做什麼」並不是截然兩分的，更多的時候表現的是一個問題的兩個方面。從這個意義上說，蘇格拉底的「一個人應當如何生活？」這樣的問題或許是一種更適合的表達。

總的來說，荀子認爲政治權力與個體的道德生活並不是截然兩分，格格不入的。實際上，道德標準很多時候也是作爲一種政治標準而存在的。例如，荀子在言及某些言行是聖王所倡導的同時，隨即又會指出某些言行是聖王所嚴厲禁止的。他說：

> 信信，信也，疑疑，亦信也。貴賢。仁也，賤不肖，亦仁也。言而
> 當，知也，默而當，亦知也，故知默猶知言也。故多言而類，聖人
> 也；少言而法，君子也；多言無法而流湎然，雖辯，小人也。故勞
> 力而不當民務，謂之奸事，勞知而不律先王謂之奸心；辯說譬諭，
> 齊給便利而不順禮義，謂之奸說。此三奸者，聖王之所禁也。〔註8〕
> (《荀子·非十二子》)

事實上，不僅荀子如此，在很大程度上這也是儒家對道德和政治之間關係的

〔註 5〕 〔清〕王先謙：《荀子集解》，中華書局，1988 年版，第 120 頁。

〔註 6〕 參 Mark Timmos：Conductand Character, Belmont, California Wadsworth Publishing Company, p240.

〔註 7〕 Barbara Mackinnon：Ethics, Wadsworth Company San Francisco, 1995, p90.

〔註 8〕 〔清〕王先謙：《荀子集解》，中華書局，1988 年版，第 97～98 頁。

一種基本看法。然而時過境遷，政治權力經歷了「去魅化」的過程，人們對於政治權力性質的瞭解及對政治的期望已與之前迥然不同。鑒於此，對荀子思想中政治權力、理性知識與倫理道德的關係問題進行研究將具有獨特的學術意義。

　　從春秋時期的宗法貴族社會過渡到戰國時期的王霸官僚社會，個體倫理道德與社會、政治之間的關聯逐漸鬆懈。對於一直力圖以道德秩序重建社會、政治秩序的儒家而言，這無疑是一種嚴峻的挑戰和困難。可以說，在早期儒家中，荀子是對這一挑戰做出理論回應的最早的人。「入孝出弟，人之小行也；上順下篤，人之中行也；從道不從君，從義不從父，人之大行也。」〔註9〕在荀子看來，家族內部的倫理道德與社會政治的倫理之間是有層次之分的。因而，相對於之前的儒家，雖然同樣主張由修身而平治天下，以道德秩序來規範引導社會政治秩序，但在修身哲學的具體德目方面，荀子仍表現出了自己不同的側重點。

二、禮樂的道德價值

　　荀子認為，知識與道德是不可分而言之的。就實際而言，道德的完成，有賴知識的引發。因為道德不僅僅是封閉於內心的世界，訴諸本心之存養，而是需要適當的客觀化、外在化。就道德實踐與成德的工夫而言，它必須包含具體的內容和事實。高尚的道德以外在的行為為表現方式，而這一表現又需要知識的輔助，離開知識的行為是缺乏內容的。因此說，在成德的過程中，知識對於道德的完成，有其必要性和必然性。荀子思想中的道德觀，可謂「由智通德」。不僅注重個人之主觀道德意願，更注重主體知識、經驗的學習和積累。牟宗三曾以「誠樸篤實」來概括荀子其人和思想的基本性格，他說：「誠樸篤實之人，常用智而重理，喜秩序，愛穩定，厚重少文，剛強而義」。〔註10〕誠樸篤實的荀子認為，在知識的基礎上成就的道德才是具有實際意義的道德，也是容易被人遵循和接受的道德。正是在這個意義上，荀子尤為重視禮的功用。荀子不同於孟子，他並不認為人有先天的先驗道德，生命主體與生俱來的只有自然本性而已。但若順從此心性而不加以引導，就會導致人生和社會的混亂。所以「禮」之作用非常重要，通過外在之「禮」培養人的美善之品德，這個過程即「化性起偽」。「禮」可以說是儒學思想的重心，而儒家

〔註 9〕〔清〕王先謙：《荀子集解》，中華書局，1988 年版，第 529 頁。
〔註10〕轉引自周群振：《荀子思想研究》，臺灣文津出版社，1987 年版，第 1 頁。

的禮之所以能在思想史上及現實社會中有如此大的影響性，荀子的努力可謂功不可沒。正是在「無性則僞之無所加，無僞則性不能自美」〔註11〕的理解下，荀子才尤爲重視禮樂對於道德的教化作用。

如果說「禮」對於個體倫理道德的啓發還是間接的話，那麼「樂」則直接影響了個體倫理道德的修養。在《荀子》一書的32篇當中，雖然對「樂」的思想進行系統的闡述的只有《樂論》一篇，但其中卻包含著豐富的，完全可以與其禮論思想相媲美的思想精華。荀子的中和樂論思想，可以說奠定了儒家乃至整個中國古代美育思想的基礎。「以儒家思想爲主體的中國古代美育思想的核心是『中和』論，因此儒家以至整個中國古代美育思想可以稱之爲『中和論美育觀』」。〔註12〕荀子「美善相樂」的樂論思想在千年文化傳統的歷史積澱中，形成了「樂合同」、「禮別異」的審美理論，在滿足人們情感訴求的同時，力求達到整個社會的和諧。正如王國維說：「教育之事亦分爲三部智育、德育即意育、美育即情育是也。三者並行而得漸達眞美善之理想，又加以身體之訓練，斯得爲完全之人物，而教育之能事畢矣」。〔註13〕王國維的這種「眞美善」的教育理想可以說是與兩千多年前的荀子所追求的「美善相樂」的理想境界不謀而合。

荀子從價值層面肯定了美感的存在及人們對美的追求，並把樂教作爲等同於禮教的正統教育內容之一，這對於我們完善必要的審美教育以及道德建設都具有特別的借鑒作用。相比於幾千年前，我們今天的社會可謂物質極大豐富，但與此相對的是精神給養的普遍缺失而造成的心理狀態之失衡，這就需要我們反省自身，「按照美的規律來建造」自身和社會。〔註14〕尤其是在人文精神層面，更需要以審美、從善的心態達成教育之目的。正如席勒所說：「有促進道德的教育，還有促進鑒賞力的教育，」「培養我們感性和精神力量的整體達到盡可能的和諧」。〔註15〕

在中國，宗教之所以並不是必要的，正是由於我們有能夠滿足情感追求

〔註11〕〔清〕王先謙：《荀子集解》，中華書局，1988年版，第366頁。
〔註12〕曾繁仁：《現代美育理論》，河南人民出版社，2005年版，第267頁。
〔註13〕王國維：《論教育之宗旨》，《王國維文集》第3卷，中國文史出版社，1997年版，第57頁。
〔註14〕《馬克思恩格斯全集》第42卷，人民出版社，1979年版，第97頁。
〔註15〕〔德〕席勒：《美育書簡》，徐恒醇譯，中國文聯出版社，1984年版，第145頁。

和終極關懷的精神依託，從孔子主張「興於詩，立於禮，成於樂」〔註 16〕，到荀子的「樂行而志清，禮修而行成」〔註 17〕，再到《禮記・樂記》的「君子反情以和其志」，〔註 18〕都旨在培養高尚的道德情操和理想人格，並力圖最終實現人與社會的完美和諧。

三、歷史影響

荀子的思想「可以說上承孔孟，下接易庸，旁收諸子，開啓漢儒，是中國思想史從先秦到漢儒的一個關鍵」。〔註 19〕漢初陸賈、賈誼二人的思想就與荀學有著直接的淵源關係，王利器先生就說「陸賈之學，蓋出於荀子」。〔註 20〕侯外廬先生也指出「賈誼還深得荀子一派儒學的教養，荀子的人性論和修養論對賈誼有直接影響。」〔註 21〕此外，司馬遷、班固常常引據《荀子》，《白虎通義》之《禮樂》篇也可說是承襲荀學而來。從董仲舒的「罷黜百家，獨尊儒術」之論中可以管窺到荀子「非十二子」的神韻，其歷史觀、政治觀、天人感應論等思想幾乎都與荀學有著內在的割不斷的聯繫，透過其神學的外衣看本質，董仲舒實際上接續的正是荀子禮樂論之精神。而漢代的經學大家劉向更是對於荀子情有獨鍾，他在《敘錄》中說「孫卿疾濁世之政，亡國亂君相屬，不遂大道，而營乎巫祝，信機祥，鄙儒小拘如莊子等又滑稽亂俗，於是推儒墨道德之行事，興壞序列，著數萬言而卒。觀孫卿之書，其陳王道甚易行，疾世莫能用，其言淒槍，甚可痛也」〔註 22〕。王充在其著作中有問孔刺孟之述，但獨對荀子褒而少貶。從大量的文獻著作及學者評價中可以看出，荀學實乃奠定了兩漢儒學的總體規模和基調。「如果說從老子到荀子、韓非，中國哲學史的發展經歷了第一個圓圈否定之否定的過程，荀子、韓非到王充，就是中國哲學史發展過程中的第二個圓圈。」〔註 23〕漢代是中國封建社會大一統局面形成的初期，社會的政治、經濟、文化等各方面體制正在全

〔註 16〕〔宋〕朱熹：《四書章句集注》，中華書局，1983 年版，第 104～105 頁。

〔註 17〕〔清〕王先謙：《荀子集解》，中華書局，1988 年版，第 382 頁。

〔註 18〕楊天宇：《禮記譯注》，上海古籍出版社，2004 年 7 月版，第 485 頁。

〔註 19〕李澤厚：《中國古代思想史論》，人民出版社，1986 年版，第 106 頁。

〔註 20〕王利器：《新語校注・前言》，中華書局，1986 年版，第 7～8 頁。

〔註 21〕侯外廬：《中國思想通史》第一卷，人民出版社，1957 年版。

〔註 22〕劉向：《敘錄》，轉引自馬積高《荀學源流》，上海古籍出版社，2000 年版，第 209 頁。

〔註 23〕任繼愈：《中國哲學史》第二冊，人民出版社，1979 年版，第 139 頁。

面確立，代表著中華民族的整體文化心理結構也在這個時期基本形成並得以完善，而經學就是這個時期政治、文化建構上的鮮明的組成部分。今之所謂的儒經，在傳承關係上都可以向上追溯到荀子，正如梁啓超所言：「漢代經師不問爲今文家古文家，皆出荀卿二千年間，宗派屢變，壹皆盤旋荀學肘下」。〔註24〕亦如《史記·儒林列傳》記載「「孟子、荀卿之列，咸遵夫子之業而潤色之，以學顯於當世」。〔註25〕可見，作爲先秦學術思想的集大成者，荀子於百家爭鳴的時代在剖析評判中博取眾長，兼收並蓄，以豐富、鞏固自己的學說，並最終回歸儒家之根本。用唐人楊倞的話說即「孟軻闡其前，荀卿振其後」，「其書亦所以羽翼六經，增光孔氏」〔註26〕。

臺灣學者鮑國順有言，「在中國歷史上，荀子可以說是身後遭遇最爲離奇的一位思想家」。〔註27〕可以說揭示了荀學於歷史中升降沈浮之命運。縱觀《荀子》全書，可以發現，對現實的深切關懷是荀學的一個顯著特點。儘管胸懷遠大抱負，但在有生之年並沒有實現其理想。荀子的成就在當時仍主要是思想上的，如他的後學評價說：

> 孫卿迫於亂世，鰌於嚴刑，上無賢主，下遇暴秦，禮義不行，教化不成，仁者絀約，天下冥冥，行全刺之，諸侯大傾。當是時也，知者不得慮，能者不得治，賢者不得使。故君上蔽而無?，賢人拒而不受。〔註28〕（《荀子·堯問》）

可以說歷史上的荀子是落寞的，因爲荀子思想不是媚時的，他有著「文王既沒，文不在茲乎」〔註29〕的自負和強烈的時代責任意識。他憂患時政，批判現實，體恤百姓，建構理想，在他的思想中充滿著天地間的浩然正氣。無論是批判諸子之學，抑或是針砭時弊，揭露醜惡，都寄寓一個崇高的理想，即建構一個禮樂同構的和諧之群體社會。荀子提出天人之分，將人從天的籠罩下解救出來，高揚人的尊嚴。他批評墨子宋研寡欲淺情、拋棄禮樂文飾，同樣是因爲他們忽略人的高貴尊嚴，而去重視一些細枝末節。爲了能夠對現實起到警醒的作用，他在儒家精神的框架下納入了諸子尤其是法家的思想，以

〔註24〕梁啓超：《清代學術概論》，上海古籍出版社，1998年版，第84頁。
〔註25〕〔漢〕司馬遷：《史記》，中華書局，2006年版，第700頁。
〔註26〕楊倞：《荀子注·序》，載王先謙：《荀子集解》，中華書局，1988年版。
〔註27〕鮑國順：《荀子學說析論·自序》，臺灣華正書局，1982年版，第1頁。
〔註28〕〔清〕王先謙：《荀子集解》，中華書局，1988年版，第553頁。
〔註29〕〔宋〕朱熹：《四書章句集注》，中華書局，1983年版，第110頁。

至於在後世背負著各種榮辱毀譽，淹沒了其思想中的深邃的對道德境界的終極追求。歷史也最終證明了他是一個非常有影響的思想家。荀子暢談王道理想，試圖重構天下理念，雖然沒能夠實現，但在當時和其後都給給人以新希望，給社會以新啓示，用自己閃光的思想表現出一個學者最爲可貴的社會責任和歷史使命。這也是荀子作爲一名哲學家和思想家留給後世最大的精神財富。

參考文獻

典　籍

1. 〔清〕王先謙：《荀子集解》，中華書局，1988 年版。
2. 〔宋〕朱熹：《四書章句集注》，中華書局，1983 年版。
3. 〔宋〕朱熹：《朱子語類》，中華書局，1986 年版。
4. 〔清〕焦循：《孟子正義》，中華書局，1987 年版。
5. 〔清〕王先謙：《莊子集解》，中華書局，1954 年版。
6. 〔清〕王先慎：《韓非子集解》，中華書局，1998 年版。
7. 〔清〕阮元（校刻）：《十三經注疏》，中華書局，1980 年版。
8. 〔清〕皮錫瑞：《經學歷史》，中華書局，1984 年版。
9. 〔清〕王聘珍：《大戴禮記解詁》，中華書局，1983 年版。
10. 〔清〕孫希旦：《禮記集解》，中華書局，1989 年版。
11. 〔清〕孫星衍：《尚書今古文注疏》，中華書局，1986 年版。
12. 〔清〕戴震：《孟子字義疏證》，中華書局，1982 年版。
13. 〔清〕孫詒讓：《墨子間詁》，中華書局，2001 年版。
14. 〔清〕孫詒讓：《周禮正義》，中華書局，1987 年版。
15. 〔清〕段玉裁：《說文解字注》，上海古籍出版社，1988 年版。
16. 〔清〕黃汝成：《日知錄集釋》（卷 13），上海古籍出版社，1985 年版。
17. 〔清〕洪亮吉：《春秋左傳詁》，中華書局，1987 年版。
18. 〔漢〕司馬遷：《史記》，中華書局，2006 年版。
19. 〔漢〕班固：《漢書》，中華書局，1962 年版。
20. 〔漢〕劉安：《淮南子》，上海古籍出版社，1989 年版。

21. 〔漢〕班固：《白虎通義》，上海古籍出版社，1992 年版。

22. 〔漢〕劉向（集錄）：《戰國策》，上海古籍出版社，1985 年版。

23. 荊門市博物館（編）：《郭店楚墓竹簡》，文物出版社，1998 年版。

24. 李零：《郭店楚簡校讀記》（增訂版），北京大學出版社，2002 年版。

25. 朱謙之：《老子校釋》，中華書局，1984 年版。

26. 楊伯峻：《春秋左傳注》，中華書局，1990 年版。

27. 楊伯峻：《論語譯注》，中華書局，1980 年版。

28. 梁啓雄：《荀子簡釋》，中華書局，1983 年版。

29. 劉伯驥：《六藝通論》，臺灣中華書局，1977 年版。

30. 王先謙：《清經解續編》第 3 冊，上海書店，1988 年版。

31. 郭紹虞主編：《中國歷代文論選》（四卷本），上海古籍出版社，2001 年版。

32. 陳奇猷：《呂氏春秋新校釋》，上海古籍出版社，2002 年版，第 258 頁。

33. 《周禮注疏》十三經注疏，中華書局，1980 年版。

34. 蔣禮鴻：《商君書錐指》，中華書局，1986 年版。

35. 李學勤主編：《十三經注疏》，北京大學出版社，1999 年版。

著　作

1. 楊向奎：《宗周社會與禮樂文明》，人民出版社，1992 年版。

2. 徐復觀：《中國人性論史先秦篇》，上海三聯書店，2001 年 9 月版。

3. 李澤厚：《中國古代思想史論》，人民出版社，1985 年 3 月版。

4. 徐復觀：《中國藝術精神》，春風文藝出版社，1987 年版。

5. 《沫若文集》十六卷，人民文學出版社，1962 年版。

6. 馮友蘭：《中國哲學史》，中華書局，1961 年版。

7. 馮友蘭：《中國哲學史新編》，人民出版社，1984 年版。

8. 馮友蘭：《中國哲學簡史》，北京大學出版社，1985 年版。

9. 馮友蘭：《中國哲學小史》，中國人民大學出版社，2005 年版。

10. 張岱年：《中國哲學大綱——中國哲學問題史》，中國社會科學出版社，1982 年版。

11. 胡適：《中國哲學史大綱》，上海古籍出版社，1997 年版。

12. 王國維：《觀堂集林》，中華書局，1984 年版。

13. 王國維：《人間詞話》，上海古籍出版社，1986 年版。

14. 宗白華：《美學散步》，上海人民出版社，1981 年版。

15. 梁啓超：《清代學術概論》，上海古籍出版社，2005 年版。

16. 梁漱溟：《東西文化及其哲學》，商務印書館，1999 年版。

17. 梁漱溟：《中國文化要義》，學林出版社，1987 年版。

18. 錢穆：《先秦諸子繫年》，中華書局，1985 年版。

19. 錢穆：《國史大綱》，商務印書館，1996 年版。

20. 錢穆：《歷史與文化論叢》，東大圖書股份有限公司，1985 年版。

21. 費孝通：《鄉土中國》，三聯書店，1985 年版。

22. 郭沫若：《十批判書》，人民出版社，1954 年版。

23. 杜國庠：《先秦諸子思想概要》，人民出版社，1962 年版。

24. 侯外廬：《中國思想通史》，人民出版社，1957 年版。

25. 余英時：《士與中國文化》，上海人民出版社，1987 年版。

26. 呂思勉：《先秦學術概論》，中國大百科全書出版社，1985 年版。

27. 韋政通：《中國思想史》上海書店出版社，2003 年版。

28. 牟宗三：《名家與荀子》，學生書局，1994 年版。

29. 勞思光：《新編中國哲學史》，廣西師範大學出版社，2005 年版。

30. 張立文主編，陸玉林著：《中國學術通史·先秦卷》，人民出版社，2004 年版。

31. 陳來：《古代宗教與倫理——儒家思想的根源》，生活·讀書·新知三聯書店，1996 年 3 月版。

32. 陳來：《古代思想文化的世界——春秋時代的宗教、倫理與社會思想》，三聯書店，2002 年 12 月版。

33. 方立天：《中國古代哲學》，《方立天文集》第 5 卷，中國人民大學出版社，2006 年版。

34. 宋志明、向世陵、姜日天：《中國古代哲學研究》，中國人民大學出版社，1998 年版。

35. 姜日天：《君子國智慧：韓國哲學與 21 世紀》，華東師範大學出版社，2001 年版。

36. 錢遜：《先秦儒學》，遼寧教育出版社，1991 年版。

37. 葛兆光：《中國思想史》，第一卷，復旦大學出版社，2001 年版。

38. 張豈之主編：《中國思想史》，西北大學出版社，1993 年版。

39. 周桂鈿：《中國傳統哲學》，北京師範大學出版社，1990 年版。

40. 白奚：《稷下學研究——中國古代的思想自由與百家爭鳴》，三聯書店，1998 年版。

41. 楊國榮：《倫理與存在——道德哲學研究》，上海人民出版社，2002 年版。

42. 祁海文:《儒家樂教論》,河南人民出版社,2004 年版。

43. 劉蔚華:《儒家中和哲學通論》,齊魯書社,2001 年版。

44. 吳文璋:《荀子的音樂哲學》,臺北文津出版社,1994 年版

45. 吳文璋:《荀子「樂論」之研究》,臺灣宏大出版社,1992 年版。

46. 陶師承:《荀子研究》,上海大東書局,1926 年版。

47. 劉子靜:《荀子哲學綱要》,商務印書館,1938 年版。

48. 韋政通:《荀子與古代哲學》,臺灣商務印書館,1966 年版。

49. 龔樂群:《孟荀異同》,臺灣黃埔出版社,1968 年版。

50. 周紹賢:《荀子要義》,臺灣中華書局,1977 年版。

51. 蔡仁厚:《孔孟荀哲學》,臺灣學生書局,1984 年版。

52. 陳大齊:《孔孟荀學說》,臺灣商務印書館,1998 年版。

53. 周振群:《荀子思想研究》,文津出版社,1987 年版。

54. 姜尚賢:《荀子思想體系》,覆文圖書出版社,1990 年版。

55. 熊公哲:《荀卿學案》,商務印書館,1931 年版。

56. 熊公哲:《荀子今注今譯》,商務印書館,1977 年版。

57. 胡曉明、傅傑:《釋中國》第二卷,上海文藝出版社,1998 年版。

58. 玄峻:《聯想與印證對中國思想的重新理解》,東方出版社,1994 年版。

59. 廖名春:《荀子新探》,文津出版社,1994 年版。

60. 馬積高:《荀子源流》,上海古籍出版社,2000 年版。

61. 張曙光:《外王之學——〈荀子〉與中國文化》,河南大學出版社,1995 年版。

62. 夏甄陶:《論荀子的哲學思想》,上海人民出版社,1979 年版。

63. 胡玉衡、李育安:《荀況思想研究》,中州書畫社,1983 年版。

64. 惠吉星:《荀子與中國文化》,貴州人民出版社,1996 年版。

65. 郭志坤:《荀學論稿》,上海三聯書店,1991 年版。

66. 高正:《〈荀子〉版本源流考》,中國社會科學出版社,1992 年版。

67. 方爾加:《荀子新論》,中國和平出版社,1993 年版。

68. 孔繁:《荀子評傳》,南京大學出版社,1997 年版。

69. 高春花:《荀子禮學思想及其現代價值》,人民出版社,2004 年版。

70. 陸建華:《荀子禮學研究》,安徽大學出版社,2004 年版。

71. 向仍旦:《荀子通論》,福建教育出版社,1987 年版。

72. 江心力:《20 世紀前期的荀學研究》,中國社會科學出版社,2005 年版。

73. 韓德民:《荀子與儒家的社會理想》,齊魯書社,2001 年版。

74. 周熾成：《荀子韓非子的社會歷史學》，中山大學出版社，2002 年版。

75. 陳炎主編，廖群著：《中國審美文化史·先秦卷》，山東畫報出版社，2000 年版。

76. 文化部文學藝術研究院音樂研究所編：《中國古代樂論選輯》，人民音樂出版社，1981 年版。

77. 王啓發：《禮學思想體系探源》，中州古籍出版社，2005 年版。

78. 楊華：《先秦禮樂文化》，湖北教育出版社，1997 年版。

79. 彭林：《中國古代禮儀文明》，中華書局，2004 年版。

80. 鄒昌林：《中國禮文化》，社會科學文獻出版社，2000 年版。

81. 楊志剛：《中國禮儀制度研究》，華東師範大學出版社，2001 年版。

82. 勾承益：《先秦禮學》，巴蜀書社，2002 年版。

83. 伊尹君：《社會變遷的法律解釋》，商務印書館，2003 年版。

84. 金尚理：《禮宜樂和的文化理想》，巴蜀書社，2002 年版。

85. 吳龍輝：《原始儒家考述》，中國社會科學出版社，1996 年版。

86. 楊師群：《東周秦漢社會轉型研究》，上海古籍出版社，2003 年版。

87. 陳文潔：《荀子的辯說》，華夏出版社，2008 年版。

88. 〔美〕柯雄文：《倫理論辨：荀子道德認識論之研究》，賴顯邦譯，臺北黎明文明事業公司，1990 年版。

89. 〔美〕杜維明：《人性與自我修養》，胡軍、于民雄譯，中國和平出版社，1988 年版。

90. 〔美〕本傑明·史華茲：《古代中國的思想世界》，程鋼譯，江蘇人民出版社，2004 年版。

91. 〔英〕邊沁：《道德與立法原理導論》，時殷弘譯，商務印書館，2000 年版。

92. 〔英〕休謨：《人性論》，關文運譯，商務印書館，1980 年版。

93. 〔古希臘〕亞里士多德：《尼各馬可倫理學》，苗力田譯，中國社會科學出版社，1999 年版。

94. 〔美〕倪德衛：《儒家之道——中國哲學之探討》，〔美〕萬白安編，周熾成譯，鳳凰出版傳媒集團，江蘇人民出版社，2006 年版。

95. 〔德〕卡西爾：《人論》中譯本，上海譯文出版社，1985 年版。

96. 〔德〕石里克：《倫理學問題》，商務印書館，1997 年版。

期刊文章

1. 金滿錫：《關於墨子與荀子「樂論」的一些思考》，《當代韓國》，2003 年春夏合刊第 1 期。

2. 聶振斌:《中國美育思想探源》,《安徽師範大學學報》,1995 年第 2 期。

3. 李衍柱:《世界軸心時代的詩學雙峰一與亞里士多德〈詩學〉並峙的荀子〈樂論〉》,《山東師範大學學報》,2006 年第 6 期。

4. 韓德民:《論荀子的禮樂觀》,《安徽師範大學學報》,1999 年第 1 期。

5. 高春花:《美善樂——論荀子的禮樂關係思想》,《石家莊學院學報》,2007 年第 1 期。

6. 廖名春:《20 世紀後期大陸的荀子文獻整理研究》,《邯鄲學院學報》,2007 年 12 月。

7. 張法:《禮樂文化筆談》,《長沙理工大學學》,2006 年 12 月。

8. 王秀臣:《禮藏於樂：禮樂文化的形態原型》,《湖南大學學報》,2006 年 1 月。

9. 張自慧:《中國禮文化之和諧觀探析》,《江漢論壇》,2005 年第 3 期。

10. 祁海文:《「先王樂教」與中國早期美育的發展》,《文藝研究》,2004 年第 5 期。

11. 張慧:《試論先秦儒家的禮樂觀》,《山東社會科學》,2002 年 6 月。

12. 韓德民:《荀子的樂論與性惡論》,《浙江社會科學》,2001 年 9 月。

13. 百靈:《論荀子的禮樂教育思想》,《管子學刊》,2003 年第 4 期。

14. 何立平:《略論先秦「樂」的文化精神與社會功能》《上海大學學報》,2000 年 10 月。

15. 張德蘇:《《墨子》「非命」與儒家的「命」》,《山東大學學報》,2005 年第 3 期。

16. 劉錫鈞:《儒家「誠」說的內涵及其現實意義》,《天津師大學報》,1999 年第 3 期。

17. 丁四新:《天人·性偽心知：荀子哲學思想的核心線索》,《中國哲學史》,1997 年第 3 期。

18. 張良才:《荀子理想人格觀淺析》,《管子學刊》,1999 年第 2 期。

19. 吳樹勤:《知通統類——從禮學視野透視荀子的聖人人格》,《甘肅社會科學》,2005 年第 5 期。

20. 王杰:《荀子的人性論及「成人之道」》,《社會科學輯刊》,2001 年第 4 期。

21. 程怡:《「成於樂」與孔子的人生理想》,《華東師範大學學報》,2007 年 11 月。

22. 李宏峰:《傳統禮樂文化的內在張力結構》,《中國音樂學》,2007 年第 4 期。

23. 陳來:《春秋禮樂文化的解體和轉型》,《中國文化研究》,2002 年第 3 期。

24. 羅新慧：《從郭店楚簡看孔、孟之間的儒學變遷》，《中國哲學史》，2000年第 2 期。

25. 謝貴安：《從禮樂偕配到禮崩樂壞——〈先秦禮樂文化〉對先秦社會變遷的新闡釋》，《江漢論壇》，1999 年第 1 期。

26. 張曉虎：《從禮儀符號到思想文本：孔子對禮樂文化的改造》，《廣西社會科學》，2008 年第 2 期。

27. 王秀臣：《古樂的演奏與古禮的演習——禮樂關係的歷史淵源》，《學習與探索》，2006 年第 1 期。

28. 韓星：《郭店楚簡儒家禮樂文化精義辨析》，《人文雜誌》，2000 年第 5 期。

29. 陳光連：《國內近 30 年荀子倫理思想研究綜述》，《學術論壇》，2007 年第 9 期。

30. 王鳳賢：《論孔、孟和管、荀在道德修養上兩條不同的思路》，《管子學刊》，1994 年第 1 期。

31. 王旭：《論孟、荀「禮」之差異及其與傳統道德相異傾向的內在聯繫》，《海南師範學院學報》，2005 年第 2 期。

32. 張文勳：《孟子和荀子美學思想之比較》，《社會科學戰線》，1995 年第 5 期。

33. 李叔華：《試論孔子對傳統禮樂文化的貢獻》，《中國哲學史》，1995 年第 3 期。

34. 郭齊勇：《徐復觀論禮樂》，《江西社會科學》，2004 年第 8 期。

35. 王閏吉：《荀子和諧思想闡釋》，《社科縱橫》，2007 年 9 月。

36. 黃意明：《〈荀子‧樂論〉與〈禮記‧樂記〉思想比較，《上海戲劇學院學報》，2008 年第 1 期。

37. 何石彬、王慶勳：《性與天道：荀子禮學的形上學依據》，《河北學刊》，2005 年 9 月。

38. 梁啟雄：《荀子樂論篇淺析》，《音樂研究》，1958 年第 3 期。

39. 王杰：《荀子天人哲學新詮～兼論人在荀子天人哲學中的價值間題》，《管子學刊》，1995 年第 2 期。

40. 向世陵：《郭店竹簡「性」「情」說》，《孔子研究》，1999 年第 1 期。

41. 劉豐、楊寄榮：《先秦儒家情禮關係探論》，《社會科學輯刊》，2002 年第 6 期。

42. 尤銳：《新舊的融合：荀子對春秋思想傳統的重新詮釋》，《國立政治大學哲學學報》，2003 年 12 月。

43. 梁濤：《竹簡《性自命出》的人性論問題》，《管子學刊》，2002 年第 1 期。

44. 李天虹：《從《性自命出》談孔子與詩、書、禮、樂》，《中國哲學史》，2000 年第 4 期。

45. 王若：《論孔子的音樂思想》，《北方論叢》，2002 年第 6 期。

46. 苑媛：《道德與制度結合的內在基礎》，《學習與探索》，2000 年第 2 期。

47. Antonio S. Cua：Human Nature, Ritual, and History－Studies in Xunzi and Chinese Philosophy, Washington, D.C.：THE CATHOLIC UNIVERSITY OF AMERICA PRESS.2005.

博士論文

1. 傅曉青：《荀子「樂論」美學思想研究》，山東大學，2008 年 5 月。

2. 王楷：《荀子的倫理思想研究》，北京大學，2008 年 5 月。

3. 陳榮慶：《荀子與戰國學術思潮》，西北大學，2007 年 5 月。

4. 李桂民：《荀子思想與戰國時期的禮學思潮》，西北大學，2006 年 4 月。

5. 江心力：《二十世紀前期的荀學研究》，西北大學，2004 年 6 月。

6. 張琳：《荀學三論》，復旦大學，2003 年 4 月。

7. 喬安水：《荀子禮論研究》，華東師範大學，2004 年 5 月。

8. 王清雷：《西周樂懸制度的音樂考古學研究》，中國藝術研究院，2006 年 4 月。

9. 李宏峰：《禮樂張力下的音樂體認——以春秋戰國禮樂關係為中心》，中國藝術研究院，2007 年 4 月。

10. 張國安：《先秦樂政與樂教研究》，揚州大學，2004 年 4 月。

11. 郭振香：《先秦儒家情論研究》，山東大學，2005 年 4 月。

12. 張傑：《先秦儒家性情思想研究》，武漢大學，2003 年 9 月。

碩士論文

1. 劉乃華：《荀子道德思想研究》，臺灣，南華大學，2003 年 6 月。

2. 許珮茹：《荀子禮論思想之研究》，臺灣，國立中央大學，2004 年 6 月。

3. 李嘉慧：《戰國儒家心性情說研究——以〈禮記〉三篇、〈性自命出〉為中心的考察》，臺灣，私立東吳大學，2005 年 6 月。